RAINER OBERTHÜR - KINDER FRAGEN NACH LEID UND GOTT

RAINER OBERTHÜR

Kinder fragen
nach Leid und Gott

Lernen mit der Bibel im Religionsunterricht

Unter Mitarbeit von Alois Mayer

KÖSEL

5. Auflage 2006
Copyright © 1998 Kösel-Verlag, München,
in der Verlagsgruppe Random House GmbH
Umschlag: Kaselow Design, München, unter Verwendung einer
Schülerinnenarbeit von Anke Schäfer (vgl. S. 118)
Druck und Bindung: Kösel, Krugzell
Printed in Germany
ISBN-10: 3-466-36493-0
ISBN-13: 978-3-466-36493-0

www.koesel.de

Inhaltsverzeichnis

Folgerungen

Die Idee ist, dass der Gott der Kinder als Frage entsteht und dass an dieser Frage alle Antworten letztlich scheitern. ... Sie fragen nach Gott, aber verweigern sich den Antworten, von denen sie ahnen können, wie hilflos sie gegenüber der Tiefe des Problems sind.

Jürgen Oelkers

»Wer fragt, weiß schon etwas!«
Kind im 4. Schuljahr

»Du verlässt nicht die, die nach dir fragen.«
Psalm 9,11

»Bücher entstehen, weil wir fragen.«
Hans-Joachim Gelberg

Frage, Antwort, Frage

Was wäre
eine Uhr ohne Zeit,
ein Tag ohne Licht,
Liebe ohne Zärtlichkeit,
ein Kopf ohne Gesicht,
Fliehende ohne Zufluchtsort,
eine Trauer ohne Klagen,
eine Frage ohne Antwort,
eine Antwort ohne neue Fragen?

Hans Manz

Ich danke allen, mit denen ich fragen durfte:
den Kindern Lisa, Robert, Patricia, Christian, Vera, Nikolaus, Britta, Tobias,
Angela, Marc, Lena, Niklas, Hannah, Hendrik, Christine, Niklas, Anne,
Yannick, Susanne, Benedikt, Katrin, Alexander und Anke,
Alois und Ulla Mayer,
meinen Kolleginnen und Kollegen im Katechetischen Institut,
den Religionslehrerinnen und Religionslehrern im Bistum Aachen,
Winfried Nonhoff vom Kösel-Verlag,
meinen Eltern, Hildegard und Fritz Oberthür, und vor allem meiner Familie,
Ruth, Lena und Daniel Oberthür!

Einstimmung

Der Weg zu diesem Buch – ein Weg durch das Buch

Kinder sind bereits früh mit Gewalt und Unrecht zwischen Menschen konfrontiert. Aufmerksam nehmen sie diese Ungerechtigkeiten wahr. Im letzten Jahrzehnt unseres Jahrhunderts hat die Begegnung mit unvorstellbarer Not neue Dimensionen erreicht: Zuerst der Golfkrieg, dann der Krieg auf dem Balkan und grauenhafte Massaker wie in Ruanda und Tschetschenien haben die Menschen erschüttert und ganz besonders die Kinder in ihrer Fähigkeit des Mitleidens und in ihrem Gerechtigkeitsempfinden herausgefordert. So sind nach meiner Erfahrung seit Jahren die am dringlichsten gestellten Fragen der Kinder die *Fragen nach dem Warum des Krieges, nach dem Leid und Unrecht*, das Menschen einander zufügen, und nach dem *schuldlos leidenden Menschen.*

Diese immer wieder an uns im Religionsunterricht gerichteten Fragen der Kinder sind der Ausgangspunkt, der zu diesem Buch geführt hat. Die Kinder haben uns vor die Frage gestellt, wie wir dieser Situation unerträglichen Unrechts religionspädagogisch begegnen können. Uns war klar, dass wir den Kindern und der Situation weder durch eine Verniedlichung noch durch eine vermeintliche »Lösung« des Problems gerecht werden. Wir müssen uns mit den Kindern der Frage nach Leid und Gerechtigkeit und den darin enthaltenen Fragen nach Gott in aller Schärfe stellen. Diese Voraussetzung führte uns zu biblischen Texten des Alten bzw. Ersten Testamentes, die diese Herausforderung in radikalster Weise annehmen: zur Geschichte von *Kain und Abel* als eine Erzählung zur Entstehung von Gewalt unter Menschen, zum Buch *Hiob* als einer Geschichte von einem unschuldig leidenden Menschen und zu Worten der *Propheten*, die in besonderer Weise Unrecht anklagen.

Der spannende Weg der *unterrichtlichen Auseinandersetzung mit Kindern* zu diesen Fragen und biblischen Geschichten ist eine Ebene, auf der dieses Buch zu lesen ist.

Die zweite Ebene der Lektüre dieses Buches ist die entfaltete *bibeldidaktische Konzeption*. Unser Hintergrund waren die ermutigenden Erfahrungen, die wir im Religionsunterricht der Grundschule mit Worten der Psalmen und zum Reich Gottes gemacht hatten: die Erfahrung, dass Kinder Worte der Bibel direkt verstehen und auf sich beziehen können, dass sie sich und ihr Leben darin entdecken.[1] Aus der Unterrichtspraxis heraus entwickelten sich Möglichkeiten eines Lernens mit der Bibel und mit Kindern, das sich als fragenorientiertes und vergegenwärtigendes Lernen, als dialogisches und elementares Lernen, als metaphorisches, ästhetisches und ethisches Lernen und als gleichermaßen subjektorientiertes und theologisches Lernen versteht (☞ I.).

Vor dem Hintergrund dieser Entstehungsgeschichte versucht dieses Buch nun, in mehrfacher Hinsicht ungewöhnliche Wege zu gehen.

Was die Inhalte des Unterrichts betrifft:

Es stehen Worte und Geschichten aus drei Büchern des Ersten Testamentes im Mittelpunkt der Arbeit mit Kindern im Religionsunterricht, die selbst für Erwachsene als schwierig gelten und die religionspädagogisch eine Aufwertung erfahren sollten:

❏ die oft missverstandene oder gar missbrauchte Erzählung von Kain und Abel
❏ das im Zusammenhang religiösen Lernens mit Kindern noch zu entdeckende Buch Hiob und
❏ religionspädagogisch »unverbrauchte« Worte der Propheten.

Zu diesen biblischen Themen werden eigene Zugänge für den Leser und für den Unterricht angeboten. Der Ansatz bei den elementaren Fragen und Erfahrungen im Unterricht wie in der eigenen Begegnung mit diesen Bibeltexten zeigt ihre Zusammengehörigkeit und lässt deutlich werden, dass die Bibeltexte mit ureigenen Fragen der Menschen zu allen Zeiten und auch schon der Kinder korrelieren: Gefragt ist nach dem Leiden und dem Bösen, nach der Gerechtigkeit und dem Unrecht, nach der Gewalt und dem Krieg und in allem dabei immer auch nach der Rolle Gottes. So begegnen sich auf der inhaltlichen Ebene die Fragen und Erfahrungen der Kinder und Erwachsenen heute und die in die Bibeltexte von Kain und Abel, Hiob und den Propheten eingegangenen Fragen und Erfahrungen.
Die Konzentration auf Worte aus der Heiligen Schrift der Juden, die auch das erste Glaubenszeugnis der Kirche ist, will nicht das Neue Testament außer Acht lassen,

kann aber wohl ein Zeichen sein: Indem wir uns als Christen mit dieser jüdischen und christlichen Glaubensüberlieferung auseinander setzen, lernen wir den Glauben Jesu und somit Jesus selbst verstehen, der Jude war und Jude geblieben ist!

Was die Darstellung des Unterrichts betrifft:

Der konkret angeregte Unterricht geht im Wesentlichen auf Erfahrungen zurück, die ich in einem 4. Schuljahr der Aachener Grundschule Höfchensweg gemeinsam mit Alois Mayer machen durfte. Dieser Unterricht ist vielfach in der Lehrerfortbildung und dem daraus erwachsenen Unterricht anderer Lehrerinnen und Lehrer der Grundschule und des Bereiches der Orientierungsstufe »erprobt«. Unsere Unterrichtswege werden ausführlich dargestellt und reflektiert:

❐ Zum einen, um den Leserinnen und Lesern Vorstellungshilfen und Ermutigung für eigene kreative Umsetzungen zu diesen oder auch in ähnlicher Weise zu anderen biblischen Texten und Themen zu geben; hierbei sind ohne Schwierigkeiten altersgemäße Umsetzungen für den *Religionsunterricht des 3.-6. Schuljahres* und darüber hinaus möglich;

❐ zum anderen, um die Äußerungen der Kinder in Wort und Bild auf ihre Möglichkeiten und Grenzen zu befragen und um so für die Praxis und die Wissenschaft der Religionspädagogik einen Beitrag zum religiösen Lernen von Kindern zu leisten: »In der gegenwärtigen religionspädagogischen Situation werden Konzepte vermutlich scheitern, wenn sie nicht endlich trotz erklärter Absichten die Suchbewegungen und Verarbeitungsweisen der Schüler bis in die Mikrostrukturen des konkreten Unterrichts hinein zum Thema machen.«[2]

❐ Schließlich auch, um den eindringlichen und eindrucksvollen »Botschaften« der Kinder in Richtung einer besseren, friedsameren und gerechteren Welt Raum zu geben. Die Kinder bringen mit ihrer Gabe des Staunens eine Kraft der Empörung mit, von der wir Erwachsenen lernen können. Ihre hartnäckige Frage nach dem »Warum« ist an uns gestellt und fordert uns zur Wachsamkeit im Herzen und zum Handeln für Gerechtigkeit heraus. In einer Zeit, in der kriegerische Auseinandersetzungen auf der Erde unsere Hoffnungen auf ein Leben in Gerechtigkeit, Frieden und Bewahrung der Schöpfung schwinden lassen, erscheint mir das Hören auf die Kinder als Zeichen der Hoffnung.

Was die Entfaltung der zugrundeliegenden didaktischen Konzeption betrifft:

Entsprechend dem Ineinander von Theorie und Praxis werden die Darstellung, didaktische Reflexion und Begründung des Unterrichts, die konkrete unterrichtspraktische Anregung und ihr bibeldidaktischer Hintergrund bzw. ihre Konsequenz für den Umgang mit der Bibel miteinander verwoben. Die im Unterricht eingesetzten *Materialien* und *Kopiervorlagen* – Karten mit Bibelworten, Geschichten, Bilder, Lieder und Arbeitsblätter – werden in die Darstellung des Unterrichts integriert.

So wird hier der in unserem Buch »Kinder und die großen Fragen« begonnene Weg fortgesetzt: Vorgestellt und angeregt wird ein Religionsunterricht, der die Fragen und Erfahrungen der Kinder genauso wie die Themen von Religion und Glauben ernst nimmt. Vorgestellt und angeregt werden Zugänge zur Bibel, die die Möglichkeiten des unmittelbaren Verstehens und der Verknüpfung mit den eigenen Erfahrungen bei den Kindern sehr hoch einschätzt.

Schließlich sei eine letzte »begleitende« Ebene des Lesens dieses Buches erwähnt: Lieder von *Gerhard Schöne* leiten die Kapitel ein, stimmen in die jeweilige Thematik ein, rahmen und ergänzen unkommentiert meine Überlegungen, ermöglichen Leserinnen und Lesern poetische und visionäre Zugänge mit Blick auf die eigene Auseinandersetzung und können auch im Unterricht mit Kindern fruchtbar werden.

Die vielen einzelnen Wege in diesem Buch lassen sich in drei großen Schritten zusammenfassen:

Die **ANNÄHERUNGEN** im ersten Teil stellen vorausgesetzte Blickrichtungen religiösen Lernens und die Frage nach Leid und Gott bei Kindern in den Mittelpunkt.

Die **ERFAHRUNGEN** im ausführlichen zweiten Teil schaffen eigene Zugänge und erzählen praxisanregend von unserem Unterricht zu Kain und Abel, Hiob und den Propheten.

Die **FOLGERUNGEN** für ein religiöses Lernen mit der Bibel werden im dritten Teil auf der Grundlage des entfalteten Unterrichts entwickelt, auch um Hilfen für die Planung und Durchführung anderer Unterrichtsprojekte zu geben.

Den alles eröffnenden, einen weiten Bogen spannenden Anfang macht ein Text von Gerhard Schöne, der auf die wunderbare Wirkung von Bildern und Liedern verweist, die das hier vorgestellte religiöse Lernen wesentlich prägen:

»Du Ohr, hör mal her!« sagte das Bild.
»Darf ich zur dir hereinkommen?«
»Da musst du schon das Auge fragen«,
erwiderte das Ohr dem Bild.
»Ohhh! Ein Bild! Wie schön! Komm, tritt ein!«
rief das Auge.

»Darf ich auch mit hineinkommen?«
fragte das Lied.
»Da musst du schon das Ohr fragen«,
erwiderte das Auge dem Lied.
»Ohhh! Ein Lied! Wie schön! Komm, tritt ein!«
rief das Ohr.

Drinnen pochten sie sachte ans Herz.
Das ließ sich nicht lange bitten.
»Ich lade euch ganz herzlich ein«,
sagte das Herz,
»bei mir zu verweilen!«[3]

Mit Blick auf die Ausrichtung auf das Wort in unseren religiösen Lernprozessen mit der Bibel möchte ich ergänzen:

»Darf ich auch noch mit hineinkommen?«
fragten das erzählte und das geschriebene Wort.
»Oh! Worte, die unser Leben erzählen,
in denen wir uns selbst entdecken!
Wie schön! Kommt, tretet ein!«
riefen Ohr und Auge.
Und auch das Wort fand inwendig
Eingang im Herzen.

I. Blickrichtungen religiösen Lernens mit der Bibel

Auf dem Weg zu einer »Kunst, die wirksames Lernen ermöglicht«

Die sieben Gaben

Wenn ich dir was wünschen dürfte, ...

Die Balance des Stehaufmännchens.
Es schwankt etwas hin und her,
wenn man es zu Boden drückte,
und steht dann wie vorher.

Und die Frechheit eines Flohes,
der die großen Tiere dreist
dort, wo sie am meisten stinken,
nicht hineinkriecht, nein, beißt.

Wenn ich dir was wünschen dürfte, ...

Das Geheimnis eines Steines.
Außen grau und unscheinbar,
weiß er doch in seinem Innern
einen Kristall, sternenklar.

Und den Traum des Samenkornes,
das sich in die Erde legt,
das die Blätter und Blüten,
Baum und Frucht in sich trägt.

Und zuletzt den Mut der Rose,
die noch einmal rot erblüht,
wenn schon Raureif und Neuschnee
jedes Feld überzieht.

Gerhard Schöne

A Das Erlernte

Als Levi Jizchak von seiner ersten Fahrt zu Rabbi Schmelke von Nikolsburg, die er gegen den Willen seines Schwiegervaters unternommen hatte, zu diesem heimkehrte, herrschte er ihn an: »Nun, was hast du schon bei ihm erlernt?!«

»Ich habe erlernt«, antwortete Levi Jizchak, »dass es einen Schöpfer der Welt gibt.« Der Alte rief einen Diener herbei und fragte den: »Ist es dir bekannt, dass es einen Schöpfer der Welt gibt?«

»Ja«, sagte der Diener.

»Freilich«, rief Levi Jizchak, »alle sagen es, aber erlernen sie es auch?«

Geschichten eröffnen Fragen und provozieren zum Nachdenken. So wirft auch diese chassidische Geschichte[1] die Frage nach dem Unterschied zwischen einem bloßen »Bekannt-Sein« einer Glaubensaussage und dem »Erlernen« auf. Warum geht ein Erlernen weiter? Was heißt Erlernen im Zusammenhang religiösen Lernens? Die Situation in unserer heutigen Gesellschaft ist nicht mehr so, dass »alle sagen«, dass Gott der Schöpfer ist: Liegt das daran, dass es Menschen – Kindern, Jugendlichen wie Erwachsenen – zu lange nur »gesagt« worden ist, ohne dass sie es mit Herz und Verstand »erlernen« konnten? Antwortversuche auf diese Fragen bleiben dem Leser überlassen. Im Anschluss an erste grundsätzliche Überlegungen werden im Folgenden verschiedene, aber eng miteinander verwobene »Blickrichtungen« religiösen Lernens mit der Bibel entfaltet. Sie sind als Antworten zu lesen, die uns in Prozessen des »Erlernens« mit den Kindern wichtig sind.

Religiöses Lernen, das heute leben und glauben helfen will, kann nur an der Person orientiertes Lernen sein. Der Mensch mit seinen Fragen, Erfahrungen und Vorstellungen ist Ausgangspunkt, Mitte und Zielperspektive religiöser Lernprozesse. Es reicht eben nicht aus, Kinder mit den Glaubensaussagen »bekannt« zu machen. Der »Abschied vom Bescheidwissen«[2] und vom Bescheidgeben ist notwendige Voraussetzung für ein zukunftsfähiges religiöses Lernen mit Kindern. Die *Bibel* ist ein Buch der Fragen und der Erfahrungen des Menschen. Sie ist ein »Buch des Lernens«, d.h. nicht ein Buch, das man zu lernen hat, sondern ein Buch, mit dem man lernen und zu Antworten kommen kann, das unzählige Lernwege in sich birgt: »Die biblische Offenbarung bietet uns keine Lehre über jenseitige Geheimnisse, aber sie setzt einen Prozess des Lernens in Gang, der in seiner Intensität und Weite seinesgleichen sucht.«[3] Aus den Erfahrungen und Fragen der Menschen (mit Gott) in langer Zeit erwachsen, ist die Bibel offen für Menschen jeder Zeit und ihre (neuen) Erfahrungen. Was in der heutigen Begegnung eines Menschen mit einem biblischen Satz oder einer biblischen Geschichte geschieht, ist sozusagen immer wieder eine »Neuauflage« des Prozesses, der in vergangener und doch gegenwärtiger Zeit eben zu diesem Satz oder dieser Geschichte geführt hat. Die Bibel ist »gerade wegen der in ihr enthaltenen Vielstimmigkeit von Glaubenszeugnissen als das geeignete Lernbuch des Glaubens heranzuziehen« und dabei »nicht bloß als historisches Dokument zu lesen, sondern als Zeugnis von Erfahrungen, die Menschen als für sie heilsam und befreiend von Gott her gemacht und gedeutet haben und die auch heute noch Hoffnung zu stiften und Mut zu solidarischer Praxis zu geben vermögen«[4].

Die hier vorgestellte Konzeption und Unterrichtspraxis *religiösen Lernens mit der Bibel* ist Ausdruck einer Wendung des (religions-)pädagogischen Blicks. Der Augenmerk richtet sich von der uns vertrauten traditionellen Vermittlung von Inhalten an Kinder hin zur *Aneignung* durch Kinder, die als aktiv Verantwortliche ihre eigenen Lernprozesse gestalten. Diese gewendete Aufmerksamkeit kann als Wechsel von einer Lehrperspektive hin zu einer Lernperspektive, zu einer »Pädagogik von unten« umschrieben werden. Die Bedeutung der biblischen Inhalte aus Sicht der Überlieferung und heutiger Wissenschaft wird dadurch keineswegs relativiert, sondern – wie wir sehen werden – eher gestärkt, indem sie ins Gespräch, in Beziehung und oft auch in Übereinstimmungen mit den von den Kindern vorgestellten Deutungen gebracht wird. Mit Klaus Goßmann geht es um nicht weniger als »die Bedingungen der Möglichkeit einer religiösen Bildung in unserer Zeit. Hier reicht die Denkbewegung von den Inhalten zu einer altersspezifischen Verarbeitung durch die Schülerinnen und Schüler (eine Hermeneutik der Vermittlung) nicht mehr aus. Sie muss vielmehr von den Schülerinnen und Schülern her auf die Inhalte hin im Sinne einer Hermeneutik der Aneignung erfolgen.«[5]

Hartmut von Hentig unterscheidet die *Didaktik* als eine Kunst, die wirksames Lehren ermöglicht, von einer »*Mathetik*« als einer Kunst, die wirksames Lernen ermöglicht. Das Wort »*Mathetik*« ist vom griechischen Wort »manthanein« abgeleitet, das »lernen« bedeutet, und von dem neutestamentlichen Wort »mathetes«, mit dem die »Jünger« oder »Schüler« Jesu bezeichnet wurden.[6] Es geht aus Sicht einer Mathetik religiösen Lernens bzw. christlichen Glaubens nicht primär um die Frage: Wie vermitteln wir Schülern religiöse Inhalte? Die vorrangige Fragestellung ist vielmehr: Wie kommen die Schüler zum religiösen Lernen bzw. zum Glauben? Fragen der Vermittlung sind eher eine Sache der Didaktik, Fragen der Aneignung die Perspektive der Mathetik: »... eine gute Mathetik schließt eine gute Didaktik nicht aus ..., schränkt aber deren Wichtigkeit ein; der ›Lehrer‹ bleibt notwendig, wirkt aber in anderer Funktion: Er stellt die Ideen, die Sachen, die Probleme, die Aufgaben bereit und die Lerngelegenheiten her; er hilft, lobt leistet Widerstand, zeigt, ›was man können kann‹.«[7] Der Weg der Mathetik schafft Anlässe zur Auseinandersetzung, richtet die Aufmerksamkeit auf Herausforderungen – etwa auf die großen, von der Wissenschaft und dem öffentlichen Diskurs nicht beantwortbaren Fragen – und übt sich in der Kunst des Abwartens auf den fruchtbaren Augenblick.[8]

Wie sieht nun ein »wirksames« religiöses Lernen mit der Bibel im Sinne einer Mathetik aus? Gegen die Neigung in der Religionspädagogik, Konzeptionen auf *ein* Schlagwort zu reduzieren, möchte ich mit Hilfe wesentlicher Akzente das hier vorgestellte religiöse Lernen, bei dem die Bibel in der Mitte steht, kurz skizzieren. Es sind Voraussetzungen unseres Lernens, die bewusst mit Bezug auf Positionen von Pädagogen, Religionspädagogen und Theologen dargestellt werden. Es sind »Blickrichtungen«, die die Planung und Ausrichtung unserer Lernprozesse von Anfang an geprägt haben. Im Sinne eines umkreisenden Verstehens beschreibe ich nicht voneinander Verschiedenes, sondern »dasselbe« unter immer anderem Vorzeichen. Die »Blickrichtung« verändert sich also dadurch, dass ich meinen »Standort« ändere, sozusagen die Mitte umkreise und in kurzen »Einblendungen« skizziere. Wenn dabei von dem »hier vorgestellten religiösen Lernen« die Rede ist, meine ich sowohl eine (rückblickende) Reflexion unseres Unterrichts als auch (vorausschauend) einen idealen, noch nicht verwirklichten Entwurf einer Zukunft »wirksamen« religiösen Lernens, das Bestand haben kann, in der Hoffnung, dass unsere Impulse kleine Schritte auf dem Weg dorthin bewirken können.

1. Lernen im und in Fragen
Sich als Fragenden erfahren

»Nein, keiner erwartet eine Antwort. Alles ist bereits Antwort. Keiner fragt, denn keiner weiß, dass man überhaupt fragen kann. Alle sind nur mit den Antworten groß geworden, denkt der Lehrer, aber es sind keine Antworten auf Fragen, vielmehr sind es Scheinantworten, sie dienen dazu, der Frage zuvorzukommen … Zuerst kam die Antwort, denkt mein Freund, und dann erst die Frage, das steht schon in der Bibel … und als die Frage kam, kam sie, wie der Poet zur Verteilung der Güter dieser Erde, zu spät, für sie gab es keinen Platz mehr, so denkt der Lehrer. Grinsend saßen schon … die Männer Gottes auf den Kisten, in denen die Antworten lagen, wohlverpackt, um in die Welt hinausgeschickt zu werden. Grinsend deuteten sie auf die Kisten, zeigten auf die Adressen. Auf den Vermerk ›Vorsicht! Nicht stürzen!‹ hatten sie verzichtet, denn sie konnten sich auf die Spediteure verlassen.«[9]

Diese ätzende Kritik am Verhältnis von Frage und Antwort bzw. von Fragendem und Antwortendem im Christentum und in der religiösen Erziehung hat leider Gottes ihre schmerzhafte Berechtigung. Die »Männer Gottes auf den Kisten« mit den Glaubensantworten symbolisieren das Zerrbild einer Vermittlung von

Inhalten des Glaubens im Sinne eines bloßen »Weiterreichens« ohne Rücksicht auf die Fragen und Lebensbezüge, Verstehensmöglichkeiten und -grenzen der Adressaten.

Bereits Ende der sechziger Jahre thematisierte Hans-Dieter Bastian die religionspädagogische Tragweite der Frage: »Lehrmäßigkeit und Lernmöglichkeit des Glaubens hängen didaktisch an der Frage. Wo es – aus welchen Gründen auch immer – nichts zu fragen gibt, gibt es auch nichts zu lernen.«[10] Noch immer stehen wir unter dem Einfluss einer belasteten Tradition, die Fragen des Kindes nicht zuließ, die höchstens die Lehrerfrage als Vorbereitung der Antwort begrüßte und die unantastbare Autorität der Antwort über alles stellte. Es bleibt bis heute eine Herausforderung, die bereits in der Reformpädagogik entdeckte natürliche Fragebereitschaft des Kindes zur Geltung zu bringen und durch gemeinsames Fragen weiterzuentwickeln, um so zu einem »Miteinander von Fragenatur und Fragekultur« (Bastian) in religiösen Lernprozessen zu kommen. Das religionspädagogische Interesse an der Frage darf aber nicht auf die Optimierung von Unterricht reduziert werden. »Fragen korrelieren nicht zwingend mit Antworten, eher verändern oder erweitern die Antworten die Fragen. ... Das pädagogische Interesse war immer von der Erwartung geprägt, dass sich Fragen zureichend beantworten lassen; die Antworten sollten wohl weitere Fragen stimulieren, aber nur im Sinne eines didaktischen Interesses. Fragen, die einfach als *Fragen* die Reflexion stimulieren, wurden ausgeschlossen.«[11] Entscheidend ist der Eigenwert der Frage, die mehr ist als der Weg zu einer Antwort, die bereits Ausdruck von Wissen ist, die die »alten« Antworten in Frage stellt. In diesem Sinne verstehen wir die hier vorgestellten Frage- und Lernprozesse mit Kindern als Wege zu einer »*Religionspädagogik der Frage*«[12]. Sie lassen sich leiten von Ermutigungen, wie sie Hubertus Halbfas – sozusagen als Konsequenz der Kritik Hildesheimers – in Worte fasst:

»Wenn du nach Gott fragen willst, lerne zu fragen. Fragen ist schwerer als antworten. Die meisten lernen es nie, wissen nicht einmal, dass man überhaupt fragen kann. Antworten umstellen ihr Leben, aber nicht Antworten auf eigene Fragen, sondern Scheinantworten, die den eigenen Fragen zuvorkommen, damit sie nur ja nicht gefragt werden. Willst du fragen lernen, schnür die amtlich verpackten Bündel auf. Stürz den Inhalt der geordneten Kisten um und erprobe selbst, womit du leben kannst. Wag dich auch an die schweren Pakete mit den Etiketten »Gott«, »Erlösung«, »Gebet« heran. Lass dich nicht irritieren durch die Warnung, es würde dir wie mit der Uhr ergehen, die du, auseinandergenommen, nicht wieder zusammenfügen kannst. Vertrau auf dich und wage zu fragen. Das führt dich in die Weite. Religion ist eine Straße zu Gott. Eine Straße ist kein Haus.«[13]

»Erlernen« heißt unter dem Aspekt fragengeleiteten Lernens,

◆ das Fragen zu lernen,
◆ die richtigen Fragen zu stellen,
◆ das Fragen selbst zu hinterfragen,
◆ in und im Fragen zu lernen,
◆ die Erfahrung zu machen, Fragen auszuhalten.

2. Lernen durch Vergegenwärtigen
Erfahrungen wirksam werden lassen

»Unsere Lernkultur ist stark im Überwinden von Offenheiten und Widersprüchen – das Ausgraben und Scharfmachen von Unvertrautem hingegen gilt uns kaum als Lernleistung, so wenig wie das Aushalten von Leere, von Mehrdeutigkeiten. Solches gehört allenfalls als zu überwindendes Hindernis in Anfangsphasen des Lernens, das als Problembewältigung gedacht wird. ... Unsere Lernkultur ist stark darin, Widerfahrnisse und Kulturinhalte auf den Begriff zu bringen, sie zu analysieren und so erklärend oder deutend eine Position zu erklimmen, die Distanz und Darüberstehen verheißt. Gegebenheiten, Widerfahrnisse als Gestalten anzuschauen – sie sich nicht begrifflich distanzierend aufzuschließen, sondern sie sich in Bildern, in Geschichten, in Szenen, in leibhaften Nachahmungen nahezubringen und nahezuhalten, das gilt unserem vorherrschenden Bild vom Lernen eher als Kindereigentümlichkeit oder als Spezialität für Künstler, kaum als ernstzunehmende Lernleistung neben der begrifflichen und distanzierenden.«[14]

Der Pädagoge Horst Rumpf wendet sich in seinem Buch »Belebungsversuche« gegen die Verödung unserer Lernkultur, indem er nach Möglichkeiten des Lernens fahndet, die nicht im Bewältigen, sondern im Vergegenwärtigen zum Zuge kommen. Er will die Aufmerksamkeit für Erfahrungen der Teilhabe, des Sichtreffen-Lassens und des Spürens von Gegenwart stärken, denen die Welt nicht zum Material bloßer Einordnung und Erledigung wird. Er greift dabei zurück auf eine weitgehend verborgene Lehrtradition, die eine gelassene, erwartende Aufmerksamkeit einübt (z.B. Wagenschein; ☞ auch Heinrich Jacoby in diesem Buch, VI.2. und 6.).

Vergegenwärtigung meint jedoch nicht eine Verherrlichung des Gefühls oder gar eine gefährliche rauschhafte Identifikation mit dem Großen, nicht Erreichbaren. Vergegenwärtigung macht sich frei vom Zwang der begrifflichen Bewältigung wie vom Zwang der gedankenlosen Unterwerfung unter (manipulierte) Gefühle.

Erfahrungen, »Berührungen« mit der Welt sind nicht abzuspalten von der Vernunft, die gedanklich-begrifflichen Möglichkeiten der Weltverarbeitung sind nicht zu isolieren von den Potentialen der Weltverarbeitung durch Wahrnehmung und Imagination.[15]

Vergegenwärtigendes Lernen geschieht nie subjekt- und situationsneutral, nie zeit- und ortsneutral, nie inhalts- und bedeutungsneutral. Es ereignet sich nicht nur verbal, im gesprochenen, geschriebenen, gelesenen Wort, sondern auch in den Pausen des Schweigens, in der Körpersprache, im praktischen Lernen, in musikalischen und bildnerischen Ausdrucksformen. Das Erfahrene wird nicht einseitig begrifflich-diskursiv, sondern in Form von symbolischen Gestaltungen im Zusammenspiel mit der unterscheidungsfähigen Vernunft verarbeitet.[16]

Die Aufmerksamkeit vergegenwärtigenden Lernens richtet sich weniger auf das semantische Wissen, das nur die in der Sprachbedeutung enthaltenen Urteile aufführt (»Die Bibel ist ein Buch aus vielen Büchern«), weniger auf das enzyklopädische Wissen, das Tatsachenwissen über die Welt sammelt (»Diese Bücher sind entstanden in *dem* Land, zu *der* Zeit, auf *diese* Weise ...«), aber intensiv auf das symbolische Wissen, das sich gegen die Verendlichung der Erfahrungen im Wissen sperrt und in der Vieldeutigkeit von Bildern, Geschichten und Ritualen zum Ausdruck kommt. Auf Vergegenwärtigung zielendes Lernen betastet die angebotenen Inhalte mit Staunen oder auch Schrecken, umspielt sie und wandelt sie ab, anstatt sie einfach hinzunehmen und zu speichern.[17]

»Erlernen« heißt unter dem Aspekt vergegenwärtigenden Lernens,

◆ nicht Stoffe zu bewältigen, sondern sich Inhalte zu vergegenwärtigen,

◆ nicht Materie und Begriffe zu beherrschen, sondern die in ihnen verwurzelten Erfahrungen präsent und wirksam werden zu lassen,

◆ nicht theoretisch-systematische Einordnung anzustreben, sondern eine wahrnehmend-entdeckende Einwurzelung zuzulassen,

◆ nicht alle Widersprüche zu überwinden, sondern Mehrdeutigkeit auszuhalten,

◆ nicht Lernprozesse durch Beschleunigen zu optimieren, sondern sie durch Verlangsamen zu intensivieren,

◆ nicht vorwärts gerichtet Stufen zu überschreiten, sondern tastend mit produktiven Umwegen vor- und zurückzuschreiten,

◆ nicht etwas hinter sich zu bringen, sondern etwas vor sich zu bringen und bei ihm zu verweilen.

3. Lernen durch elementare Zugänge
Sich und das Leben in der Bibel entdecken

Die wohl umfassendste Umschreibung der hier entfalteten Unterrichtskonzeption und -praxis ist das *elementare Lernen*. Das Wort »elementar« ist vieldeutig: Etwas spricht mich elementar, also unbedingt und unmittelbar an, das Elementare meint das Wesentliche, die Frage nach dem Elementaren ist die Frage nach der Wahrheit und Wirklichkeit, in der unser Menschsein zutiefst gründet. Mit dem Elementaren, dem elementar Betreffenden sind also immer die Person und die Sache gemeint, um die es geht.

Dementsprechend beschreibt Friedrich Schweitzer die (für die Unterrichtsvorbereitung und -durchführung wichtige) Elementarisierung als »*Doppelbewegung zwischen Schülern und Inhalten*«. Diese Doppelbewegung von den Inhalten zu den Schülern und von den Schülern zu den Inhalten zielt von Anfang an auf eine wechselseitige Verschränkung: »Konkret bedeutet dies, dass die Schüler in ihrer Subjektivität ernst genommen, aber doch bereits in theologischer Perspektive gesehen werden. Und umgekehrt werden die Inhalte der Tradition zwar theologisch verstanden, aber doch nicht ohne Rücksicht auf die Schüler.«[18] Elementarisierung wird folglich als ein doppelpoliges Geschehen mit Prozesscharakter umschrieben:

»*Elementarisierung hat mit Prozessen zu tun*, aus zwei Perspektiven. Von seiten der Lehrenden soll ein elementarisierendes pädagogisches *Sehen* und *Handeln* gefördert werden, hinsichtlich der Lernenden interessieren die Formen elementarer *Auseinandersetzung* und *Aneignung*. ... Begriffe und Vorstellungen der biblisch-christlichen Glaubensüberlieferung wie auch andere ›Sach‹-verhalte unter den vielerlei ›Gegenständen‹ des Religionsunterrichts *treffen auf* Kinder und Jugendliche als Personen. Anders herum betrachtet: Die Schülerinnen und Schüler *ziehen*, mehr oder weniger angesprochen, in persönlicher Weise ›Sach‹-verhalte in ihr Inneres *hinein* und *gehen* gleichzeitig auf ihre Art *auf diese zu*.«[19]

Im Anschluss an diese Grundpositionen legen F. Schweitzer, K.E. Nipkow, G. Faust-Siehl und B. Krupka das meiner Ansicht nach differenzierteste, weil mehrdimensionale Konzept von Elementarisierung vor, das hier in Form einer Übersicht zusammengefasst sei (☞ Abb. S. 27). Demnach sind auf der Ebene der Kinder die Fragen nach ihren *elementaren Erfahrungen* und nach ihren entwicklungsbedingt möglichen *elementaren Zugängen* im Blick zu halten. Werden diese Fragen ausgeblendet, gehen die Inhalte an den Erfahrungen und Fragen der Kinder bzw. an ihren Verstehensmöglichkeiten vorbei. Wichtig ist nach meiner Einschätzung in diesem Zusammenhang, dass eine Sensibilität und Aufmerksamkeit für die Erfahrungen und Zugänge der Kinder nicht damit verwechselt werden darf, über die Erfahrungen und Verstehensmöglichkeiten immer schon –

etwa gemäß dem aktuellen Forschungsstand der Entwicklungspsychologie – Bescheid zu wissen. Erst in der Auseinandersetzung mit den Inhalten zeigen sich die hierin angesprochenen Erfahrungen der Kinder und ihre ja oft überraschenden Zugangsmöglichkeiten.

Auf der anderen Ebene der (hier in der Hauptsache biblischen) Inhalte sind die Fragen nach den *elementaren Wahrheiten* und nach den *elementaren Strukturen* von Bedeutung. Inwieweit spiegelt etwa ein biblischer Text etwas wider von dem Wahrheitsanspruch der gesamten biblischen Botschaft von Jahwe als Gott des Lebens? Inwieweit zeigt sich diese Wahrheit in einer Struktur, die charakteristisch und elementar im Sinne von grundlegend einfach, also nicht vereinfachend ist?

Die vier Fragerichtungen bzw. Dimensionen sind vielfach miteinander verschränkt. So ist der Wahrheitsanspruch nicht von Menschen zu trennen, die eine solche Wahrheit erfahren, und folglich die gegenwärtig elementare Erfahrung von Menschen verknüpft mit den überlieferten elementaren Erfahrungen von Menschen früher.[20]

Elementare Zugänge zur Bibel vollziehen sich zum einen über *Erzählungen*, zum anderen über einzelne *Worte und Sätze*. Die Erzählung teilt Erfahrungen mit, eröffnet Möglichkeiten der Identifikation, stiftet Gemeinschaft, hält Erinnerungen wach. Ingo Baldermann macht auf die der Erzählung sogar noch überlegene Intensität der einfachen und ursprünglichen Sprachformen aufmerksam, die in Worten der Angst und des Trostes, der Freude und des Dankes, der Anklage und des Rufes zur Umkehr in besonderer Weise in den Psalmen, aber auch in Spruchweisheiten, in den Worten der Propheten sowie im Buch Hiob zu erfahren ist:

»Die elementare Form theologischen Redens ist, wie in der Bibel zu erkennen ist, nicht die der Belehrung und des Streitens um die rechte Lehre, sondern die Erzählung. ... Erzählen heißt Erfahrungen mitzuteilen, und ein solches Erzählen ist unentbehrlich für jede Form menschlicher Gemeinschaft, gerade auch für die Gemeinschaft der Glaubenden. Aber das Erzählen schafft, indem es Erfahrungen vergegenwärtigt, zugleich auch schon immer eine gewisse Distanz zu ihnen, aus der man sie nun betrachten und beurteilen, Stellung nehmen und Konsequenzen ziehen kann. ... Angst und Trost, Freude und Dank haben, noch ehe sie erzählend ausgebreitet werden, ihre eigenen ursprünglichen Sprachformen.«[21]

Im Umgang mit elementaren Sätzen und Geschichten geht es entscheidend darum, sich selbst, eigene Erfahrungen wie auch das Leben insgesamt in den den Bibeltexten zugrunde liegenden Erfahrungen zu entdecken bzw. die eigenen und die überlieferten Erfahrungen miteinander ins Gespräch zu bringen:

»Die Worte rufen bei den Kindern, wenn man ihnen Zeit lässt, Erlebnisse und Erfahrungen, Empfindungen und Bilder wach; diese müssen versprachlicht werden. Das verlangt viel Phantasie und Kreativität, doch auf diese Weise treten ihre eigenen Erfahrungen und

Elementarisierung

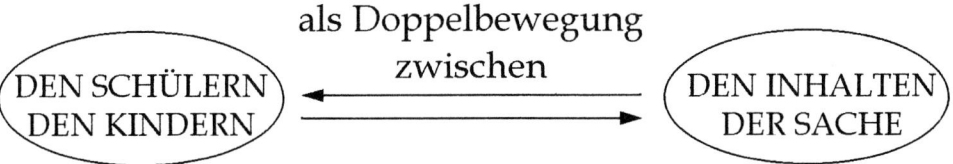

als Doppelbewegung
zwischen

(DEN SCHÜLERN DEN KINDERN) ⟷ (DEN INHALTEN DER SACHE)

Fragerichtungen / Dimensionen
beim doppelpoligen Prozess elementaren Lernens

Ebene der Kinder		
Frage nach den elementaren Erfahrungen	*Frage nach den elementaren Wahrheiten*	E b e n e d e r b i b l i s c h e n I n h a l t e
das Elementare als das subjektive Authentische	das Elementare als das gewissmachende Wahre	
Elementarisierung als Relevanzproblem im Sinne lebensbedeutsamer Erschließung	Elementarisierung als Vergewisserungsproblem im Streit um das gewissmachende Wahre	
(bezieht sich ebenso auf die überlieferte Erfahrung, die den biblischen Texten zu Grunde liegt)	*(bezieht sich ebenso auf die Person, die diese Erfahrung macht)*	
Frage nach den entwicklungsbedingten elementaren Zugängen	*Frage nach den elementaren Strukturen*	
das Elementare als das zeitlich Angemessene	das Elementare als das grundlegend Einfache	
Elementarisierung als Sequenzproblem im Sinne gesellschaftlich- und lebensgeschichtlich bedingter Verstehensvoraussetzungen	Elementarisierung als Aufgabe wissenschaftlicher Vereinfachung im Sinne sach- und textgemäßer Konzentration	

Wiedergabe nach: Schweitzer, Friedrich/Nipkow, Karl Ernst/Faust-Siehl,
Gabriele/Krupka, Bernd: Religionsunterricht und Entwicklungspsychologie.
Elementarisierung in der Praxis, Gütersloh 1995, S. 24-31

Fragen in eine Beziehung zum biblischen Text. Sie verbinden sich mit ihm, beleuchten und rahmen ihn, und dabei können durchaus Kontraste und Widersprüche im Spiel sein. Aber auf diese Weise stiftet das Gespräch Assoziationen, die sich mit den biblischen Worten verbinden, sie mit Leben füllen und auch später abrufbar sind. Umgekehrt geraten so auch die Bilder, die die Kinder von sich aus mit den Texten verbinden, in einen neuen Zusammenhang.«[22]

Neben den originalen Bibeltexten können Transformationen – etwa die Umsetzung oder auch Verfremdung eines biblischen Motivs in einer Kindergeschichte – und über die Wortsprache hinaus die Begegnung mit Bildern von Künstlern und das Malen eigener Bilder oder die Auseinandersetzung mit musikalischen Impulsen ein elementares Lernen mit der Bibel anstoßen.

»Erlernen« heißt unter dem Aspekt elementaren Lernens,

◆ die Bibeltexte auf die hinter ihnen stehenden Erfahrungen hin wahrzunehmen,

◆ die eigenen Erfahrungen in den Bibeltexten zu entdecken,

◆ die Erfahrungen sowie die Bibeltexte mit den entwicklungsbedingten Möglichkeiten zu verstehen,

◆ die Verstehensmöglichkeiten durch die Auseinandersetzung mit den Erfahrungen und der Sache selbst erweitern.

---

4. Lernen als Dialog
Biblische und eigene Erfahrungen miteinander ins Gespräch bringen

Es ist bereits angeklungen: Elementares Lernen ist immer zugleich *dialogisches Lernen*, Lernen in einem vielstimmigen Gespräch. Ziel des hier vorgestellten Lernens mit der Bibel ist im Anschluss an den von Franz W. Niehl umrissenen Ansatz einer dialogischen Exegese nicht das Herausfinden der »Bedeutung« des jeweiligen biblischen Textes, ja es sei sogar bestritten, dass ein biblischer Text in einer einzigen, ihm entsprechenden Bedeutung aufgeht.[23]
Die dialogische Exegese betrachtet die Bibel als einen Sonderfall der Literatur, nämlich als eine Sammlung von Erzählungen, die so wie zeitgenössische Literatur oder Filme beim Rezipienten eine reiche, identitätsstiftende Bild- und Erzählwelt

erschaffen. Diese Erzählwelt, eine Art zweite Wirklichkeit, kann mit der individuellen Erzählwelt eines Menschen, also mit den sein Leben und seine Identität entwerfenden Erzählungen und Vorstellungen, in ein intensives Gespräch kommen:

»Im Idealfall entsteht daraus eine Bewegung, in der sich biblische Bilder und Lebenserfahrungen immer wieder durchdringen und wechselseitig auslegen. Dann bearbeiten Menschen in den Bildern des Glaubens ihre eigene Lebensgeschichte und in ihrem Leben entdecken sie die Heilkraft der religiösen Bilder und Erzählungen. Jeder Reifungsschritt wirkt dann zurück auf das Verständnis der Bibel, und jede tiefere Auslegung der Bibel stößt den Prozess der Identitätsentwicklung neu an.«[24]

Die dialogische Auslegung biblischer Texte richtet die Aufmerksamkeit weniger auf das Entstehen als auf das Verstehen der Bibel, also auf die Aufnahme und die Wirkung beim Hörer, und zieht Zeugnisse aus der Wirkungsgeschichte der Bibel, aus Kirche und Kultur, aus Literatur, Musik und Kunst hinzu. So entwickelt sich die dialogische Exegese »in einem mehrgliedrigen Klärungsprozess, in dem der biblische Text aus wechselndem Blickwinkel beleuchtet wird. ... Ziel ist ein umkreisendes Verstehen, das den Text durchsichtig macht, ohne ihn auf eine ›Bedeutung‹ zu reduzieren. Die dialogische Exegese versucht also, den biblischen Text und seine reiche Wirkungsgeschichte in einem kontrollierten Dialog zu verknüpfen mit den Erfahrungen, Erzählwelten und inneren Bildern heutiger Leserinnen und Leser. Wenn das gelingt, führt die Auslegung jenes Gespräch fort, das schon seit der Entstehung der biblischen Texte in Gang ist.«[25]
Unsere bibelbezogenen Unterrichtsprojekte mit Kindern stehen in Entsprechung zu dem, was Franz W. Niehl zum Umgang mit der Bibel mit Blick auf Erwachsene entwirft. Sie »leben« von der Absage an eine einzig geltende Bedeutung, die es zu vermitteln bzw. herauszufinden gilt. Sie nehmen die Erzählungen und zudem auch elementare Sätze der Bibel als Medium für Gespräche und Auseinandersetzungen mit dem Ziel der Entwicklung der Identität und Bereicherung der Vorstellungskraft. Sie ziehen dabei (in altersbedingt geringerem Umfang) Zeugnisse der Wirkungsgeschichte aus Kunst, Musik und (Kinder-)Literatur hinzu.
Ein solcher Umgang mit der Bibel ist zugleich anspruchsvoll und bescheiden; er nimmt mir den Druck, die Kinder von meinem Glauben zu überzeugen, und ist dennoch – wie Baldermann es ausdrückt – letztlich wirksamer auch in diesem Aspekt:

»Ich muss versuchen, Begegnungen herbeizuführen zwischen den Kindern und den Worten der Bibel, Begegnungen, mit denen ein Dialog beginnt, der länger dauert als mein Unterricht. An den Anfängen dieser Dialoge werde ich selber staunend teilnehmen und manches Unerwartete lernen können. Alles andere wäre der Bibel viel zu aufdringlich.«[26]

> **»Erlernen« heißt unter dem Aspekt dialogischen Lernens,**
>
> ◆ in einen intensiven Dialog mit den biblischen Texten zu treten,
> ◆ biblische und eigene Erfahrungen aufeinander zu beziehen,
> ◆ daraus mögliche, an die Bibel rückgebundene Deutungen zu entwickeln.

5. Lernen in Metaphern und Symbolen
Metaphorische Sprache verstehen und sich metaphorisch ausdrücken

»Wenn die Metaphernbildung ein menschlicher Grundvorgang ist und religiöse Sprache und Wahrheit wesentlich metaphorisch sind, dann könnte der Umgang mit Metaphern ein zentraler Ansatzpunkt des heutigen Religionsunterrichts sein.«[27]

Was Günter Lange in den siebziger Jahren noch vorsichtig formuliert, gehört heute zum Grundbestand religionspädagogischer Einsichten. Hubertus Halbfas verschärft das Anliegen einer »Sehschule durch Metaphern«, wenn er feststellt: »Religionsunterricht ist Sprachunterricht«, denn: »Alle Religionen der Welt sprechen eine symbolische und metaphorische Sprache. So sehr sie sich voneinander unterscheiden mögen, in ihren Geschichten und mythischen Bildern, in allen Legenden und Metaphern sind sie untereinander verwandt.«[28] Sprache überhaupt gewinnt ihre Kraft aus dem sich ständig erneuernden Schatz von Metaphern. Religiöse Rede ist in ihrer Wurzel als metaphorische bzw. symbolische Rede zu verstehen.[29] Sie spricht in Metaphern vom Unaussprechbaren, sie weckt in Symbolen Vorstellungen vom Unvorstellbaren, sie stellt in Bildern Unabbildbares vor Augen, sie berührt in Geschichten tiefere Schichten der Wirklichkeit und entfaltet somit jenseits des wörtlichen Verstehens Bedeutungshorizonte des an sich Unerklärbaren.

Religiöse Sprache bildet die Wirklichkeit nicht ab. Die Sprachform der Metapher ist eine Form »eigentlicher Rede«, d.h. in ihr kann etwas ausgedrückt werden, was anders nicht zu sagen ist. Die »lebendige« Metapher ist unübersetzbar und so wie Symbole nur umschreibend, erzählend zu umkreisen.[30] Die Metapher ist keine sprachliche Ausschmückung, sondern ein Textphänomen. »Die Metapher gehört zur Semantik des Satzes, noch bevor sie die Semantik des Wortes betrifft; die Metapher stiftet Sinn nur innerhalb einer Aussage.«[31] Peter Biehl spricht darüber hinaus von der Metapher als einem Kontextphänomen: »Der Kontext konstituiert und determiniert die Metapher, allerdings anders als der Hörer erwartet.«[32] Mit Blick auf diese Text- und Kontextbezogenheit der Metapher spreche ich deshalb in unserem Zusammenhang des Lernens mit biblischen Texten eher von »*metaphorisch*« als von »symbolisch«. Als Bedeutung provozierenden Kontext der metaphorischen Rede verstehe ich zudem auch den Zusammenhang und die Situation, in die der jeweilige biblische Satz oder die Geschichte unterrichtlich hineingestellt wird.

Aus den Erfahrungen von Menschen untereinander, mit der Welt und mit Gott entstanden, sind Metaphern, Symbole und Bilder offen für die Erfahrungen und Erwartungen derer, die sie wahrnehmen. Sie helfen, das bereits Erlebte und noch Erhoffte zu erkennen, zum Ausdruck zu bringen und untereinander auszutauschen. Sie eröffnen diese Möglichkeiten einer Ansprache, sei sie zweifelnd, fragend oder klagend, bittend, lobend oder dankend, auch im Blick auf Gott.

»Erlernen« heißt unter dem Aspekt metaphorischen Lernens,

◆ für die Verstehensvoraussetzungen religiöser Sprache als metaphorischer und symbolischer Sprache zu sensibilisieren,

◆ in metaphorischer Sprache das eigene Leben wiederzufinden, zum Ausdruck zu bringen und mit anderen zu teilen,

◆ in metaphorischer Sprache von Gott zu hören und von und mit Gott zu reden,

◆ in Metaphern, Symbolen und Bildern die Wirklichkeit des Menschen und Gottes »Wirksamkeit« in ihr und damit sich selbst und Gott auf eine anders nicht mögliche Weise zu erfahren.

---

6. Lernen als ästhetische Bildung
Mit den Sinnen wahrnehmen, gestalten und erkennen

Religiöses Lernen mit der bisher eröffneten Orientierung an Fragen, an der Vergegenwärtigung, am Elementaren, am Dialog, an Metapher und Symbol wird vor Einseitigkeiten bewahrt, indem es sich für die Dimension des *Ästhetischen* öffnet. Georg Hilger unterscheidet in diesem Zusammenhang die wahrnehmendrezeptive Dimension, die gestaltend-produktive Dimension und die urteilende und kommunikative Dimension ästhetischen Erfahrens.[33] Eine ästhetische Bildung fördert die *Wahrnehmungsfähigkeit*, d.h. sie zielt auf eine Sensibilisierung der sinnlichen Wahrnehmung (aisthesis) für die Vieldimensionalität von Welt und Leben sowie die Fähigkeit zur kritischen Infragestellung von Wahrnehmungsgewohnheiten. Damit verbunden ist die Entwicklung der *Gestaltungsfähigkeit*, die Möglichkeiten für Hoffnungen, Visionen und Veränderungen der Wirklichkeit eröffnet. Ästhetische Bildung führt im rezeptiven Wahrnehmen und im produktiven Gestalten zur ästhetischen *Urteilsfähigkeit*: »Menschliche Wahrnehmung enthält immer auch Momente des Erkennens, Denkens, Deutens und Fühlens.«[34] Diese auch rationale Auseinandersetzung findet ihre Fortsetzung z.B. nach der Bildbetrachtung und dem Malen eines eigenen Bildes in der gegenseitigen Bildbefragung und im gemeinsamen Austausch über die bzw. zu den Bildern.

Der Zusammenhang ästhetischen Lernens mit fragendem, vergegenwärtigendem, elementarem, dialogischem und metaphorischem Lernen und damit die Notwendigkeit der Einbeziehung der ästhetischen Dimension in ein wirksames religiöses Lernen mit der Bibel sei mit Georg Hilger wie folgt umschrieben:

>In eine produktiv kritische Wechselbeziehung zwischen erfahrenem Leben und den in Texten, Bildern, Symbolen und Sakramenten Gestalt gewordenen Lebens- und Weltdeutungen jüdisch-christlicher Tradition kann wohl nur eintreten und sich einlassen, wer sich und die eigenen Lebens- und Weltdeutungen wahrgenommen und ihnen Gestalt hat geben können. Anders ausgedrückt: Die Symbole des christlichen Glaubens lassen sich nur dann in ihrer lebensdeutenden und heilenden Kraft erahnen, wenn Kinder und Jugendliche selber gelernt haben zu symbolisieren, wenn sie gelernt haben, eine ›Sprache‹, einen Ausdruck dafür zu finden, was für sie in ihrem Leben Bedeutung hat, was für sie sinnvoll und sinnlos ist.«[35]

Ästhetische Bildung weiß zudem um die Grenzen von Sprache und Versprachlichung menschlicher Erfahrungen. Verena Lenzen macht in ihrer beeindruckenden (moraltheologischen) Studie über die Heiligung des göttlichen Namens im Judentum auf die besondere Bedeutung des Schweigens innerhalb der Ästhetik aufmerksam:

>Das tonlose Intervall in der Musik, der blinde Fleck in der Malerei wie das verschwiegene Wort in der Dichtung bilden mit dem jeweils Hörbaren und Sichtbaren das Kunstwerk. Die Sprache erreicht das Sagbare erst, wenn sie sich wundreibt am Unsagbaren, Ungesagten und Unsäglichen, das sich ihr versagt und doch durch die Ritzen und Risse des Gesagten schimmert, in den weißen Lücken und Leerzeilen zwischen der Letternschwärze, im schweigenden Hörenkönnen der Rede und ihrem akustischen Verstummen.«[36]

> **»Erlernen« heißt unter dem Aspekt ästhetischen Lernens,**
>
> ◆ das eigene Leben und die Welt mit den Sinnen wahrzunehmen, zu gestalten und zu erkennen,
>
> ◆ die in den biblischen Erzählungen, Metaphern und Symbolen enthaltenen Lebens- und Weltdeutungen mit den eigenen Lebenserfahrungen ins Gespräch zu bringen,
>
> ◆ die aus diesem Prozess hervorgehenden erweiterten Vorstellungen und Deutungen von Leben und Welt, von Religion und Glauben wahrzunehmen, zu gestalten und zu befragen.

7. Lernen im ethischen Urteilen und Handeln
Vorstellungen von Gerechtigkeit und Frieden entwickeln

»Die Forderung, dass Auschwitz nicht noch einmal sei, ist die allererste an Erziehung.«[37]

Dieses oft zitierte Postulat Theodor W. Adornos gilt angesichts der Schuldgeschichte des Christentums hinsichtlich ihres Verhältnisses zum Judentum für jegliches Bemühen um religiöse Erziehung und Bildung. Die hier vorgestellten Lernprozesse sind in unmittelbarster Weise einer *Ethik des Mitleidens und der Erinnerung* verpflichtet, insofern sie aus den jüdischen Wurzeln des Christentums im Ersten Testament erwachsen und sich intensiv auf Fragen nach Gerechtigkeit und Frieden, nach Leid und Schuld des Menschen und nach Gott angesichts des Leidens besinnen. Auch wenn das Erinnern von Leiden und das solidarische Mitleiden uns rat- und sprachlos macht, müssen wir nach Worten ringen:

»Sprache neigt sich dem Schweigen zu. Doch während die Ästhetik Verborgenheit fordert und belohnt, verlangt die Ethik Offenbarwerden und bestraft Verstecktheit und Verschwiegenheit. Zwischen dem Schweigegebot einer Ästhetik nach Auschwitz und der Zeugenpflicht einer Ethik nach Auschwitz ist die Balance der Worte immer aufs neue auszutarieren. Behutsam und empfindsam müssen wir uns in einer Sprache bewegen, die mit Worten und im Schweigen spricht. Bloßes Schweigen ohne bekennendes Wort wäre jedoch zu wenig in einem Land, dessen Schuld nicht zuletzt in der Stummheit der Gleichgültigkeit, Unwissenheit oder Angst gründete.«[38]

Kinder erleben Ungerechtigkeiten auf der Erde bzw. in ihrem Leben mit wacher Aufmerksamkeit und großer Bereitschaft zum Mitleiden und zur Anklage dieses Unrechts (☞ u.). Der hier vorgestellte Religionsunterricht eröffnet Wege des Einfühlens und der Identifikation und lässt ihre eigenen Vorstellungen von Gerechtigkeit, ihre Fragen an die Menschen und auch an Gott zum Zuge kommen.

»Erlernen« heißt unter dem Gesichtspunkt ethischen Lernens,

◆ trotz aller Sprachlosigkeit angesichts des Leidens nicht zu verstummen, Unrecht wahrzunehmen und beim Namen zu nennen,

◆ Leiden anderer Menschen im Erinnern und Mitleiden wachzuhalten, um frei zu werden für den Einsatz für Frieden und Gerechtigkeit.

---

8. Lernen als Subjekt
Selber Sinn suchen, geben und finden

Wirksames religiöses Lernen nimmt die Kinder als Subjekte und aktive Gestalter ihrer religiösen Lebensgeschichte ernst. Eine solche Achtung gegenüber dem Kind ist gesellschaftlich, entwicklungspsychologisch und theologisch gefordert und förderlich.

In unserem von Ellen Key ausgerufenen »Jahrhundert des Kindes« ist Kindheit nicht nur von den Erwachsenen als eigenständige *gesellschaftliche* Größe entdeckt worden; die Kinder selbst haben ihre Individualität immer früher entdecken gelernt und fordern sie ein. Dieser »Individualisierungsanspruch«[39] bringt Chancen und Probleme im Blick auf die gesamte Identitätsentwicklung wie auch auf die religiöse Lebens- und Lerngeschichte mit sich. Die Möglichkeit einer »freien« Entwicklung beinhaltet die Notwendigkeit begründeter Entscheidungen. Aus der Freiheit kann ein Zwang zur Individualisierung werden. Aus dieser Ambivalenz von Individualität und Autonomie kann sich der Religionsunterricht nicht befreien, doch er kann den Blick weiten und schärfen, für Zusammenhänge und Spannungen in der Gesellschaft sensibilisieren, die Vorstellungskraft stimulieren, wie das Leben auf der Erde sein könnte und Kinder so realitäts- und urteilsfähiger machen.[40] Er kann die religiöse Entwicklung der Kinder begleiten und ihre religiöse Kompetenz und Entscheidungsfähigkeit fördern (zur Situation von Kindern heute, ☞ auch II.).

Auch *entwicklungspsychologisch* gesehen sind bereits Kinder als Bedeutung schaffende Wesen »Subjekte« ihrer eigenen Lernprozesse, Lebens- und Sinnentwürfe und somit auch Gestalter ihrer religiösen Entwicklung und ihrer Glaubensvorstellungen.[41] Die Wirksamkeit religiöser Lernprozesse ist abhängig von den Zugangsweisen und Verstehensmöglichkeiten der Kinder. Aufgedrängte und eingetrichterte Inhalte und Bedeutungen haben keine emotionale Tiefenwirkung und eine kurze Verfallszeit. Religiöses Lernen sowie Lernen überhaupt wird dort besonders fruchtbar, wo Kinder mehr für sich entdecken und sich aneignen, als wir ihnen vermitteln können. Ihre Möglichkeiten dazu sind aus Erwachsenenperspektive keineswegs als defizitär zu betrachten, sondern immer wieder überraschend und produktiv, da sich diese Lernprozesse phantasievoll, kreativ und ganzheitlich, kontextbezogen und Verschiedenes verknüpfend, intuitiv und jenseits von Denkgewohnheiten, emotional und nachdenklich zugleich vollziehen.

Theologisch betrachtet kann sich Glauben nur in freier Entscheidung des Menschen entfalten. Er ist freie Antwort des Menschen auf die bedingungslose Zusage Gottes. Da Gott jeden Menschen bei seinem Namen ruft, kann der Mensch bei Gott »Gehör« finden. Da jeder Mensch bei Gott »vorgesehen« ist, kann er Gott »anschauen«. Eine solche Subjektorientierung der religiösen Entwicklung und des Glaubens gilt in besonderer Weise für das Kind, das Jesus, obwohl es zu seiner Zeit als unwissend und unbedeutend, als sozial, religiös und rechtlich verarmt gesehen wurde, provokativ »in die Mitte« stellte (Mk 9,36).[42]

Die Herausforderungen eines so verstandenen Religionsunterrichts sind beträchtlich: Kinder brauchen mit den Worten Lothar Kulds »ReligionslehrerInnen, die sich auf die Lebensgeschichten von Kindern verstehen und in der Perspektive dieser Geschichten Religion im Leben der Kinder zu entdecken vermögen. Unterrichtspraktisch läuft dies auf eine glaubensbiographische Wende und Differenzierung des Religionsunterrichts schon in der Grundschule hinaus. Dieser Unterricht geht von der Glaubensgeschichte des Kindes und der kindlichen Selbstauslegung dieser Geschichte, also der ›Theologie‹ des Kindes aus. Er arbeitet mit den Vorstellungen und Begriffen, mit denen Kinder Religion denken und entwickeln.«[43]

»Erlernen« heißt unter dem Aspekt biographischen Lernens,

◆ Religion und religiös Bedeutsames im Zusammenhang der eigenen Lebensgeschichte zu entdecken,

◆ den eigenen religiösen Vorstellungen zu trauen und sie ins »Spiel« mit biblischen Glaubensüberlieferungen zu bringen,

◆ die eigene persönliche bzw. religiöse Entwicklung wahrzunehmen, zu gestalten und zu bedenken,

◆ mit den Kindern erste Schritte zu verantworteten Haltungen und Entscheidungen in Bezug auf Religion und Glauben zu gehen.

9. Lernen im theologischen Horizont
Gott denken und als radikale Frage erfahren

Kindern im 1. Schuljahr erzählten wir die Geschichte von Martin von Tours, davon, dass dem Martin in der Nacht nach der Mantelteilung Jesus im Traum begegnete und zu ihm sagte: »Als du dem Bettler geholfen hast, hast du auch mir geholfen.« Auf unsere Frage, was Jesus damit wohl meint, sagte ein siebenjähriges Mädchen:
»Gott macht alles mit, was die Menschen machen!«
Andere Kindern erklärten ihre Worte:
»Das ist halt der Gott von den Menschen.«
»Gott ist überall dabei.«
»Wenn Menschen froh sind, dann ist auch Gott froh. Wenn Menschen traurig sind, dann ist auch Gott traurig, aber nur ein bisschen, denn es gibt andere Menschen, die lachen.«

Was Menschen »durchmachen«, das macht auch Gott mit. Gott als Spiegel des Erlebens der Menschen: Sätze von Kindern, die uns berühren und zu denken geben, die auch auf die Frage nach dem Leid zu beziehen sind. »Gott macht alles mit, was die Menschen machen!« Dieser einfache und zugleich umwerfende Satz des Mädchens prägte die weiteren Stunden zu Sankt Martin.
In den vielen Gesprächen mit Kindern ist mir in den letzten Jahren nur langsam bewusst geworden: Religiöses Lernen mit Kindern heißt für mich zentral, mit ihnen »Theologie zu treiben«. Die Erfahrungen, die wir im Unterricht gemeinsam machen und bedenken, die Fragen, die wir aussprechen und die uns bewegen, sind, mal ausdrücklich, mal unausgesprochen, transparent auf Gott hin, und dieser »Hintergrund« gibt unserem Erleben, Denken und Handeln eine »andere« Qualität.

Wir sollten uns davor hüten, die Kinder romantisch überhöht als »Theologen« zu sehen.[44] Das sind sie genauso wenig wie »Philosophen«. Doch wie eine »philosophische« Haltung des Fragens und Staunens dem Religionsunterricht Impulse gibt, so bereichernd ist es, die Kinder als auf ihre Weise theologisch denkende und somit gleichberechtigte Partner beim Reden von und Nachdenken über Gott zu sehen:

> »Elementare theologische Inhalte werden von Kindern in eigener Denkregie immer schon bedacht; die dabei angewandte Methode wäre zu untersuchen: sie hat aber sicher mit rationaler Verarbeitung von Gehörtem, Gesehenem, Gespürtem zu tun, kurz mit der Reflexion von Wahrgenommenem. ... Es gibt nicht nur einfache Gottesrede, sondern auch elementare Theologie bereits bei Kindern; diese Theologie hat eigenes Recht und eigenen Rang.«[45]

In unseren »theologischen« Gesprächen mit den Kindern stehen immer wieder die Fragen der Kinder und dabei besonders ihre Frage nach Gott und ihre Fragen an Gott im Mittelpunkt. Es sind nicht nur die direkt verbalisierten Fragen, auch die Bilder der Kinder – etwa Bilder, mit denen sie etwas von ihrer Gottesvorstellung zeigen – bringen Fragen zum Ausdruck. Ich teile die These Jürgen Oelkers, »dass der Gott der Kinder als *Frage* entsteht und dass an dieser Frage alle Antworten letztlich scheitern«. Oelkers hebt die Bedeutung von Kinderfragen und die Notwendigkeit des »Scheiterns« der Antworten für die religiöse Entwicklung hervor:

> »Es gibt auf diese Fragen unzählige und keine befriedigende Antwort, solche, die die Fragen *entscheiden* würden ... keine wirkliche Möglichkeit, die Kinderfrage nach Gott für *Kinder* zureichend zu beantworten, so nämlich, dass die Frage selbst verschwindet. ... Diese religiöse Betrachtung der Welt ergibt sich aus der Radikalität von Fragen, nicht durch Erziehung und Unterricht, deren Lehrsätze nicht annähernd so radikal sein können wie die Fragen von Kindern. ... Kinder sind daher geborene Theisten, ohne dass sie sich auf Doktrinen verpflichten würden. Sie *fragen* nach Gott, aber verweigern sich den Antworten, von denen sie ahnen können, wie hilflos sie gegenüber der Tiefe des Problems sind. In diesem Sinne ist Kindheit kein Durchgangsstadium, keine Passage, an deren Ende der fertige Erwachsene stehen würde. Was Kinder *religiös* erfahren, sind Fragen, die sie nicht beantworten können, obwohl oder weil sie alle ›erwachsen‹ werden müssen.«[46]

Eine solche Erfahrung der fragenden Kindheit ist für uns Erwachsene und damit auch für unsere Begegnungen und Gespräche mit Kindern von grundlegender Bedeutung, da sich »Sinn nur *über* diese Fragen ergibt; sie prägen als radikale, wenngleich oft stillgestellte Mutmaßungen das Leben von Erwachsenen aus der eigenen Vergangenheit heraus. Erwachsene könnten die Radikalität von Kinderfragen weder imitieren noch selbst hervorbringen. Sie sind darauf angewiesen, dass sie als Kinder schon einmal so gefragt haben, aber sie sind zugleich darauf angewiesen, dass sie definitive Antworten nicht haben finden können.«[47]

Für das hier vorgestellte *theologische Lernen* gilt somit die pointierte Zusammenfassung von Oelkers: »Fragt man Kinder nach Gott, dann ist das wichtigste die *Frage* und also weder Gott noch die Antwort.«[48] Diese pädagogische bzw. religionspädagogische Position findet Rückhalt in der biblischen Tradition. Wenn es in der Hebräischen Bibel heißt: »Du verlässt nicht die, die nach dir fragen.« (Psalm 9,11), wenn Jahwe auf Hiobs Fragen nicht mit einer Antwort, sondern mit Gegenfragen reagiert (Hiob 38,1–41,26), dann erweist sich das Fragen als notwendiger Ort der Gotteserfahrung und Gotteserkenntnis.[49]

Gott als Frage zu erfahren und ihn leidenschaftlich zu fragen, entspricht der Forderung von Johann Baptist Metz nach einer »theodizee-empfindlichen« Rede von Gott. Jegliches Sprechen von Gott darf sich dieser Frage nach einer Rechtfertigung Gottes angesichts des Leidens nicht verschließen (theós = Gott; dike = Rechtsstreit: Theodizee = Gott im Rechtsstreit, Rechtsstreit um Gott):

»Die Antworten der Theologie im strengen Sinn haben nicht eigentlich Problemlösungsgestalt (so wie Gott nicht einfach als Antwort auf unsere Fragen bestimmt werden kann). Die Antworten, die die Theologie gibt, bringen die Fragen, auf die sie antworten, nicht einfach zum Verstummen oder zum Verschwinden.«[50]

Metz kennzeichnet eine theodizee-empfindliche Gottesrede als eine »Mystik des Leidens an Gott«, wie sie uns in den Gebetstraditionen Israels, besonders in den Psalmen, dem Buch Hiob, in den Klageliedern und den Prophetenbüchern begegnet und in der Gottverlassenheit Jesu am Kreuz zum Ausdruck kommt.[51]

In Spannung zu diesem Gott der Frage und Anklage stehen die Worte der Zuversicht und Hoffnung vom Grundwort der Verheißung »Ich bin mit dir« (z.B. Gen 28,15; Jes 41,10), das leitmotivisch die biblische Überlieferung prägt und besonders in den Psalmen unzählige Variationen findet, bis zum letzten Wort des Auferstandenen »Ich bin bei euch alle Tage« (Mt 28,18).[52] Die Offenbarung des Gottesnamens vereint durch das Zusammenspiel und die Verschränkung des bereits Gegenwärtigen mit dem noch Zukünftigen die Zusage Gottes mit dem Vorbehalt der Verheißung: »Ich bin der, der ich da bin.« – »Ich bin der, der ich sein werde« – »Ich werde der sein, der ich da bin« – »Ich werde der sein, der ich sein werde.« Hier drückt sich die Spannung zwischen der Zusage und Zuverlässigkeit Jahwes einerseits und der Verborgenheit und Unverfügbarkeit Jahwes andererseits aus. Es ist ein Da-Sein und Mit-dem-Menschen-Sein in allen, trotz aller und gegen alle Erfahrungen des Leidens. JHWH, die Selbstbezeichnung Gottes im hebräischen Tetragramm, gewinnt in der jüdischen und in der Folge auch in der christlichen Tradition als eigentlicher Name des Namenlosen gegenüber den vielen anderen Benennungen Gottes im Ersten Testament eine zentrale Bedeutung. In diesem ausdrücklichen und verborgenen Namen wird Gott ansprechbar und zugleich unaussprechbar:

»Dass die menschliche Sprache sprechbar ist, verdankt sie dem Namen Gottes als Ursprung der Sprache und seinem verstummenden Rückzug aus der Sprache, denn erst das Bruchstückhaft-Gebrochene macht sie zur Sprache der endlichen, gebrochenen Kreatur«; hier zeigt sich, »dass nur eine Sprache, die um das Ausschnitthafte, Vorläufige und Fragmentarische unseres Sprechens weiß, unsere Versuche der Welterklärung und der Gotteslehre rechtfertigt.«[53]

»Erlernen« heißt unter dem Aspekt theologischen Lernens,

◆ sich Gott als Unvorstellbaren vorzustellen, als Unabbildbaren »einzubilden« und Gott als Unaussprechbaren anzureden,

◆ Gott zu denken, im radikalen und leidenschaftlichen Fragen und als Frage zu erfahren,

◆ sich von Gott in Worten des Trostes und Mitleidens anreden zu lassen.

Viele Deutungen des »Erlernens« provoziert unsere Eingangsgeschichte und ein Ende ist nicht in Sicht. Stellen wir uns nun vor dem Hintergrund der hier entfalteten Blickrichtungen religiösen Lernens vor, wie Levi Jizchak »erlernt, dass es einen Schöpfer der Welt gibt«. Er wird aufmerksam werden für die Fragen nach seiner Einzigartigkeit, nach seinem Ursprung, nach der Quelle von Leben und Fruchtbarkeit in der Welt, nach dem Sinn des Lebens auf dieser Erde. Er wird Erfahrungen des Eins-Seins und des Fremd-Seins mit sich und mit anderen vergegenwärtigen. Er wird weiterfragen nach der Herkunft des Menschen und der Welt. Er wird – beispielsweise in Worten der Psalmen 104 oder 139, der Schöpfungserzählungen oder auch aus dem Buch Hiob – den biblischen Zuspruch und Lobpreis hören und in sich aufnehmen, von Gott geschaffen und angesehen zu sein, und ihn mit seinen Erfahrungen ins Gespräch bringen. Er wird irritiert und schockiert die Gebrochenheit der Welt und des menschlichen Handelns wahrnehmen und an und mit dem Befreier- und Schöpfer-Gott leiden, ihn anklagen und mit ihm trauern. Er wird aus der Erfahrung, dass Welt und Mensch so wunderbar gestaltet sind, Bewusstsein und Verantwortung für die Bewahrung der Schöpfung, für Gerechtigkeit und Frieden gewinnen und ihm wird es vielleicht gelingen, dementsprechend zu handeln. Er wird die positiven und die negativen Erfahrungen mit der Welt, den Menschen und mit Gott mit all seinen Sinnen aufnehmen, gestaltend zum Ausdruck bringen, bedenken und deuten. Sie werden Teil seiner Lebensgeschichte und seiner Geschichte mit Gott.

II. Das Leid in der Welt und die Frage nach Gott

Kinder fragen und klagen an

Klein Lena war krank

Klein Le- na war krank, sie lag schon so

lang im Kran- ken- haus, Ärz- ten und

Schwe- stern war bang. Ihr Arzt sag- te

schon in sehr ern- stem Ton, die ein- zi- ge

Chan- ce sei die O- pe- ra- tion. Es

nahm schon Tags drauf die O P ih- ren Lauf, doch

aus der Nar- ko- se wach- te Le- na nicht auf.

Mama hat gewacht
bei Tag und bei Nacht
und für sie gebetet, an sie nur gedacht.
Ihr Herz, schwach und klein,
ging nicht mehr von allein.
Nur eine Maschine gab Leben ihr ein.
Der Arzt sagte schon
mit traurigem Ton:
Sie kommt nicht mehr lebend von der Notfallstation!

Doch ihre Mama
saß immerzu da,
hat zärtlich geflüstert: »Ich bin dir ganz nah!«
Und in jeder Nacht,
die sie durchgewacht,
da streichelte sie Lenas Köpfchen ganz sacht.
Und wer das gesehn,
blieb mitleidig stehn.
Denn das Kind konnt' nichts hören und gar nichts verstehn.

Eine Schwester sprach's aus:
»Gehn Sie endlich nach Haus.
Es ist sinnlos zu reden! Mit dem Kind ist es aus!«
Doch die Mama voll Ruh
sprach: »Ich weiß, was ich tu.
Ich bleib' hier und ich rede mit ihr immerzu!«
Wieder sprach sie zu ihr:
»Lena, wie geht es dir?
Liebes, wenn du mich hörn kannst, dann zeige es mir!«

Eines Tags in der Früh
öffnet Lena mit Müh
ihre Augen ein wenig, dann lächelte sie!
Ihre Mama lief raus,
und sie rief durch das Haus:
»Hört, mein Kind ist am Leben! Ich halt's vor Freude nicht aus!«

Es verging noch viel Zeit,
Mühe und Tapferkeit,
bis klein Lena gesund war, doch dann war es so weit:

Lena ging stolz davon
aus der Krankenstation.
Ein paar weinten vor Glück, denn ein Wunder war's schon!

Lena ging stolz davon
aus der Krankenstation.
Ein paar weinten vor Glück, denn ein Wunder war's schon!

Gerhard Schöne

»Warum leide ich? Das ist der Fels des Atheismus. Das leiseste Zucken des Schmerzes, und rege es sich nur in einem Atom, macht einen Riss in der Schöpfung von oben bis unten.«[1]

»Ich werde mich bis in den Tod hinein weigern, die Schöpfung zu lieben, in der Kinder gemartert werden.«[2]

»Beckmann: Ach, du bist also der liebe Gott. Wer hat dich eigentlich so genannt, lieber Gott? Die Menschen? Ja? Oder du selbst?
Gott: Die Menschen nennen mich den lieben Gott.
Beckmann: Seltsam, ja, das müssen ganz seltsame Menschen sein, die dich so nennen. Das sind wohl die Zufriedenen, die Satten, die Glücklichen, und die, die Angst vor dir haben. ... Wann bist du eigentlich lieb, lieber Gott? Warst du lieb, als du meinen Jungen, der gerade ein Jahr alt war, als du meinen kleinen Jungen von einer brüllenden Bombe zerreißen ließt? Warst du da lieb, als du ihn ermorden ließt, lieber Gott, ja?
Gott: Ich habe ihn nicht ermorden lassen.
Beckmann: Nein, richtig. Du hast es nur zugelassen. Du hast nicht hingehört, als er schrie und als die Bomben brüllten. Wo warst du da eigentlich, als die Bomben brüllten, lieber Gott? ... Wann warst du denn eigentlich lieb, Gott, wann? Wann hast du dich jemals um uns gekümmert, Gott?«[3]

Der Protest von Büchner, Camus und Borchert symbolisiert literarisch den Aufschrei der Menschen gegenüber dem Leiden unschuldiger Kinder. Dieses unfassbare Leid und die daraus bereits bei Kindern erwachsenen Fragen gegenüber Gott werden uns nun als der inhaltliche »Kern« der vorgestellten Unterrichtsprojekte zu Kain und Abel, Hiob und den Propheten bewegen.

1. Kinder und das Leid heute

Nicht zufällig ist der Einstieg in die erste Unterrichtsreihe ein bewegendes Dokument eines leidenden Kindes, ein Brief eines Mädchens aus Sarajevo an alle Kinder der Welt (☞ III.). Die Frage der Kinder nach dem Leiden zu thematisieren, das heißt zuallererst, die Aufmerksamkeit auf das unermessliche Leid von Kindern selbst zu richten.

Das Kinderhilfswerk der Vereinten Nationen, UNICEF, stellt in seinem Jahresbericht »Zur Situation der Kinder in der Welt 1996« das Schicksal von Kindern im Krieg in den Mittelpunkt. Mehr als je zuvor in der Geschichte der Menschheit leiden Kinder an kriegerischen Auseinandersetzungen und ihren Folgen. Grausam gefoltert und vergewaltigt, vertrieben, fern von ihren Eltern, entwurzelt aus ihrem Land, ohne ärztliche Versorgung, krank und unterernährt, verdurstet und verhungert, missbraucht als Kindersoldat und gewaltsam zum Opfer oder Mörder gemacht, verkrüppelt oder ermordet durch Flächenbombardements oder durch Landminen: Entsetzlich und unbegreiflich sind die Schicksale von Kindern. Sie leiden stets am meisten. Die Brutalität moderner Kriegführung richtet sich immer stärker gegen die Zivilbevölkerung, besonders gegen Kinder, Frauen und alte Menschen.

»Schätzungen zufolge wurden während der achtziger Jahre 2 Millionen Kinder getötet, 4 bis 5 Millionen Kinder wurden verkrüppelt, 12 Millionen aus ihrer Heimat vertrieben, über 1 Million verloren ihre Eltern oder wurden von ihnen getrennt und 10 Millionen wurden psychisch traumatisiert.«[4]
Die psychischen Traumata aufgrund von Erfahrungen im Krieg sind auch für Erwachsene nicht nachzuvollziehen: »In Sarajevo, wo fast jedes vierte Kind im Kriege verwundet wurde, hat UNICEF im Sommer 1993 bei 1505 Kindern eine Untersuchung durchgeführt. Sie ergab, dass 97 Prozent der Kinder Granatangriffe aus nächster Nähe miterlebt hatten, 29 Prozent ›unerträgliches Leid‹ fühlten und 20 Prozent Angstträume hatten. Etwa 55 Prozent waren von Heckenschützen beschossen worden, und 66 Prozent waren schon einmal dem Tode nahe.
Eine ähnliche Untersuchung in Angola im Jahr 1995 ergab: 66 Prozent der Kinder waren dabei, als Menschen ermordet wurden, 91 Prozent hatten Leichen gesehen, und 67 Prozent hatten zusehen müssen, wie Menschen gefoltert, geschlagen oder verletzt wurden. Mehr als zwei Drittel aller Kinder hatten schon Situationen überstanden, in denen sie dem Tod ins Auge gesehen hatten.«[5]

UNICEF verweist auf die »schrecklichen Parallelen« zwischen der Gegenwart und der Zeit des Zweiten Weltkrieges. Trotz der Fortschritte, die das Leiden von Kindern auf der Welt verringert haben, drängt die derzeitige Not »mehr als je zuvor« zum Handeln. Neben dem Golf- und Balkankrieg, die in den letzten Jahren trotz aller Abschottung, Verzerrung und Abstumpfung in der Berichterstattung von uns und mehr noch von den Kindern öffentlich wahrgenommen wurden, gibt es die vergessenen Kriege, unter denen zum Teil Generationen von Kindern leiden: »Ende 1995 herrscht im Sudan seit über 30 Jahren Krieg, in Angola seit 20 Jahren, in Afghanistan seit 16 Jahren, in Sri Lanka seit 15 Jahren und in Somalia seit 6 Jahren.«[6]

Man kann es nicht deutlich genug sagen: Die Tragödien von Kindern im Krieg sind vermeidbar. Sie sind durch Menschen verursacht, die Kinder leiden direkt oder indirekt durch die Entscheidungen von Erwachsenen. Das »Jahrhundert des Kindes«, das das Kind als Individuum erkannt und seine Würde und Eigenständigkeit zu achten gelernt hat, ist zugleich ein Jahrhundert unfassbaren Schuldigwerdens von Erwachsenen an Kindern.[7]

Auch in der Bundesrepublik Deutschland ist das Leben vieler Kinder durch Angst, Sorge und Leid getrübt. Einige wesentliche Tendenzen seien hier angerissen in dem Bewusstsein, dass es immer auch die positiven Gegenbeispiele und »Kehrseiten« dieser Herausforderungen heutiger Kindheit gibt[8]:

➤ **Kinder leben heute in zunehmender Zahl in armen Verhältnissen.**

In den westlichen Bundesländern lebt ungefähr jedes achte Kind, in den östlichen sogar jedes fünfte Kind in einem einkommensarmen Haushalt. Die sogenannte »Neue Armut«, eine »Armut im Wohlstand«, trifft besonders die Kinder, insofern ihr Risiko, in Armut zu geraten, höher als bei Erwachsenen ist und sie den negativen psychosozialen Folgen stärker ausgesetzt sind. Ein nochmals deutlich höheres Armutsrisiko tragen Kinder allein erziehender Mütter (aufgrund der schlechteren Verdienstmöglichkeiten von Frauen), Kinder aus kinderreichen Familien sowie Kinder arbeitsloser Eltern. Armut schränkt sowohl die psychischen und sozialen als auch die körperlichen Entwicklungsmöglichkeiten der Kinder ein.[9]

➤ **Kinder sind häufiger als früher chronisch krank.**

Besonders die Zunahme allergischer Erkrankungen (z.B. Neurodermitis, Asthma, Heuschnupfen), aber auch anderer »psycho-sozio-somatischer« Störungen (z.B. im Essverhalten) ist Besorgnis erregend. Die Anteile schädigender Einflüsse der Umwelt (z.B. Belastung von Luft, Wasser und Nahrung), körperlicher Empfänglichkeiten (z.B. durch Vererbung), psychischer und sozialer Beeinträchtigungen (z.B. Leistungsdruck in Familie und Schule) sind dabei eng miteinander verflochten und verstärken sich gegenseitig. In immer größerer Zahl sind depressive Verstimmungen bereits im Kindesalter und augenfällige Verhaltensstörungen wie extreme Unruhe und Aggressivität festzustellen.[10]

➤ **Kinder leiden zunehmend an mangelnden oder mangelhaften Beziehungen.**

In Deutschland haben über die Hälfte der Familien ein Kind, ein weiteres Drittel zwei Kinder. Die gestiegene Aufmerksamkeit dem einzelnen Kind gegenüber kann sehr schnell aufgrund von Projektionen der Elternbedürfnisse zur Überforderung des Kindes führen (Kinder als »Projekte« zur Sinnstiftung für die Eltern). Eine materielle Überversorgung kann die knappe Zeit der Eltern für ihre Kinder nicht kompensieren. Kontakte zu anderen Kindern entstehen seltener auf natürliche Weise, sie müssen organisiert werden. Stark gewachsen ist auch die Zahl der Kinder, die – zum größten Teil in Folge von Ehescheidungen – bei Alleinerziehenden (fast immer der Mutter) aufwachsen. Kinder leiden an der Trennung ihrer Eltern bzw. von ihren Eltern, auch wenn dies gegenüber einem Leben im ständigen Konflikt »zwischen« Vater und Mutter insgesamt die bessere Alternative ist. Trauer, Angst und Schuldgefühle kennzeichnen die emotionale Situation vieler Scheidungskinder, häufig sind Symptome wie Schlaflosigkeit, Magen- und Kopfschmerzen, Verhaltensauffälligkeiten und Lernschwierigkeiten zu beobachten.[11]

➤ **Kinder leben heute in einer sie vielfach ängstigenden Lebenswelt.**

Der Vielfalt der Freiheiten entspricht die Vielzahl der Risiken. Es sind »riskante Freiheiten«, die Kindern sehr früh Entscheidungen abverlangen und sie in allen Lebensbereichen unter einen Individualitätsdruck setzen. Der unmittelbare Lebensraum der Kinder ist häufig eine Quelle der Angst. Die Straße ist heute fast ausschließlich dem Auto vorbehalten, Kinder werden insgesamt aus öffentlichen Räumen zunehmend verdrängt (»Verhäuslichung«), für sie werden spezielle, häufig erwachsenenbetreute Angebote geschaffen (»Verinselung« und »Pädagogisierung«). In der Schule drängen sich auch bei kindgerechten pädagogischen Konzepten sehr schnell die Erwartungen einer leistungsorientierten Gesellschaft in den Vordergrund. Der Umgang der Kinder untereinander ist als Spiegel eines Zusammenlebens, in dem der »Stärkere« sich durchsetzt, häufig durch Gewalt geprägt.

➤ **Kinder leben heute stärker als früher im Bewusstsein einer bedrohten Zukunft.**

Bereits seit Ende der siebziger Jahre wurde in einer Vielzahl von Untersuchungen nachgewiesen: Kinder »wissen« um die Zerstörung der Umwelt, die nahen und die fernen Kriege und die Not anderer Menschen durch Hunger und Krankheit und erfahren sie als Bedrohung ihrer Kindheit. Sie nehmen diese Bedrohungen wacher als die Erwachsenen wahr, spüren die Gefahren, ohne sie zu verdrängen, sind ihnen aber auch eher ausgeliefert. Die Zukunfts-, Kriegs- und Umweltängste lösen häufig eine elementare Todes- und Trennungsangst aus, stark verknüpft mit der Angst vor dem Tod der Eltern.[12] Die Entwicklung zu einer globalen Verantwortung der Menschheit, angestoßen durch die Friedens- und Ökologiebewegungen, ermöglicht durch weltweite Informations- und Kommunikationssysteme, haben Kinder auf ihre eigene Weise vollzogen, die wir unbedingt ernst nehmen müssen. Der Golfkrieg hat diese Entwicklung wesentlich verstärkt. So zeigen Äußerungen von Kindern eindrucksvoll ihre mitleidende Angst um die Massen unschuldiger Opfer, ihre Hilflosigkeit, die Verrücktheit des Krieges zu begreifen.[13] Der in der Öffentlichkeit stärker verdrängte, aber aufgrund der Dauer, Brutalität und Nähe zu uns auf subtile Weise gegenwärtige Krieg auf dem Balkan hat die Kinder intensiv beschäftigt, vielleicht mehr als uns Erwachsene.

Um es nochmals deutlich zu sagen: Es geht hier nicht um Verabsolutierung der genannten Aspekte und um Kulturpessimismus, nicht um die Klage, dass »früher alles besser war«, dass das »Fernsehen an allem Schuld ist« usw., sondern um die Feststellung von tendenziellen Veränderungen und Herausforderungen heutiger Kindheit. Diese Situation von Kindern ist zunächst wahrzunehmen und dann anzunehmen. Dabei ist es erstaunlich und bewundernswert, wie offen und flexibel Kinder neuen Anforderungen begegnen. Ein Leben in Armut oder mit einer dauerhaften Erkrankung etwa kann innerhalb einer stabilen Elternbeziehung

»glücklicher« sein, die eigene Persönlichkeit und die Sensibilität für andere Benachteiligte eher stärken als eine Verwahrlosung im Wohlstand. Ein Einzelkind bzw. ein Kind einer Alleinerziehenden kann offener und kommunikativer sein als ein an den Rand gedrücktes Kind innerhalb einer größeren Familie. Ein Aufwachsen in der Pluralität gelingt Kindern oft auf eine eigenständige Weise mit einer Offenheit gegenüber Neuem, bei der wir Erwachsenen kaum mithalten können.

Mit der Tatsache, dass Kinder als »schwache« Menschen sowieso und aufgrund der beschriebenen Situation, in der sie heute leben, häufig selbst Leid ertragen (müssen) und sich darin tatsächlich als »stark« erweisen, geht die Sensibilität der Kinder für das Leiden anderer einher, besonders ihr Einfühlungsvermögen in das Leid anderer Kinder. Sie haben sich zudem in der Welt noch nicht eingerichtet, sich noch nicht abgefunden mit dem Unrecht und Unglück auf der Erde und hinterfragen radikal das Leid von Menschen, Tieren und Umwelt. Dass diese Frage an die Erwachsenen auch vor Gott nicht Halt macht, soll im Folgenden näher entfaltet werden.

2. Die Theodizeefrage als Frage von Kindern
Ergebnisse einer empirischen Untersuchung

»Mein Onkel ist drüben in Asien, in Vietnam, verwundet worden, schwer verwundet. Er hat es immer noch mit den Nerven. Er muss oft weinen. Er raucht viel. Er hat Depressionen. Ich wünschte, es gäbe nie wieder Krieg. Gott sollte alle Kriege beenden. Ich würde gern wissen, wie Er sich gefühlt hat, als sich damals in Vietnam all die Menschen gegenseitig umbrachten. Wenn mein Onkel heute noch weint, dann muss Gott doch auch geweint haben. Er muss Tränen vergossen haben. Meinen Sie nicht?«[14]

Diese berührenden Worte eines zehnjährigen Mädchens stehen stellvertretend für die tiefgreifenden Gedanken, die Kinder sich über das Leid und die Frage nach Gott machen. Ihr Gesprächspartner Robert Coles stellt fest: »Je länger ich solche Kinder kenne, desto auffälliger scheint mir ihr unveränderliches Interesse daran, über das Wesen des Menschen nachzudenken und darüber, aus welchen Gründen sich die Menschen so verhalten, wie sie es tun, wie auch über die Mysterien des Universums, so wie sie an Erde, Sonne, Mond und Sternen abzulesen sind.«[15]
Umso überraschender ist für mich die, gemessen an Häufigkeit und Gewicht der Kinderfragen zu Leid und Gott, relative Sprachlosigkeit in der Religionspä-dagogik hinsichtlich der Theodizee-Problematik bei Kindern. Zwar werden durchaus

die Warum-Fragen der Kinder aufgeführt, zwar wird das Problemfeld »Kind und Tod« zunehmend thematisiert, doch ist eine intensive Auseinandersetzung mit der Theodizeefrage bei Kindern eher eine Ausnahme.[16] Noch seltener münden solche Überlegungen in mögliche Umsetzungen in religionspädagogische Praxisfelder. Dazu passt dann die fast konsequente Vermeidung des Buches Hiob in Kinderbibeln (☞ IV.2.c).

Sonja Gerichhausen führte zu Theodizeefragen von Kindern im Grundschulalter eine umfangreiche empirische Untersuchung an zwölf ländlichen und städtischen Grundschulen in Nordrhein-Westfalen durch. Da es nach meinem Wissen die einzige empirische Analyse von Fragen der Kinder zur Theodizee ist, sei sie hier ausführlich zusammengefasst[17]:

In Entsprechung zur Vorgehensweise von Dieter Boßmann und Gert Sauer[18] erhielten insgesamt 521 sechs- bis zwölfjährige Kinder mit dem einfachen Frageimpuls »Meine Fragen an Gott ...« die Möglichkeit, innerhalb des Religionsunterrichts ohne irgendeine thematische Vorgabe oder Vorarbeit ihre persönlichen Fragen an Gott aufzuschreiben oder bei freier Wahl der Stifte zeichnerisch darzustellen. Sowohl die Teilnahme als auch die Angabe von Name, Alter und Geschlecht waren freiwillig. Es fand keinerlei »Leistungskontrolle« statt.

Wie Boßmann/Sauer unterscheidet S. Gerichhausen die insgesamt 2634 Einzelfragen nach Sachfragen, Fragen nach dem Bösen und nach dem Leid, Sinnfragen und Fragen nach der Beziehung und qualifiziert sie als Theodizeefragen, wenn

❑ Gott der Adressat ist,
❑ das in der Welt erfahrene, zur Gottesvorstellung widersprüchliche Leid der Anlass zur Frage ist,
❑ der Inhalt die Frage nach dem Übel angesichts der Existenz Gottes ist,
❑ die Motivation zur Frage die Absicht ist, Gott anzuklagen oder zu verteidigen,
❑ die Frage »vor dem Gerichtshof der Vernunft« (Kant) gestellt wird.

Schließlich werden die Theodizeefragen unterschieden
❑ nach beendbarem Leid (Krieg, Umweltzerstörung, Hunger) und nicht beendbarem Leid (Tod, Krankheit, Naturkatastrophe),
❑ nach Leiderfahrungen aus erster Hand (Familie, Freunde, Schule) und Leiderfahrungen aus zweiter Hand (fernes bzw. vergangenes Leid).
Die nach Häufigkeit und Leidthemen, Alter und Geschlecht äußerst differenzierte Analyse sei hier in einigen Grundzügen dargestellt.

Das enorme, innerhalb der Grundschulzeit sich steigernde Fragebedürfnis konzentriert sich mit wachsendem Alter immer mehr auf Leidfragen bzw. auf Theodizeefragen im engeren Sinne.

Bereits 60 % der *sechs- bis siebenjährigen Kinder* (insgesamt 55) stellen Fragen nach dem Leid. Dabei stehen Fragen nach Sterben und Tod im Mittelpunkt des Interesses: Der Tod von Angehörigen und Freunden, von Tieren, aber auch der Tod Jesu und der Tod der Umwelt, also sowohl der natürliche als auch der gewaltsame Tod. Bei den *Achtjährigen* (178) stellen 80 % mindestens eine Frage an Gott hinsichtlich des Leids, insgesamt ist hier bereits jede zweite Frage eine Leidfrage, z.B.: Meine Geschwister sind mit neun Tagen gestorben, warum nur, lieber Gott? Wieso lässt du es zu, dass sich die Leute in Jugoslawien gegenseitig töten? Warum sterben wir? Bei den Fragen zu Leiderfahrungen aus erster Hand dominiert der Tod der Menschen, bei den Leiderfahrungen aus zweiter Hand bewegt die Kinder am meisten der Krieg mit fast 40 % der Fragen, besonders die »Kriegssituation im ehemaligen Jugoslawien. Kinder ab dem achten Lebensjahr scheinen genauestens über sie informiert und nicht weniger über sie beängstigt zu sein.« Auch bei den *Neunjährigen* (128) sind der Tod der Menschen und der Krieg vor der Umweltzerstörung die häufigsten Ursprungssituationen der Theodizeefrage. Bei den *Zehnjährigen* (131) wächst die Zahl der Leidfragensteller auf 92 %, mindestens eine Theodizeefrage formulieren ca. 84 % der Kinder. Bei einer insgesamt deutlichen Akzentverschiebung von individuelleren zu sozialen Themen kommt neben den dominanten Fragen nach Krieg und Hunger, Tod und Krankheit die Feindlichkeit gegenüber Ausländern in den Blick. Besonders das Leid von unschuldigen Kindern wird eindringlich beklagt. Bei der Gruppe der *elf- und zwölfjährigen* Grundschulkinder (29) steigert sich die Zahl der Leidfragensteller auf 97 % und der Leidfragenanteil auf 75 %.

Auf die *Gesamtgruppe* bezogen stellen über 82 % der Kinder Fragen nach dem Leid. Für über 67 % aller Kinder ist die Theodizeefrage im engeren, oben genannten Sinne eine wichtige Frage vor Gott. Mehr als 56 % aller gestellten Fragen sind Leidfragen. Annähernd jede zweite Frage (über 46 %) kann als Theodizeefrage ausgewiesen werden: 1129 Fragen von 352 Kindern, also im Durchschnitt 3,5 Fragen je Kind! Auch wenn S. Gerichhausen (bescheiden) keinen Anspruch auf allgemeine Repräsentativität und statistische Validität der Untersuchung erhebt, wenn sie mögliche Verfälschungsfaktoren wie Grenzen der Verbalisierung bei den Kindern, Nachahmung, Leistungsdruck, Spekulation oder Steuerung durch den Unterrichtenden nicht ausschließen kann und berücksichtigt: Bei der völlig offenen Fragestellung zeigen diese Ergebnisse den außergewöhnlichen Stellenwert der Leiderfahrungen und Leidfragen und damit die in der auf Kinder von 6-12 Jahren bezogenen Religionspädagogik noch nicht ausreichend erkannte Bedeutung der Theodizeefrage.

Was die *Ursprungssituationen der Leid- und Theodizeefragen* betrifft, so sind durch alle Altersstufen hinweg »die fragwürdigsten und zugleich theodizeehaltigsten Leiderfahrungen der Tod und der Krieg«. Es dominieren die Fragen zu Leiderfahrungen aus erster Hand vor indirekt vermittelten Leidfragen (63 zu 37 %), ein Gegengewicht zur Einschätzung, Kinder führten heute überwiegend ein »Leben aus zweiter Hand«. Die Fragen beziehen sich deutlich häufiger auf beendbares Leid als auf nicht beendbares Leid (67 zu 33 %), was nach meiner Einschätzung zeigt, dass Kinder das durch Menschen verursachte Leid als besonders anstößig empfinden und mit dem Argument der Freiheit des Menschen Gott nicht aus der Verantwortung entlassen, sondern radikal weiterfragen. Ein Kind in unserem

Unterricht brachte diese Empörung in der Frage »Warum hast du böse Menschen geschaffen?« auf den Punkt (☞ IV.).

Die Ergebnisse von S. Gerichhausen decken sich mit meinen Erfahrungen mit Kindern, die mir bei Fortbildungsveranstaltungen von Lehrerinnen und Lehrern immer wieder bestätigt werden. Angesichts des Leidens, das die Kinder in ihrer unmittelbaren Umgebung oft mit eigener Betroffenheit erfahren oder »in der Ferne« über die Medien wahrnehmen, fragen sie intensiv nach der Gerechtigkeit Gottes. Die Ergebnisse bestätigen eindrucksvoll den Ertrag einer Einbeziehung von Kinderfragen in den Unterricht. Sie unterstreichen von den Kindern her die Dringlichkeit der drei im zweiten Teil des Buches unter dem Stichwort ERFAH-RUNGEN vorgestellten Unterrichtsprojekte zu Kain und Abel bzw. der Frage nach dem Krieg, zu Hiob bzw. zur Frage nach der Rechtfertigung Gottes angesichts des Leidens und zu den Propheten bzw. zur Frage nach der Gerechtigkeit. Die Auseinandersetzung mit diesen Fragen beginnt bereits in der Grundschule und muss im Religionsunterricht begleitet werden, damit nicht – wie ebenfalls empirisch belegt – die Enttäuschung über die ausgebliebene Hilfe Gottes ange-sichts von Leid, Ungerechtigkeit und Tod spätestens im Jugendalter zu einer wesentlichen »Einbruchstelle« für den Verlust des Gottesglaubens wird.[19]

Einen langen Weg der ANNÄHERUNGEN haben wir in diesem ersten Teil des Buches zurückgelegt. Die Übersicht auf Seite 50 will rückblickend den inneren Zusammenhang dieses Weges veranschaulichen (☞ Abb.). Sie zeigt die Blickrichtungen wirksamen religiösen Lernens mit der Bibel und die im Zentrum stehenden Fragen der Kinder bzw. Worte der Bibel, die zugleich eigenständig im Mittelpunkt und exemplarisch für andere denkbare inhaltliche Aspekte stehen.

Begonnen haben wir unsere Annäherungen mit einer chassidischen Geschichte. Am Ende soll ebenfalls eine Geschichte aus der jüdischen Überlieferung stehen, die durch das Aushalten der Theodizeefrage und das Festhalten am Gottesglauben gegen alle Erfahrung den Übergang zu den folgenden Unterrichtserfahrungen markiert.[20]

*M*ein Rabbi hat mir oft eine Geschichte erzählt von einem Juden, der mit Frau und Kind der spanischen Inquisition entflohen ist und über das stürmische Meer in einem kleinen Boot zu einer steinigen Insel trieb. Es kam ein Blitz und erschlug die Frau. Es kam ein Sturm und schleuderte sein Kind ins Meer. Allein, elend wie ein Stein, nackt und barfuß, geschlagen vom Sturm und geängstigt von Donner und Blitz, mit verwirrtem Haar und die Hände zu Gott erhoben, ist der Jude seinen Weg weitergegangen auf der wüsten Felseninsel und hat zu Gott gesagt:

»Gott von Israel – ich bin hierhin geflohen, um Dir ungestört dienen zu können, um Deine Gebote zu erfüllen und Deinen Namen zu heiligen: Du aber hast alles getan, damit ich nicht an Dich glaube. Solltest Du meinen, es wird Dir gelingen, mich von meinem Weg abzubringen, so sage ich Dir, mein Gott und Gott meiner Väter: Es wird Dir nicht gelingen. Du kannst mich schlagen, mir das Beste und Teuerste nehmen, das ich auf der Welt habe. Du kannst mich zu Tode peinigen – ich werde immer an Dich glauben. Ich werde Dich immer lieb haben – Dir selbst zum Trotz!«

Und das sind meine letzten Worte an Dich, mein zorniger Gott: Es wird Dir nicht gelingen! Du hast alles getan, damit ich nicht an Dich glaube, damit ich an Dir verzweifle! Ich aber sterbe, genau wie ich gelebt habe, im felsenfesten Glauben an Dich. ...

Höre, Israel, der Ewige ist unser Gott, der Ewige ist einig und einzig!

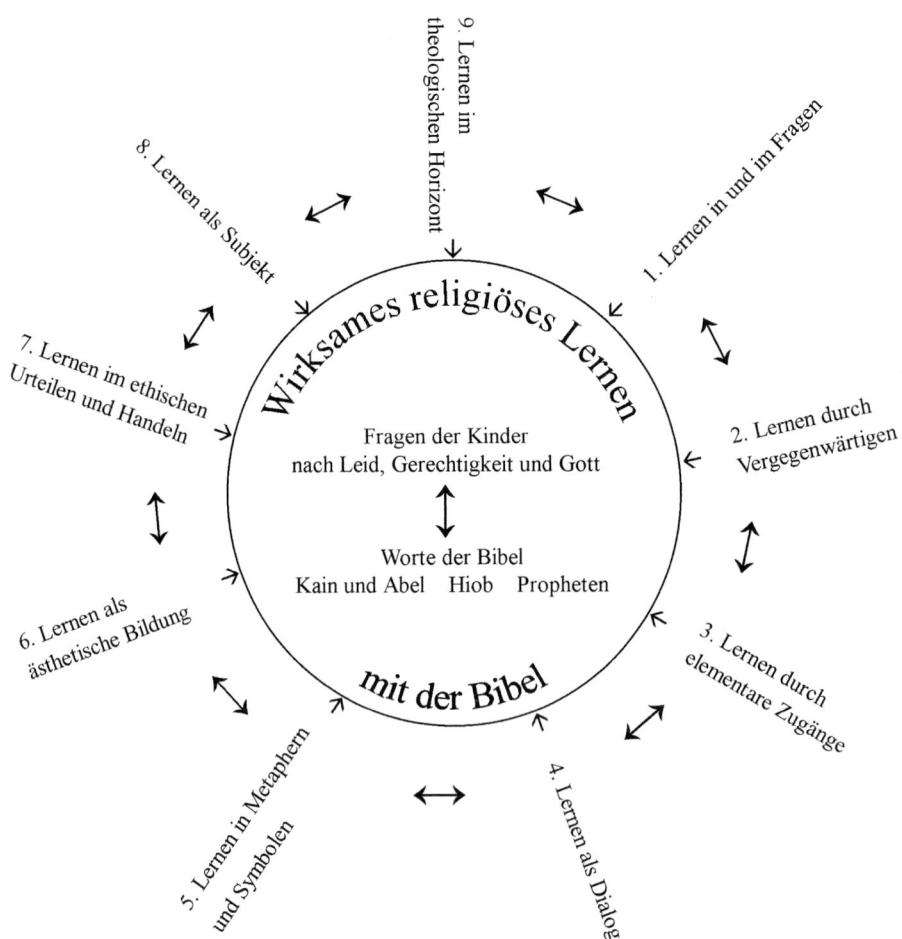

III. »Warum gibt es Krieg?«

Eigene und unterrichtliche Begegnungen zur Geschichte von Kain und Abel

Wer wird über Charlie Chaplin lachen?

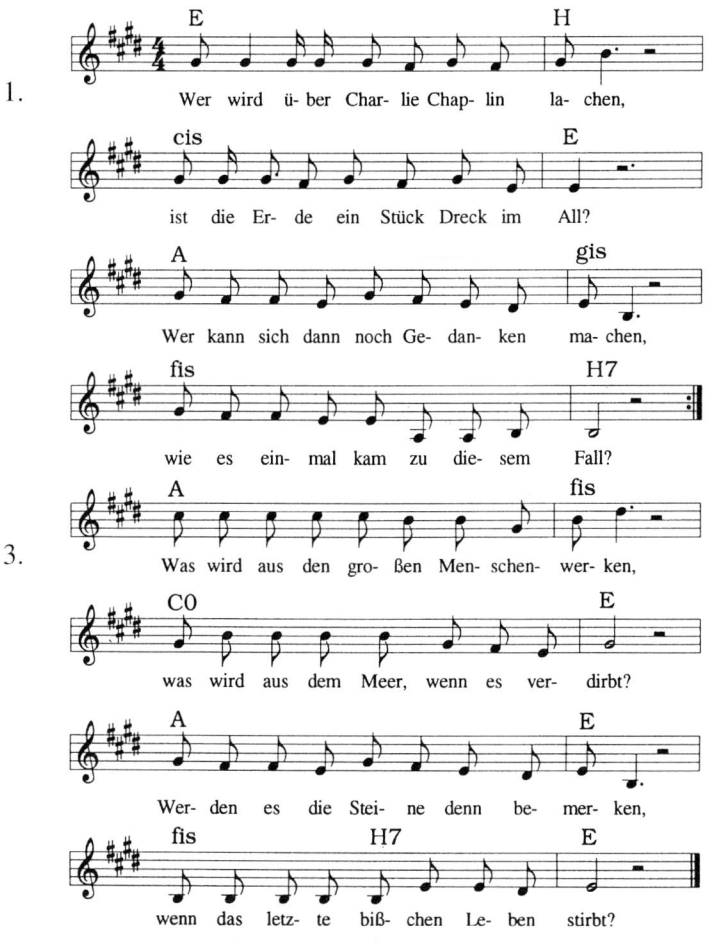

1.
- Wer wird über Char- lie Chap- lin la- chen,
- ist die Er- de ein Stück Dreck im All?
- Wer kann sich dann noch Ge- dan- ken ma- chen,
- wie es ein- mal kam zu die- sem Fall?

3.
- Was wird aus den gro- ßen Men- schen- wer- ken,
- was wird aus dem Meer, wenn es ver- dirbt?
- Wer- den es die Stei- ne denn be- mer- ken,
- wenn das letz- te biß- chen Le- ben stirbt?

2. Wer vernimmt die grauenhafte Stille,
   wenn kein Laut mehr aus den Häusern dringt?
   Wenn kein Hund mehr anschlägt,
   wenn die Grille niemals wieder in den Gräsern singt?

4. Wer wird wohl das Amsellied vermissen?
   Wer betrachtet dann das Himmelszelt?
   Wer wird etwas von den Träumen wissen,
   die nicht reifen konnten auf der Welt?

5. Wer vermisst die Schluchten und die Wälder?
   Wer beweint die Quellen und die Seen?
   Sanfte Hügel, Sonnenblumenfelder,
   blühen, wachsen, reifen und vergehn?

6. Über wen solln dann die Engel wachen?
   Und wer spricht mit Gott dann im Gebet?
   Wer soll über Charlie Chaplin lachen,
   wenn die Erde wirklich untergeht?

Gerhard Schöne

1. Fragen, Bilder und Briefe von Kindern zu Krieg und Frieden

An alle Kinder der Welt

*I*ch will, dass ihr von unserem Leid wisst, von den Kindern in Sarajevo. Ich bin noch jung, aber ich fühle, dass ich viele Dinge erlebt habe, die viele Erwachsene nie erleben werden. Ich will euch nicht erschrecken, aber ihr sollt wissen, dass meine Mutter und ich in einer Gegend lebten, die von den Serben besetzt wurde, und dass man uns auf eine Liste setzte von Menschen, die hingerichtet werden sollten. Jene unter euch, die ein normales Leben haben, werden so etwas nicht verstehen können. Ich konnte es auch nicht, bis ich es selbst erlebt habe.

Während ihr eure Früchte esst und eure süße Schokolade und Bonbons, reißen wir hier das Gras aus, um zu überleben. Wenn ihr nächstes Mal etwas Leckeres esst, sagt bitte zu euch selbst:
»Dies ist für die Kinder in Sarajevo.«
Während ihr im Kino sitzt oder schöne Musik hört, rennen wir in die Keller und hören das schreckliche Heulen der Granaten. Während ihr lacht und Spaß habt, weinen wir und hoffen, dass dieser Terror rasch vorübergeht. Während ihr Licht und warmes Wasser genießt und in der Badewanne sitzt, beten wir zu Gott um Regen, damit wir etwas Wasser zum Trinken haben.
Kein Film kann wirklich das Leid, die Angst und den Schrecken zeigen, die mein Volk jetzt durchlebt. Sarajevo ist gebadet in Blut, und überall sieht man plötzlich Gräber. Ich bitte euch im Namen der Kinder Bosniens, lasst niemals zu, dass bei euch so etwas passiert oder sonst irgendwo in der Welt.

Edina, 12 Jahre, aus Sarajevo

Dieser erschütternde Brief des Mädchens aus Sarajevo[1] stand im Mittelpunkt des Beginns unserer Auseinandersetzung mit den Fragen nach Krieg und Frieden im 4. Schuljahr. Immer wieder hatten die Kinder eindringliche Fragen nach dem »Warum« des Krieges gestellt und uns so selbst zu diesem Thema hingeführt.

Eingangs hatten wir Bezug auf diese Kinderfragen genommen und den Kindern zunächst Friedens-Bilder ehemaliger Grundschulkinder (damals 3. Schuljahr) gezeigt, die unmittelbar nach dem Ausbruch des Golfkrieges im Januar 1991 gemalt wurden. Die Kinder betrachteten und interpretierten diese Bilder und erfuhren ihre Entstehungsgeschichte. Sie erinnerten sich selbst nur schwach an den Golfkrieg – zu dieser Zeit waren sie ja noch im Kindergarten – und waren entsetzt, als sie erfuhren, dass kurze Zeit nach diesem Konflikt die kriegerischen Auseinandersetzungen im ehemaligen Jugoslawien begannen und immer noch andauerten.

Nach diesen Bildern von Kindern, die hier in Frieden leben, sahen wir uns Kinderbilder aus dem ehemaligen Jugoslawien an, die aus eigenen Erfahrungen im Krieg heraus gemalt wurden.[2]

Erst jetzt lasen wir Gedanken dieser Kinder[3] und vor allem den Brief Edinas aus Sarajevo an alle Kinder der Welt (☞ o.). Wir überlegten, ob wir einen Antwortbrief »An die Kinder in Sarajevo« schreiben könnten. Die Kinder meinten, man könne zwar nicht wirklich allen Kindern einer Stadt Briefe schreiben, doch sie seien eine Hilfe für uns – für jeden Einzelnen wie auch uns gemeinsam – und für jeden, der von diesen Briefen hört. Tatsächlich sind die einfühlsamen Versuche des Trostes und der Ermutigung ein eindrücklicher Appell zum Frieden!

➤ **An die Kinder in Sarajevo! Liebe Edina!**

Ich denke oft an den Krieg in Sarajevo und ich habe mich gefragt, wie es den Menschen dort geht. Nachdem ich deinen Brief gelesen habe, weiß ich es und bin traurig darüber, dass so viele Menschen leiden müssen. Eines Tages, das glaube mir, wird es wieder Frieden geben, und ihr werdet so leben wie früher. Hoffentlich kommt dieser Tag bald. Dann kannst du wieder lachen, spielen und fröhlich sein. Das wünsche ich dir herzlich.

Dein Yannick

➤ **An die Kinder in Sarajevo!**

Ich bin froh, dass bei uns kein Krieg ist. Krieg ist das schrecklichste Wort, das ich in meinem ganzen Kinderleben bisher gehört habe. Ich kann mir vorstellen, dass du, Edina, und alle anderen Kinder aus Sarajevo vom Frieden träumen oder vom Frieden träumen wollen. Aber kaum ist der Traum zu Ende, hört ihr wieder das Heulen der Granaten und das Brummen der Angriffsflugzeuge. Ich hoffe, dass der Frieden bald auch wieder zu euch kommt.

Christine, 9 Jahre

➤ **An die Kinder in Sarajevo!**

Wie entsteht Krieg? Wieso gibt es Krieg? Wer ist so dumm und macht Krieg? Solche Fragen fallen mir ein, wenn ich den Brief lese. Bei uns ist kein Krieg, und ich fände es sehr schön, wenn bei euch kein Krieg wäre.

Robert, 9 Jahre

➤ **An die Kinder in Sarajevo! Liebe Edina!**

Euch geht es nicht so gut wie uns, das ist uns klar. Aber wenn du Gras ausreißt, dann denk an Bonbons, wenn du Granaten hörst, denk an Musik, wenn du weinen musst, dann lach, so laut du kannst, wenn Trinken dir fehlt, dann denk, du hättest welches. Dies wird schwer sein, aber sonst würdest du nie glücklich sein.

Deine Katrin aus Aachen

2. Der Krieg und sein Bruder

Die Legende »Der Krieg und sein Bruder« von Irmela Wendt, zu der Antoni Boratynski Bilder in hintergründiger Symbolsprache gemalt hat[4], greift eindringlich das Motiv von Kain und Abel auf und gibt der bekannten biblischen Geschichte eine überraschende Wendung in eine Utopie des Friedens.

➤ a. Die Geschichte von Irmela Wendt

DER KRIEG UND SEIN BRUDER

*Als der Krieg bereits
ein hohes Alter
erreicht hatte -*

*es gab ihn
schon immer,
sagten die Leute -*

*wurde den Mächtigen in der Welt
   angst,
es könne eines Tages
aus sein mit ihm.*

*Sie kamen zusammen,
Freund wie Feind,
und berieten miteinander,
was zu tun sei.*

*So verschieden
ihre Meinungen auch waren,
in einem stimmten sie überein:*

ohne Krieg ginge es nicht!

*Nach wochenlangem Hin und Her
und unzähligen Reden
und Gegenreden
beschlossen sie,
alles zu tun,
um das Aussterben des Krieges
zu verhindern.*

*Von nun an
sollte niemand mehr,
wenn er vom Krieg sprach,
sein hohes Alter erwähnen dürfen.
Auch in allen Lehr- und Lernbüchern*

*war dies zu streichen
und durch das ehrenvolle Wort
von der ruhmreichen Tradition
zu ersetzen.*

*Mit modernsten Waffen
sollte er ausgerüstet werden.
Daran durfte nicht gespart werden,
nicht mit Geld
und nicht mit Anstrengung.*

Den Worten folgten die Taten.

*Zogen bisher Pferde
die Kanonen in die Schlacht,
wurden die Tiere jetzt durch Motoren
   ersetzt.*

*Trugen bisher Soldaten
einfache Gewehre,
rüstete man sie jetzt mit Maschinengewehren aus.*

*Wurde bisher der Krieg
zu Wasser und zu Lande geführt,
wütete er jetzt erst recht in der Luft.*

*Feuer fiel vom Himmel.
Bomben explodierten.
Kampfflugzeuge heulten im Sturzflug.
Tiefflieger brachten Schrecken und Tod.
Über Kontinente hinweg
rasten Raketen ins Ziel.*

*Immer toller gebärdete sich der Krieg.
Keiner war mehr vor ihm sicher,
auch die nicht,*

die zu Hause blieben:
die Frauen mit ihren kleinen Kindern
und die alten Leute.

Und weil die Mächtigen nicht aufhörten,
den Krieg moderner zu machen
und jeder den anderen
zu übertreffen suchte,
wurden immer noch schnellere Flugzeuge
und immer noch wirkungsstärkere
Bomben und Raketen erfunden.

Dem Krieg gefiel das sehr.

Er gab sich hin dem großen Rennen.
Doch wo war das Ziel?

Bomben hatte er genug,
die ganze schöne Erdkugel
zu vergiften
und zu zertrümmern.

Ein Rausch stieg in ihm auf,
eine ungeheuerliche Lust lockte ...

Doch wo
würde er selbst dann sein,
wenn die Erde
nicht mehr wäre?

Nach Tausenden von Jahren
war der Krieg
es zum erstenmal leid,
dass er der Krieg war.

Er wäre gern
jemand anderer gewesen.
Und ihn durchfuhr der seltsame Gedanke,
er sei tatsächlich schon einmal
ein anderer gewesen.

Doch wer er gewesen,
dessen wusste er sich nicht zu erinnern,
so sehr er auch grübelte.

Er nahm Urlaub.
Ließ die Zeituhr rückwärts laufen,
ließ die Raketen,
die Bomben,
die Kampfflugzeuge,
die Panzer,
die Maschinengewehre,
die Motoren
hinter sich.

Ritt wieder auf einem Pferd
durch die Jahrhunderte,
belagerte Städte und Burgen
mit Steinwerfern,
trug Schild und Speer,
Schwert und Harnisch.

Und als er Jahrtausende durcheilt hatte,
und nirgendwo Waffenfabriken waren,
auch nicht die kleinste Schmiede,
und Eisen und Stahl noch nicht erfunden,
da übte er,
mit Pfeil und Bogen zu schießen,
und den Steinwurf
aus der bloßen Hand.

Und immer wusste er noch nicht,
wer er eigentlich gewesen war,
bevor er der Krieg wurde.

Einmal schnitzte er
mit einem scharfen Feuerstein
eine Keule
aus einem harten Stück Astholz.
Und als er von der Arbeit aufsah,
bemerkte er in einiger Entfernung
einen Mann,
der ihn zu beobachten schien.

Der Krieg hatte sich noch nie
vor jemandem gefürchtet.
Doch jetzt durchfuhr ihn ein heißer
    Schauer
und war der Angst sehr ähnlich.

Wer bist du? rief der Krieg.

Der Fremde antwortete nicht.
Doch er kam näher.

Wer bist du? rief der Krieg wieder.

Wer bist du?
rief der Fremde zurück.

Wie bloßer Widerhall klang es,
und der Krieg erschrak vor der Stimme.

Er ließ Stein und Keule fallen
und stand auf
mit schwankenden Knien.

Der Fremde
war jetzt so nahe herangetreten,
dass einer den Atem des anderen
spürte.

Wer bist du?
fragte der Krieg zum dritten Mal.

Der du warst!
antwortete der andere.

Und der Name?
fragte leise der Krieg,
ich erinnere den Namen nicht.

Doch der andere schwieg.

Sie gingen über die Heide,
der eine neben dem andern,
und nicht ein Wort kam über ihre Lippen.

Nebel hing in der Luft,
rührte Gräser an
und Blumen,
und als er sich hob,
lag da ein Mensch,
und sein Blut
hatte die Erde
und das Gras
und die Blumen
rot gefärbt.

Abel! Mein Bruder!
schrie der Krieg.
Er fiel in die Knie,
war nicht länger der Krieg,
war, der er war,
war Bruder,
war Kain,
war sich nicht mehr fremd.

Tränen,
in Jahrtausenden ungeweint,
fielen wie Regen
und wuschen alles Blutige weg.

Und Bruder Abel stand auf.

Sie trugen trockenes Reisig zusammen,
schichteten Astholz darüber
und zündeten ein Feuer an.

Sie sammelten Körner
und allerlei süße Früchte,
bereiteten am Rande der Glut
ein Mahl und aßen miteinander.

Und Kain erzählte,
was er bei den Mächtigen in der Welt
erlebt hatte.

Darauf sagte Abel:
Damals, als alles anfing,
stand jeder allein an seinem Feuer.
Hätten wir gemeinsam geopfert,
Kain, mein Bruder,
du hättest mich gewiss nicht erschlagen.
So wäre auch alles,
was danach geschah,
nicht geschehen in der Welt.

Deshalb will ich zu den Mächtigen gehen
und sie bitten,
einander beizustehen,
anstatt zu zerstören
und zu töten.

Lange Zeit
hatten die Mächtigen
auf die Rückkehr des Krieges
gewartet.
Schließlich meinten sie,
der Alte müsse nun doch wohl
gestorben sein.

Sie wollten ihm die letzte Ehre erweisen
und bestellten einen gewaltigen Sarg,
tausend Mann lang
und   dreihundertfünfundsiebzig   Mann
     hoch
und ganz aus Stahl,
und sie stellten ihn
mitten auf den großen Truppenübungs-
     platz.

Sie füllten den Sarg
mit all den Sachen,
die dem Krieg die liebsten gewesen
     waren:

mit Panzern
und Kampfflugzeugen
und Kanonen
und Raketen
und Maschinengewehren,
mit den prächtigsten Uniformen,
mit allerlei Orden und Ehrenzeichen,
und alles fein verschrottet,
damit viel hineinging.

Aus allen Ländern
schickten sie Waffen.
Und der Sarg sank wegen seines Gewichts
tiefer und tiefer,
und sie füllten die Grube mit Schrott.

Dann begann der Trauerzug.
Vorne weg schritten die Mächtigen,
die das Regieren tun,
und die Generäle,
die Schlachtenpläne entwarfen,
und die Fabrikherren,
die Waffen herstellten und verkauften,
und alle schweigend
und Trauer auf den Gesichtern.

Nach ihnen das Volk,
und das war lustig.

Am Ende scharten sich die Menschen
um einen Mann,
der nannte sich Bruder,
der erzählte,
wie der Krieg erlöst wurde.

➤ b. Die Phantasiegeschichten der Kinder

Wie können wir dieser Geschichte im Unterricht begegnen? Setzt sie nicht die genaue Kenntnis der biblischen Geschichte von Kain und Abel voraus? Verträgt sie etwas anderes, als entsprechend der Bedeutung der »Legende« von dem lateinischen Wort »legere« – das zu Lesende – einfach gelesen zu werden?

Sicher gibt es gute Argumente dafür, die Bibelstelle vor der Legende von Irmela Wendt zu lesen.[5] Mit großem Zutrauen gegenüber einer »Verfremdung« des (zumindest einigen Kindern) Bekannten zogen wir die Legende der biblischen Erzählung vor. Und entsprechend unserem Zutrauen gegenüber der Vorstellungskraft der Kinder ließen wir sie selbst vor dem Hören der Legende in einer eigenen Phantasiegeschichte zu Wort kommen. Zunächst kündigten wir den Kindern eine Geschichte mit Bildern an, die der Frage nach dem »Warum« des Krieges nachgeht und die auf eine Erzählung aus der Bibel zurückgeht. Dann zeigten wir ihnen Bilder von Antoni Boratynski aus dem Buch:

❒ zum einen die beiden Umschlaginnenbilder von dem zufriedenen Hirtenjungen mit seinen Tieren und dem grimmig schauenden Jungen mit einem seltsamen, finsteren Wesen im Hintergrund,

❒ zum anderen einen Bildausschnitt von offensichtlich denselben Jungen friedlich am Lagerfeuer vereint.

Nach einigen Vermutungen, wovon eine Geschichte erzählen könnte, zu der jemand solche Bilder malt, bekamen die Kinder ein Arbeitsblatt mit den Bildern, auf dem sie eine eigene Phantasiegeschichte erzählten (in der Stunde und weiter als Hausaufgabe). Zwei Geschichten – von einem Jungen und einem Mädchen erzählt – bezeugen exemplarisch die Vorstellungskraft der Kinder und zeigen, dass die Bilder Urthemen und -konflikte der Menschheit provozieren.

Die zwei kleinen Hirten

Vor vielen Jahren lebte ein kleiner Hirte, der hieß Josef. Josef hütete jeden Tag die Tiere seines Vaters. Sein Bruder Karl war wütend darüber, dass sein Vater Josef auf die Weide schickte und nicht ihn. Er dachte bei sich: »Wenn Josef morgen die Tiere auf die Weide führt, verjage ich sie auf einen Platz, wo Josef sie nicht findet. Dann treibe ich sie auf den Bauernhof und sage Vater, dass die Tiere mir entgegengelaufen sind und dass Josef nicht aufgepasst hat.« Und so geschah es auch. Josef trieb die Tiere auf die Weide, und kurz danach legte er sich zum Schlafen hin, weil er heute sehr früh aufgestanden war. Darauf hatte Karl nur gewartet. Er kam aus seinem Versteck und schlich sich auf die Weide. Er trieb die Tiere auf eine Lichtung. Als Josef wach wurde, sah er, was geschehen war. Erschrocken lief er zu seinem Vater und erzählte ihm sein

Missgeschick. Der Vater war zornig und schimpfte mit ihm. Doch da hörten sie vertraute Tiergeräusche. Karl kam zur Tür herein und sagte: »Vater, mir sind deine Tiere zugelaufen. Ich habe sie eingefangen. Der Josef hat wahrscheinlich nicht aufgepasst.« Da war der Vater noch wütender als vorher. Er sagte: »Wenn du nicht aufpassen kannst, dann darfst du nicht mehr die Tiere hüten. Ab morgen wird Karl sie zur Weide bringen.« Und wirklich ging am nächsten Tag Karl mit den Tieren los. So ging das eine Woche lang, bis an einem Tag, als der Vater in den Stall ging. Da hörte er Karl mit sich reden: »Gut, dass ich diese Lichtung gefunden habe, wo ich die Tiere hinstellen konnte. Jetzt führe ich die Tiere jeden Tag auf die Weide.« Da trat der Vater in das Zimmer und sagte: »Du steckst also dahinter.« Da sagte der Sohn: »Verzeih mir Vater, ich wollte nur, dass du mich auch mal auf die Weide schickst.« Da begriff der Vater, dass Karl auch mal die Tiere hüten wollte. Und ab diesem Tag schickte der Vater Josef und Karl zusammen los, um die Tiere zu hüten. Nun waren sie beide glücklich, und sie erzählten sich abends am Lagerfeuer spannende Geschichten.

Diese Geschichte eines (berechtigten) Bruderkonflikts ist erstaunlich nah an der biblischen Erzählung von Kain und Abel. Die unterschiedliche Behandlung durch den Vater weckt die bösen Pläne seines Sohnes. Als der Vater den Komplott aufdeckt, zieht er – selbst einsichtig – die Konsequenz und löst das Problem.

D*Eine seltsame Begegnung*

ie Sonne schien. Der kleine Hirtenjunge führte seine Ochsen auf die Wiese. Am Wiesenrand war ein schöner grüner Wald. Plötzlich sah er etwas Ungewohntes am Waldrand. Als er näher kam, entdeckte er einen Jungen, der böse blickte. Im Hintergrund war es sehr dunkel. Trotzdem glaubte er, hinter dem Jungen noch eine zweite Gestalt zu erkennen. Sie sah aus wie ein Riese mit einem unheimlichen Gesicht. Der Hirtenjunge fürchtete sich sehr und wäre am liebsten direkt weggelaufen. Plötzlich sagte der fremde Junge: »Ich habe solche Angst.« Der Hirtenjunge fasste ihn an der Hand und sie liefen zusammen zurück. Dort zündeten sie ein Feuer an und wärmten sich, und sie wurden gute Freunde.

Diese Geschichte erzählt davon, dass die furchterregende Fremdheit und vermeintliche Bosheit eines Menschen oft nur durch seine eigene Angst und Einsamkeit genährt wird und durch offenes Begegnen und vorbehaltloses Angenommensein überwunden werden kann.

➤ c. Die Begegnung mit »Der Krieg und sein Bruder«

Die Geschichten der Kinder wurden gelesen, befragt und bedacht, bevor sie nun die hinter den Bildern sich verbergende Erzählung vom Krieg und seinem Bruder hörten. Über die Bilder hatten sich die Kinder vorab – mehr als wir gehofft hatten – intensiv nicht nur in diese Geschichte, sondern auch bereits in die später thematisierte biblische Geschichte von Kain und Abel hineinbegeben.

Wir wählten den Weg einer kombinierten Text- und Bildpräsentation, da uns die wichtigsten Bilder von Boratynski als Dias zur Verfügung standen.[6] Indem der Text zum Teil durch die nachrangig gezeigten Bilder verstärkt wurde, zum Teil aber auch die Bilder den Ablauf der Geschichte vorantrieben und Schüleräußerungen dazu Raum gegeben wurde, bereicherten sich beide Elemente gegenseitig, ohne ihre Eigenständigkeit zu verlieren.

Geschichte und Bilder zogen die Kinder in ihren Bann. Im Gespräch konnten sie die Geschichte als märchenhafte Utopie erkennen, in der der Krieg als Person erscheint, ihre wahre Aussage benennen, dass der wieder zum Menschen wird, der zu sich selbst kommt, und auch Bezüge zur Erzählung von Kain und Abel herstellen.

Bei einem zweiten Hören der Erzählung in der nächsten Stunde legten wir noch stärkeren Wert auf die Bilder, deren Symbolkraft die Kinder nachempfinden und mit wenigen Worten auf den Punkt bringen konnten. Das Bild vom Krieg zu allen Zeiten ist beispielsweise in einem für heute ungewohnten Erzählstil gemalt, der zeitlich, getrennte Phasen auf ein Bild bringt. Die Kinder kommentierten das Bild wie selbstverständlich: »Das ist die Steinzeit, das Mittelalter und die Zeit heute, und zu jeder Zeit hat es den Krieg gegeben, aber mit immer härteren Waffen.«

Dieses Bild verglichen wir mit dem analogen Gegenbild vom Trauerzug, der zum Friedenszug wird: »Jetzt weht die Taube durch das Bild. Vielleicht erreicht sie ja auch noch die dunklen Männer vorn?« Von dem vorherigen Bild schlossen die Kinder auf einen möglichen Zeitablauf entsprechend der Leserichtung von links nach rechts.

Alle bisherigen unterrichtlichen Wege stellten die nun folgende Begegnung mit der Geschichte von Kain und Abel in das Licht der Frage nach Krieg und Frieden unter Menschen.

3. Kain und Abel

➤ a. Zeit für einen eigenen Zugang

Bevor Sie die Bibelerzählung lesen, halten Sie bitte einen Moment inne! Lange Zeit bekannte Geschichten sind ja gewissermaßen ein Konzentrat lebensgeschichtlicher Erfahrungen, entwickeln aber auch in der Erinnerung einen Eigensinn.

Versuchen Sie sich zu erinnern, wann und in welcher Weise Ihnen Kain und Abel zum ersten Mal begegnet sind. Wurde die Geschichte erzählt oder vorgelesen, wurde das Kennenlernen von Bildern begleitet? Was ist Ihnen intensiv in Erinnerung, der Inhalt der Geschichte, die Situation, in der sie erzählt oder Bilder zu der Geschichte? Welche Fragen hatten Sie damals an die Geschichte? Durften Sie sie stellen und fanden sie Beantwortung? Was war Ihnen angenehm? Was empfanden Sie als ärgerlich?

Vielleicht bringt diese Rückbesinnung Erinnerungen hervor, die im Widerspruch zu der folgenden, nah am Originaltext orientierten Übersetzung stehen.[7]

➤ b. Die biblische Erzählung (Genesis 4,1-16)

1   *Und der Mensch erkannte Eva, seine Frau,*
    und sie wurde schwanger und gebar Kain.
    Und sie sprach: Mit JHWH habe ich einen Mann erworben.

2   *Und weiter gebar sie Abel, seinen Bruder.*
    Abel hütete die Ziegen und Schafe, Kain bestellte den Ackerboden.

3   *Und nach vielen Jahren geschah es:*
    Kain brachte von den Früchten des Ackerbodens eine Gabe dar für JHWH.

4   *Und Abel brachte vom ersten Wurf seiner Tiere die Eingeweide dar.*
    Und es sah JHWH auf Abel und seine Gabe;

5   *auf Kain und seine Gabe aber sah er nicht.*
    Da geriet Kain in Zorn und schaute unter sich.

6   *Da sprach JHWH zu Kain:*
    Warum gerätst du in Zorn, und warum schaust du unter dich? –

7   *Ist es nicht so:*

Wenn dein Herz frei von Bosheit ist,
kannst du aufschauen.
Wenn aber dein Herz Böses will, steht die Sünde vor der Tür wie einer,
der dir auflauert.
Auf dich hat sie es abgesehen,
aber du sollst sie bezwingen.

8 *Und Kain sprach zu Abel, seinem Bruder:*
Lass uns aufs Feld gehen! –
Als sie auf dem Feld waren, erhob sich Kain gegen Abel, seinen
Bruder, und tötete ihn.

9 *Da sprach JHWH zu Kain:*
Wo ist Abel, dein Bruder? –
Er entgegnete: Ich weiß es nicht.
Bin ich der Hüter meines Bruders?

10 *Und er sprach: Was hast du getan?*
Die Stimme des Bluts deines Bruders,
sie schreit zu mir vom Ackerboden.

11 *Von jetzt an gilt:*
Verflucht bist du, vertrieben vom Ackerboden,
der das Blut deines Bruders trinken musste aus deiner Hand.

12 *Wenn du den Ackerboden bestellst,*
soll er dir seine Kraft verweigern.
Ohne Heimat und Ziel sollst du auf Erden umherirren.

13 *Und Kain sprach zu JHWH:*
Zu groß meine Schuld, zu schwer meine Strafe,
ich kann sie nicht tragen.

14 *Sieh: du vertreibst mich vom Ackerboden.*
Und vor deinem Angesicht muss ich mich verbergen.
Ohne Heimat und Ziel muss ich auf Erden umherirren.
Und jeder, der mich trifft, er kann mich töten.

15 *Und JHWH sprach zu ihm: So nicht:*
Wer Kain erschlägt,
siebenfache Rache soll er spüren.
Und JHWH versah Kain mit einem Zeichen,
damit ihn keiner erschlüge, der ihn träfe.

16 *Und Kain ging weg aus dem Angesicht JHWHs*
und er ließ sich nieder im Land Nod, östlich von Eden.

➤ c. Eine Erzählung vom Menschsein und von der Gottessuche

Die nun dargestellten Hintergründe zur Geschichte von Kain und Abel folgen einem Ansatz mehrdimensionaler Bibelauslegung, ohne dass alle Lesarten Berücksichtigung finden können.[8]

1. Aus der Perspektive der *historisch-kritischen Forschung* ist der Ursprung der Erzählung eine alte Menschheitssage, also eine erzählende Reflexion über Schicksal und Verhalten der Menschen, zu der es viele motivverwandte Geschichten (oft Märchen) in sogenannten primitiven und hochstehenden Kulturen gibt.

Nach Erich Zenger geht es in einer solchen Urzeit-Erzählung »nicht um etwas, das irgendwann einmal in der Frühzeit der Menschheitsgeschichte geschehen ist, sondern um das, was gilt, seit und solange es Menschen gibt und geben wird: was Mensch-Sein zutiefst ausmacht und bestimmt. Während wir Abendländer, vor allem unter dem Einfluss der griechischen Philosophie, auf die Frage nach dem Wesen von etwas mit einer satzhaften Definition antworten (›der Mensch ist ...‹), zieht es der Orientale vor, eine Geschichte zu erzählen, an der einem aufgehen kann, was Mensch-Sein bedeutet. ... Urzeiterzählungen erzählen nicht Einmaliges, sondern Erstmaliges als Allmaliges. Sie erzählen, was ›niemals war und immer ist‹, sie decken auf, ›was jeder weiß und doch nicht weiß‹, und sie wollen helfen, mit diesem vorgegebenen Wissen und Wesen das Leben zu bestehen. Ihre Helden und Antihelden sind keine historischen Figuren, aber sie sind durch und durch geschichtlich, weil jeder an ihnen teil hat.«[9]

Hubertus Halbfas spricht von den biblischen Urgeschichten insgesamt als »Geschichten vom mitlaufenden Anfang«[10]: Nicht ein Anfang in Raum und Zeit – wie es das lateinische Wort *initium* ausdrückt – ist gemeint, der sich immer weiter von mir entfernt, sondern ein Anfang, der mich begleitet und »mitläuft«, da er nicht Historisches, also »Gewesenes«, berichtet, sondern etwas überzeitlich »Wesenhaftes«, immer Geltendes erzählt: etwas Prinzipielles (vom lateinischen Wort *principium*). Genau wie die Kindheit eines jeden Menschen dieses »mitlaufende« Moment innehat, das mich ein Leben lang begleitet und prägt, so erzählen die Geschichten vom Anfang vom Menschen jeder Zeit, von seinem Wesen (das hebräische Wort *r'sjt* – meistens mit Anfang übersetzt – hängt etymologisch mit *r's* = Haupt zusammen, meint also auch »hauptsächlich, grundsätzlich, prinzipiell«). Was das Volk Israel durch die Zeiten erfährt, vergegenwärtigt es sich in diesen Geschichten.

Die Menschheitssage fand eine redaktionelle Gestaltung und theologische Deutung durch den Autor von Gen 4,1-16: Sie wurde zum Teil der jahwistischen Urgeschichte, eingearbeitet in eine Genealogie (Gen 4,1 und die Fortsetzung Gen 4,17ff.) und in eine auffällige Parallelität zur Sündenfallerzählung gesetzt. Der jahwistische Text ist historisch wohl in der frühen Königszeit Israels entstanden (11./10. Jahrhundert v.Chr.), also in einer Zeit starker sozialer, politischer und religiöser Spannungen, in der die Propheten in aller Schärfe Ungerechtigkeit und

Götzendienst kritisierten. Die Geschichte selbst liegt jedoch jenseits der Geschichte, sie ist zeitlos wahr. So erhalten ihre Hauptpersonen keine individuellen Eigennamen: »Abel« heißt »Windhauch« oder »Nichtigkeit«, in der Hebräischen Bibel Merkmale des Menschseins allgemein. Der Name »Kain« bedeutet »Schmied, Handwerker« oder auch »Lanze, Speer« und ist somit Spiegelbild der Ambivalenz menschlichen Handelns.

Die Besonderheit der Bibelerzählung gegenüber motivverwandten Geschichten liegt in der theologischen Prägung hinsichtlich der Beziehung zwischen Gott und Mensch und in der Einbeziehung ätiologischer Elemente – das Kainszeichen und die unstete Lebensweise Kains bezieht sich wohl »erklärend« auf das Leben der Keniter, einem mit Israel verwandten Volksstamm -, wobei die Ätiologien durch die redaktionelle Bearbeitung deutlich zugunsten der theologischen und menschheitsgeschichtlichen Momente an Gewicht verlieren.

Die Urgeschichten von Adam und Eva wie von Kain und Abel »konfrontieren mit der menschlichen Schuld und mit einem Gott, der diese Schuld aufdeckt und bekämpft – und gleichwohl den schuldig gewordenen Menschen seine Fürsorge, seine Geduld und seine rettende Barmherzigkeit nicht entzieht«[11], und sind somit Ausdruck der Dialektik von Gottes Gerechtigkeit und Gottes Barmherzigkeit. In Genesis 3,1-24 zeigt sich die Innenseite, Gen 4,1-16 führt die Außenwirkung dieser menschlichen Schuldhaftigkeit vor Augen. Die oft anzutreffende Auslegung der Brudermordgeschichte von der Sündenfallerzählung her im Sinne eines zeitlichen Nacheinanders – aus der gestörten Beziehung des Menschen zu Gott folgt die gestörte Beziehung zwischen den Menschen – sollte m.E. zugunsten einer Interpretation im Sinne eines »Ineinanders« relativiert werden: Indem Menschen sich so zueinander verhalten, wie Kain gegenüber Abel, zerstören sie ihre Beziehung zu Gott. Erzählt nicht die Geschichte von Kain und Abel den *eigentlichen* Sündenfall des Menschen – die nicht ausgehaltene Rivalität, Feindschaft und Gewalt zwischen ihnen -, während die Erzählung von Adam und Eva den *notwendigen* »Sündenfall« vom Bewusstwerden des Menschen seiner selbst, vom Streben nach Erkenntnis des Guten und Bösen entfaltet?

2. Hinsichtlich der *Textstruktur*, also der Beziehungen der einzelnen Elemente der Erzählung zueinander, ist zunächst die Dramaturgie der Geschichte zu beschreiben: Nach der Exposition in den ersten Versen leitet die allgemein gehaltene Zeitangabe die eigentliche Handlung ein. Nach den in Vers 3-8 sehr komprimiert erzählten Ereignissen beginnt der dialogische Teil der Geschichte, den der Vers 16 in einem offenen Ausblick erzählend abschließt.

Die entscheidende »Leerstelle«, Auslöser für die Wende in der Dramaturgie und eine Provokation für jeden Hörer, ist die in Vers 5a erzählte Tatsache, dass Gott das Opfer von Kain im Gegensatz zu Abels Opfer ohne Grund ablehnt. Überhaupt ist die Dominanz von JHWH hervorzuheben, der die Dialoge bestimmt, sich für Abel einsetzt, Kain verflucht und zu guter Letzt schützt. Kain ist als sein Gegenspieler ebenfalls oft handelndes Subjekt. Er opfert, wird zornig, er ermordet seinen Bruder, stellt JHWH eine Gegenfrage, stellt die Konsequenzen seiner Tat fest und geht fort aus der Gegenwart Gottes. Kain hat keinerlei Beziehungen zu seinem »Bruder« Abel, der insgesamt nur als Opfernder aktiv und sonst nur passives Opfer ist.

Diese Struktur bestätigt das Thema der Geschichte: Kains Auseinandersetzung mit Gott als Frage nach der Beziehung zwischen Gott und Mensch und als Frage nach dem Menschsein überhaupt. Diese Beziehung erscheint zunächst als ein reines Abhängigkeitsverhältnis des Menschen zu einem Willkürgott, dem geopfert werden muss, der diese Opfer dann aus eigenem undurchschaubarem Ermessen annimmt oder ablehnt. Doch dieser Gott ist es auch, der trotz der scharfen Verurteilung des Mordes an Abel Kain letztlich schützt.

So lässt sich die »Geschichte von Kain und Gott« als eine narrativ verdichtete Entwicklungsgeschichte der Gott-Suche des Menschen lesen. Sie »komprimiert« die Erfahrungen der Menschen mit Gott. Zum einen erzählt sie von einer Entwicklung, die von Fortschritt in der Beziehung geleitet ist: Der Mensch erkennt immer mehr, dass er nicht einem Willkürgott ausgeliefert ist, sondern von Gott in die Freiheit entlassen ist und dass Gott Zusage und Schutz bis zum Ende aufrechterhält. Zum anderen ist die Entwicklung von bleibenden Fragen geprägt. Die Menschen sehen sich nicht nur in der Notwendigkeit der Gestaltung ihrer Freiheit, sondern auch in Situationen, in denen dem einen grundlos Gutes widerfährt und der andere ins Unglück stürzt. Diese »ungerechten« Spannungen im Leben müssen sie aushalten und zugleich mit Gott ringen. Hier kann Kain von Hiob lernen, der trotz des Unrechts auf Gewalt verzichtet, aber mit Gott streitet.

3. Eine *existenziale Auslegung* der Erzählung, die den biblischen Text aus elementaren Grundfragen der Existenz erschließt, rückt das Bedürfnis des Menschen in den Mittelpunkt, geliebt und angenommen zu sein. Kain macht die Urerfahrung, trotz bester Bemühung (von Gott) abgelehnt zu werden. Diesen Verlust der Liebe kann er nur durch Herabsetzung und Vernichtung des anderen Menschen ertragen, doch gerade dadurch isoliert er sich noch mehr. Dass diese Zerstörung des Lebenssinns nicht im Sinne Gottes ist, zeigt sein Schutz Kains trotz des Versagens. Sowenig Jahwe den Menschen allmächtig vor Negativerfahrungen bewahrt – ein solcher Gott wäre eine menschliche Projektion eigener Wünsche, die letztlich in die Verantwortungslosigkeit führt –, sowenig lässt er einen Menschen fallen, der diese Spannung nicht ausgehalten hat.

4. Aus der Perspektive einer *materialistischen Bibelauslegung*, die die historisch-politische Situation der Entstehung und der Rezeption eines Bibeltextes betont, ist der Brudermord Kains die exemplarische Veranschaulichung einer gewaltsamen Konfliktlösung. Der Blick weitet sich hierbei von der Gewalt eines einzelnen Menschen zur staatlich gerechtfertigten strukturellen Gewalt. Die Erzählung fordert auf zur Parteinahme für die schwachen, geschlagenen, unterdrückten Menschen, zur Veränderung des eigenen Verhaltens wie auch der Lebensumstände insgesamt.

Die einzelnen Perspektiven der Auslegung zusammenfassend, ist die Erzählung von Kain und Abel bis in die heutige Zeit

- ❐ als *Geschichte vom Menschsein* ein Plädoyer gegen Gewalt zwischen Menschen und für ein gemeinsames Handeln und Verständigung untereinander, gerade wenn Menschen unterschiedliche Schicksale erleiden,
- ❐ als *Geschichte von der Gottessuche* eine Spiegelung der Theodizeefrage, der Frage nach dem unerklärbaren menschlichen Leid und der Frage nach Gott angesichts des Leidens.

Während Irmela Wendts Geschichte »Der Krieg und sein Bruder«, die Bilder von Antoni Boratynski und unser unterrichtlicher Umgang damit den ersten Aspekt besonders ins Zentrum stellen (☞ o.), berücksichtigt unser Nachdenken über die biblische Geschichte auch die Frage nach Gott und dem Leid (☞ u.).

➤ d. Kain und Abel in Kinderbibeln

Die entscheidende Frage in der Auslegung der Erzählung von Kain und Abel – Warum sieht Jahwe nicht auf Kain und seine Gabe? – ist in der Wirkungsgeschichte dieses Textes zumeist im Sinne einer Vorverurteilung Kains zur Entschuldigung Gottes beantwortet und eben nicht ausgehalten worden. Das hat Auswirkungen bis in die heutige Religionspädagogik: »In der religionspädagogischen Literatur ist die Verteidigung Gottes und das Kontrastschema Kain (der Böse) und Abel (der Gute) durchgängig zu finden, bis in eine Reihe heutiger Kinderbibeln bzw. biblischer Kinderbücher.«[12] Stellvertretend soll das an zwei Beispielen gezeigt werden.

In einer wegen ihres Fundamentalismus und Antijudaismus scharf kritisierten, von Elmar Gruber herausgegebenen Bibel[13] heißt es:

»Kain brachte ein Bündel reifes, goldgelbes Getreide aus seinem Erntefeld dar. Abel opferte ein neugeborenes Lamm aus seiner Herde. Gott, der Herr, schaute auf die schönen Geschenke und betrachtete dann die beiden Brüder. Er sah, was für Menschen sie waren:

68

Abel liebte ihn und vertraute ihm, deshalb nahm Gott Abel und sein Opfer an. Kains Opfer aber wies Gott zurück, denn Kain war hartherzig, stolz und selbstsüchtig.«[14]

Diese Verfälschungen des biblischen Textes dienen der Vermeidung eines Fragezeichens gegenüber Gottes Verhalten und entsprechen einer trivialen Moral, die alles Unrecht auf der Erde auf die Bosheit einzelner Menschen zurückführt, vor denen dann die Guten umso heller erstrahlen.

Wie sich eine solche belastete Tradition auch in einer an sich empfehlenswerten Bibel fortsetzt, zeigt das Beispiel aus der von Irmela Weth herausgegebenen Neukirchener Kinderbibel. Nachdem ausführlich und liebevoll das Opfern Abels erzählt ist, heißt es bei Kain lapidar:

»Wenn aber Kain opferte, dann legte er auf den Altar Körner und Früchte, die er geerntet hatte. Auch er zündete sein Opfer an und betete zu Gott. Aber es schien, als sähe Gott sein Opfer nicht. Da dachte Kain bei sich: Jetzt weiß ich es sicher! Gott liebt nur Abel, mich hat er nicht lieb. Sein Gesicht wurde ganz finster ...«[15]

Das Wort »aber« bei der Beschreibung von Kains Opfer hat keinen sachlich logischen Hintergrund. Die Entschuldigung Gottes geschieht hier auf subtile Weise: Kain übersieht anscheinend, dass Gott auf sein Opfer schaut. Es schien nur so. Damit der liebe Gott auch lieb bleibt, wird ihm diese Ungleichbehandlung nicht zugemutet. Der tatsächlichen Situation täglichen Unrechts gegenüber Unschuldigen wird ein solcher Gott jedoch nicht gerecht.

So ist die Geschichte von Kain und Abel eine Art »Prüfstein« für die Theologie, insbesondere für das entfaltete Gottesbild einer Kinderbibel. Wir entschieden uns im Unterricht für die Begegnung mit der nah am Urtext bleibenden Übersetzung von Heinz-Günther Schöttler und Franz W. Niehl: zum einen aus Verärgerung über die Verstümmelung von Bibeltexten in vielen Kinderbibeln, zum anderen aufgrund guter Erfahrungen mit Kindern bei »originalen« Bibeltexten.

➤ e. Unser Unterrichtsweg

Nach Vorklärungen zum Namen JHWH, der den Kindern als Gottesname vertraut war, und zu den vorhergehenden biblischen Erzählungen von der Schöpfung und von Adam und Eva konfrontierten wir die Kinder unmittelbar mit dem Bibeltext. Das anschließende Gespräch konzentrierte sich somit auf die Frage, warum Jahwe nicht auf Kain gesehen hat. Die Kinder verglichen Kains Situation mit ihren eigenen Erfahrungen: wenn z.B. zwei Kinder etwas zum Geburtstag schenken, das eine Geschenk jedoch keine Beachtung findet oder wenn Eltern ihre Kinder unterschiedlich mögen, obwohl sich beide die Liebe ihrer Eltern gleichermaßen wünschen.

Besser als die Details dieses Gesprächs bündeln die Ergebnisse einer schriftlichen Befragung zu Kain und Abel mit zwei bewusst offenen Fragestellungen, wie die Kinder die Geschichte aufgenommen und verstanden haben.

❏ Im ersten Impuls waren die Kinder aufgefordert, frei die eigene »Meinung zu Kain und Abel« zu äußern.

Insgesamt dominieren bei den Kindern die Stellungnahmen zu drei Aspekten der Geschichte:

❏ Jahwe schaut nicht auf Kains Opfer.
15 (!) von 21 Kinder kritisieren dieses Verhalten. Das ist für sie zweifellos das Provozierendste der Erzählung.

❏ Kain bringt Abel um.
Neun Kinder sagen ausdrücklich, dass sie das nicht gut finden. Vermutlich ist diese Einschätzung für die übrigen Kinder selbstverständlich.

❏ Jahwe schützt Kain trotzdem.
Sechs Kinder stellen heraus, dass sie das begrüßen, ein Kind findet das ungerecht. Das wirft ein erstaunliches Licht auf das Gerechtigkeitskonzept der Kinder, insofern sie sich vom Prinzip von Lohn und Strafe distanzieren.

Einzelne Antworten geben einen Eindruck von der Kritik an Jahwe, die sogar Hinweise für ein konstruktiveres Verhalten beinhaltet:

Ich finde es nicht gut, dass Jahwe nur auf Abels Opfer geschaut hat. Ich finde es gut, dass Jahwe Kain ein Zeichen gegeben hat, dass ihn niemand tötet. Irgendwie ist Jahwe auch an Abels Tod schuld, weil er nur auf Abels Opfer geguckt hat.

Ich würde gern wissen, warum Jahwe nicht auf Kains Gabe guckt.

Ich finde, dass Kain seine Nerven behalten und nicht gleich Abel umbringen sollte. Jahwe sollte Kain nicht gleich wegschicken, sondern mit ihm reden und ihm sagen, dass es ihm leid tut, dass er nur auf Abels Gabe geguckt hat.

Eine beschönigende Bibelübersetzung hätte diese Anfragen sicherlich »zugedeckt«! Doch die Kinder bringen auf den Punkt, worum es bei Kain und Abel zentral geht: um die menschliche Erfahrung geglückten und misslingenden Lebens, um den Umgang damit, um die Entstehung des Bösen und der Gewalt unter Menschen und vor allem um die Frage nach Gottes Anteilen am Guten und am Bösen. Auch wenn der Jahwist Gott von allem Bösen freispricht, die Frage danach verdrängt auch er nicht.

Bemerkenswert sind ferner zwei Kinderantworten, die nah an Zengers Deutung der Erzählung als Geschichte vom Menschsein sind:

Kain und Abel sagt aus, wie die Welt wirklich ist, ob grausam, ob fröhlich, wir gehören auch dazu. Sie ist eine Geschichte, die die Menschen erklärt, ob böse oder gut, schwach oder stark.

Ich finde die Geschichte gut, weil sie für kleine Kinder sehr gut ist zum Erklären, wie die Menschen sind.

Ein Mädchen schließlich umschreibt mit ihren Worten die in der Geschichte zum Ausdruck gebrachte Spannung zwischen Gott und Mensch, die aber die Zusage Gottes an den Menschen nicht umwerfen kann.

Die Geschichte von Kain und Abel finde ich gut. Ich finde gut, dass die Geschichte zeigt, dass, wenn man einen Menschen umbringt, man irgendwie von Gott abgewiesen ist, aber trotzdem ist Gott noch bei einem.

❐ Der zweite Frageimpuls zielte auf ein überzeitliches Verständnis der Erzählung als eine Geschichte von dem, »was niemals war und immer ist«:

»Es gibt Leute, die sagen: ›Die Geschichte von Kain und Abel ist eine Geschichte von allen Menschen.‹ Was meinst du dazu?«

Die Äußerungen der Kinder werfen ein entwicklungspsychologisch interessantes Licht auf die Fähigkeiten der Kinder im 4. Schuljahr, eine biblische Geschichte nicht als historisch, sondern als Ausdruck überzeitlicher Wahrheit zu deuten. 10 Kinder von 21 bejahen die Frage eindeutig, fünf weitere Kinder relativieren ihre Zustimmung nur dadurch, dass sie sagen, man muss ja nicht gleich einen Menschen umbringen. Nur vier Kinder verneinen die Aussage mit dem Hinweis, dass ja nicht alle Menschen in der Geschichte vorkommen, verstehen die Geschichte also rein wörtlich. Zwei Kinder weichen von der Frage ab.
Die Beispiele zeigen, wie stark das Verständnis der Geschichte durch den Kontext beeinflusst ist, in den sie gestellt war. Die Kinder beziehen die Erzählung auf eigene Erfahrungen, auf das Bild vom Krieg zu allen Zeiten aus der Geschichte vom Krieg und seinem Bruder (☞ S. 55 ff.) und auch auf den Krieg im ehemaligen Jugoslawien.

Ja schon, weil jeder Mensch erlebt mal eine Niederlage.

Die Leute haben Recht, wenn sie das sagen. Z.B. wenn ein Kind gerne mit einem anderen spielen möchte, aber das andere spielt nur mit anderen und nicht mit ihm. Z.B. wenn eine Mutter nur auf die Hausaufgaben von ihrer Tochter guckt und nicht auf die von ihrem Sohn.

Also ich finde, dass wirklich alle Menschen zu der Geschichte gehören. Weil der Krieg in der Steinzeit, in der Ritterzeit und in der jetzigen Zeit war.

Eine gute Idee von denen, die es sagen, weil das bei uns auch oft so ist. Natürlich meinen sie es nicht echt mit dem Umbringen, aber ein bisschen kleiner kann ich es mir auch so vorstellen. Ein gutes Beispiel für den Krieg in Jugoslawien, jeder ist mit seinem nicht zufrieden. Sie greifen andere an und töten sie, nur um Land zu bekommen. Das ist doch Schwachsinn.

Das stimmt! Die Geschichte von Kain und Abel ist sozusagen ein Beispiel von anderen, die sich auch bekämpfen und totschlagen. Jeder Krieg und jede Feindschaft beginnt mit etwas Kleinem, genau wie bei Kains und Abels Feindschaft.

Das vorher Gehörte, Gesehene und Getane, die jeweilige (unterrichtliche) Situation, aus der heraus bzw. in der die Verstehensmöglichkeiten der Kinder geweckt werden, scheint mir für die Einschätzung ihrer Fähigkeiten und Grenzen von Verstehen ungemein wichtig und von der entwicklungspsychologischen Forschung zu wenig berücksichtigt zu sein.

4. Der Rückblick mit den Kindern

➤ a. Die Zusammenschau im Geschichten-Haus

Die Kinder hatten in ihren Äußerungen zu Kain und Abel schon damit begonnen: Aber wie konnten wir den Kindern weitere Hilfen geben, die Fülle des Thematisierten gemeinsam in den Blick zu bekommen, verschiedene Aspekte aufeinander zu beziehen, Gemeinsames miteinander zu verknüpfen und somit auch ihre eigenen Erfahrungen zu »ordnen«?

Wir machten dieses Angebot, indem wir im Sitzkreis auf dem Boden ein »Geschichten-Haus« entstehen ließen. Vier Innenwände mit jeweils einer Tür[16] bildeten ein Haus mit vier Räumen, die wir – so stellten wir uns vor – mit Geschichten füllten. Rückblickend auf die letzten Stunden »legten« wir in Raum 1 die Briefe an die Kinder in Sarajevo (als kleines Buch gebunden), in Raum 2 die Phantasiegeschichten der Kinder (gebunden), in Raum 3 das Bilderbuch »Der Krieg und sein Bruder« und in Raum 4 die Geschichte von Kain und Abel. Der folgende »Grundriss« des Hauses zeigt und kommentiert das Arrangement:

RAUM 1 *Sarajevo-Briefe*	RAUM 2 *Phantasie-Geschichten*
Heutige Realität von Krieg und Frieden - von Kindern wahrgenommen und zur Sprache gebracht	Kinder bringen eigene Erfahrungen, Ängste und Hoffnungen zu Krieg und Frieden zum Ausdruck
RAUM 3 *Der Krieg und sein Bruder*	RAUM 4 *Kain und Abel*
Literarische Erzählung und Bilder, die die Menschheitsfrage nach Krieg und Frieden stellt und den Konflikt in einer Utopie aufhebt	Bibelerzählung, die Erst-maliges als Allmaliges zur Sprache bringt: Fragen nach Krieg oder Frieden, der Freiheit des Menschen und nach Gott

Mit dieser Vorstellungshilfe erkannten die Kinder nun Beziehungen, Gemeinsamkeiten und Unterschiede zwischen den einzelnen Räumen bzw. Geschichten. Einige Leitfragen unterstützten sie dabei:

❑ In welchem Raum bist du am liebsten?
❑ Welche einzelne Geschichte ist dir am wichtigsten?
❑ Was findest du in allen Räumen?
❑ Was vermisst du in einem der Räume?
❑ Welche Geschichten in einem Raum helfen dir, die Geschichten in einem anderen Raum besser zu verstehen?
❑ Was möchtest du von einem Raum in den anderen Raum bringen?

Wir schrieben die Ergebnisse begleitend auf Pappstreifen, die wir jeweils in einen Raum bzw. in die Tür zwischen zwei Räumen oder auch als für alle gemeinsam geltend als »Dach« auf die Wände legten:

In allen Geschichten geht es um »Krieg und Frieden, Feindschaft und Hoffnung«.
Zu allen Geschichten passt der Satz: Es wird alles wieder gut!
In den Geschichten kommt Hoffnung vor, in den Briefen geht es darum, Hoffnung zu machen!

Fast alle Kinder sind am liebsten im Raum mit den Phantasiegeschichten:

Die Phantasie ist stärker als das Böse, sie gibt mehr Freiraum, hier kommt der Krieg nicht so sehr vor.

Dieses Zimmer ist die Weide: man hat Auslauf; die anderen sind die Ställe!
Der Krieg und sein Bruder und Kain und Abel sind einzelne Geschichten, aber wichtiger als die Phantasie.
Der Krieg und sein Bruder ist auch eine Kain-und-Abel-Geschichte.

Wir malten Pfeile für die Beziehungen und stellten fest: Alle haben miteinander zu tun.

Wenn man alle Geschichten zusammenfügt, könnte man eine neue schreiben!

➤ b. Elementare Geschichten im Kontext kindlicher Erfahrungen

»Gespräche mit Kindern können nur gelingen, wenn sie aus ihren eigenen Erfahrungen, aus eigenem Wahrnehmen etwas dazu beitragen können. Zuzeiten galt in der Religionspädagogik die Doktrin ... : Nur über Erzählungen könne man deshalb mit Kindern ein Gespräch führen. Aber der Schluss stimmt nicht. Auch Erzählungen bieten keinen Anreiz zum Gespräch, wenn sie keine Möglichkeit zur Identifikation bieten; und das Gespräch bietet keinen Anreiz zur kreativen Teilnahme, solange es nur auf richtige Antworten zielt. Interessant wird ein Gespräch an der Aufgabe, eigene Erfahrungen, Wahrnehmungen und Empfindungen mit denen anderer zu kontrastieren oder in Übereinstimmung zu bringen.«[17]

Führen wir uns mit diesen Gedanken Ingo Baldermanns den Unterricht nochmals vor Augen:
Unsere Intention war ein Wechselspiel zwischen den Texten und Bildern und den darin enthaltenen Erfahrungen von früher und heute einerseits und den Erfahrungen von den Kindern und uns selbst andererseits. Dabei ist zum einen die Wahrnehmung der Texte und Bilder von den bereits mitgebrachten Erfahrungen abhängig. Zum anderen verändern sich Erfahrungen und Wahrnehmung der Kinder auch durch die Texte und Bilder. Zudem sind Texte und Bilder jeweils abhängig vom Kontext, in den sie hineingestellt sind.
Die biblische Geschichte von Kain und Abel ist hier in den Kontext der Frage nach Krieg und Frieden hineingestellt: Es geht aber von Anfang an nicht um die Vermittlung der Botschaft dieses Textes, um die »richtige Antwort«. Es geht um die Fragen, Gedanken und Sinnpotentiale, die die Geschichte in diesem Kontext auslöst. Die Auswertung der Kinderantworten zeigt: Mit der kritischen Frage nach Gottes Verhalten, mit der Ablehnung von Kains Tat, dem Gutheißen des Schutzes Kains durch Gott und der Einschätzung der Erzählung als Geschichte über das Mensch-Sein treffen die Kinder von sich aus die Kernpunkte der biblischen Erzählung.

5. »Der Krieg« und »Der Frieden« in Bildern von Pablo Picasso

> ➤ **a. Die Bilder**

»Endlich aus dem Bann erlöst, vom Zutrittsverbot befreit, drehte sich gestern der große Schlüssel kreischend im Schloss, öffnete sich die schwere Tür. Ich erhielt einen zweifachen Schlag mitten ins Gesicht. *Der Krieg* und *Der Frieden* stießen mir in die Augen, ins Herz, in den Leib mit der unvorstellbaren Gewalt einer Meereswoge, des Schreis einer Gebärenden, einer zu meinen Füßen explodierenden Granate.«[18]

Diese Worte Claude Roys bezeugen die Wirkung von Pablo Picassos monumentalen Wandgemälden »Der Krieg« und »Der Frieden«. Die jeweils 4,70 Meter hohen und 10,20 Meter breiten Bilder sind an die beiden gegenüberliegenden

Seiten des Tonnengewölbes der Kapelle des Schlossmuseums von Vallauris so gemalt, dass sie mit ihren Oberkanten am Scheitel des Gewölbes aneinanderstoßen. Wer in die Kapelle eintritt, sieht sich zwei zugleich eigenständigen und inhaltlich wie formal aufeinander bezogenen, zugleich völlig entgegengesetzten und einander ergänzenden Bildern ausgesetzt. Picasso beabsichtigte diesen archaischen, zeitlosen und elementaren Eindruck:

> »Es ist nicht sehr hell in dieser Kapelle, und beinahe wünschte ich, sie wäre unbeleuchtet und die Besucher schritten, eine brennende Kerze in der Hand, wie in einer prähistorischen Höhle an den Wänden entlang und entdeckten dabei die Figuren, und der Lichtschein bewegte sich als ein schwacher Kerzenschimmer über das, was ich gemalt habe.«

Die Entstehung dieser Bilder hat eine lange Vorgeschichte. Aufgrund seiner schmerzlichen Erinnerungen an den Spanischen Bürgerkrieg und die Schrecken von Guernica träumte Picasso davon, einen »Friedenstempel« zu gestalten. Dieser Traum fand seine Verwirklichung in Vallauris, wo er lange Zeit gelebt hatte, in der seit der Französischen Revolution säkularisierten Kapelle aus dem 14. Jahrhundert. In den Jahren 1952 und 1953 beschäftigte sich Picasso intensiv mit dem Vorhaben. Die Spontaneität der Werke – Picasso hatte keinen Gesamtentwurf – wurde durch lange Vorarbeiten vorbereitet: Neben vielen Einzelblättern entstanden drei Skizzenbücher mit fast 250 Zeichnungen von Einzelmotiven. Picasso malte auf biegbare Holzfaserplatten, die als »Wandbilder« in die Rundungen der Kapelle eingepasst wurden. Zudem entstanden ein Jahr später zwei Farblithographien, die in allen Einzelheiten mit den Monumentalgemälden im Friedenstempel übereinstimmen.

Am Anfang der von Picasso impulsiv und zügig gemalten Werke stand das erschreckende und dennoch Hoffnung verheißende *Kriegsbild*:

> »Ich habe mit dem Krieg angefangen. Was sich mir eingeprägt hatte, war die schleppende, holpernde Fahrt eines jener schäbigen, knarrenden Leichenwagen, die man in den Straßen der Städtchen vorbeikommen sieht. Ich habe mit der rechten Seite begonnen, und um dieses Bild hat sich alles übrige aufgebaut.«

Picasso zieht diesen auf den ersten Blick vertrauten, ländlich und eher harmlos, wenn nicht gar lächerlich wirkenden Leichenkarren einer in den Vorarbeiten mehrfach skizzierten, auf realistische Weise Furcht erregenden, panzerähnlichen Kriegsmaschine vor. Mit diesem beabsichtigten Anachronismus führt er die Absurdität des Krieges umso eindringlicher vor Augen. Der ausdrückliche Verzicht auf einen »Schockeffekt« intensiviert beim Betrachter den Eindruck der Grausamkeit des Krieges.

Der Leichenkarren wird vom Herrn des Krieges gelenkt. Er hält in der rechten Hand ein blutverschmiertes Schwert, in der linken eine Dose, aus der übergroße Insekten herausquellen; auf dem Rücken trägt er eine Kiepe mit Totenschädeln.

Die Figur selbst ist nackt und anonym, ohne jede individuelle Ausprägung. Furcht erzeugen die Attribute des Grauens, mit denen sie ausgestattet ist. Auch hier entscheidet sich Picasso für eine formale Sparsamkeit und Vereinfachung, die die Wirkung verstärkt.

Der todbringende Wagen wird von drei abgemagerten Pferden gezogen, die ein brennendes Buch zertrampeln, Metapher für die Zerstörung der Kultur. Im grauen Hintergrund sind die Umrisse von verzerrten Gestalten zu sehen. Diese Menschenmörder stechen mit Lanze, Speer und Messern auf ihre im Dunkeln nicht sichtbaren Opfer ein. Die Abfolge ihrer Bewegungen von rechts nach links erwecken den Eindruck einer schockierenden Szenerie, eines filmischen Zeitausschnitts: als wären es zugleich viele und immer derselbe, als geschehe das einmal und zugleich immer wieder.

Das menschliche Antlitz eines Geschundenen ist nicht zu sehen. Lediglich zwei Hände eines Menschen, der in einem schwarzen Loch versinkt, ragen flehend aus dem schwarzen Nichts. Wo der Kriegswagen ist, färbt sich der Boden blutrot; um ihn herum dominiert stechendes Grün und tristes Grau; hinter ihm ist keine Sonne, sondern nur tiefe Nacht.

Diesem Grauen stellt sich – getaucht in Blautöne des Himmels – aufrecht und selbstbewusst ein »Friedenskämpfer« entgegen. Ebenfalls nackt, trägt er ohne jede Angriffsgeste eine Lanze, die mit der »Waage der Gerechtigkeit« ausgestattet ist, und einen Friedensschild, auf dem zum einen eine Taube und zum anderen ein transparentes Frauengesicht zu sehen ist. Dieser »Kämpfer« für den Frieden setzt nicht auf Gegengewalt, wie der schwertschwingende bärtige Herold der Vorzeichnungen Picassos. Seine Macht ist die Überzeugung, dass Gerechtigkeit und Liebe gegen allen Anschein letztlich über Gewalt und Tyrannei siegen werden. Die wachsenden Gräser und Ähren zu seinen Füßen scheinen diese Hoffnung auf Leben zu bestätigen.

Das Friedensbild strahlt im Wechsel von nach innen gerichteter Stille und spielerischer, musischer und freudiger Bewegung eine paradiesische Harmonie aus.

Ausdruck vollkommenen Bei-sich-Seins ist die unter dem blühenden, Früchte tragenden Baum im Grünen niedergelassene Menschengruppe: Die stillende Mutter, die sich in ein Buch vertieft hat, der junge Mann, der unter einem Topf ein Feuer entfacht, und der wohl ältere schreibende Mann – alle wiederum überindividuell gemalt – stehen nicht nur für das traditionelle Motiv der verschiedenen Lebensalter. Sie repräsentieren auch das sich ewig erneuernde Leben, die aktive Gestaltung des Daseins und die Freude an geistiger Auseinandersetzung.

Eine Anleihe an ein klassisches Motiv ist das weiße geflügelte Pferd, der mythische Pegasus[19], der im Zentrum des Bildes von einem Kind geführt wird: ein radikaler nicht denkbarer Gegensatz zu den von dem Kriegsherrn angetriebenen schwarzen Pferden.

Das Pferd wirkt gleichermaßen in sich ruhend und dynamisch bewegt und bildet so eine Brücke von den aufmerksam anwesenden Menschen im Grünen und den beiden vor blauem Hintergrund ekstatisch tanzenden Frauen. Die Musik, die sie aus der Wirklichkeit zu entrücken scheint, klingt herüber von dem Flötenspieler, der seine Empfindungen musikalisch ausdrückt. Eine Frau balanciert im Tanzen eine Stange, an deren einem Ende sich eine Sanduhr befindet, Metapher für die verrinnende Zeit, am anderen Ende ein Kind mit einem Stille ausstrahlenden Gesicht. Dieses Kind hält ein weiteres, Himmel und Erde verbindendes Mobile mit Vögeln in einem Fischglas und Fischen in einem Vogelkäfig im Gleichgewicht. Auf seinem Kopf sitzt im dunklen Hintergrund eine Eule, Symbol der Weisheit. Ein weiteres Kind wendet sich am Boden freudig den Fischen zu. Über allem – das heißt in der Kapelle tatsächlich über dem Betrachter der Bilder – leuchtet in herrlichen Farben eine Sonne, deren Strahlen zu Ähren geworden sind, Ausdruck der Wirkungen des Lichtes.

Das komplizierte Netzwerk mit den beiden Stangen symbolisiert Picassos Botschaft: Den Frieden kennzeichnet er als ein sensibles, immer neu zu schaffendes Gleichgewicht, als gelungene Gratwanderung und als immer gefährdeter Balanceakt zwischen Menschen, die zueinander in vielfältigen Beziehungen stehen. Den Kindern weist Picasso dabei eine außergewöhnliche Bedeutung als Friedensstifter und Friedensempfänger zu: Ein Kind lenkt das Friedenspferd, ein Kind sorgt für das entscheidende Gleichgewicht. Picasso verbildlicht in der Friedensszene die Utopie eines irdischen Paradieses: »Poetische Träume und Realien des Lebens ... verbinden sich in einer Welt des Friedens, so wie auch in der Phantasie von Kindern die Grenzen von Traum und Wirklichkeit aufgehoben sind.«[20]

Der Vergleich der beiden Werke zeigt den krassen Unterschied zwischen dem von Männern beherrschten Kriegsbild und dem in der Hauptsache von Kindern und Frauen geprägten Friedensbild. Viele Motive wiederholen sich in verschiedenen Kontexten: die Pferde und ihre Lenker, das Buch, die Ähren. Auch die radikal gegenübergestellten Kontraste fallen auf: das Außer-sich-Sein und das Bei-sich-Sein, der unterschiedliche Eindruck derselben Farben. Es sind die zwei Seiten derselben Wirklichkeit, einmal eine aus den Fugen geratene Welt, einmal ein in völligem Gleichgewicht befindliches Leben.

Picassos Wandbilder zeigen didaktisch-allegorische Szenen. Es sind jedem verständliche, von Motiv zu Motiv zu lesende »Denkbilder« (Ullmann). Berücksichtigt man ihre Anbringung in der Vallauriser Kapelle – das gedämpfte Licht, das ungeheure Ausmaß der Bilder, der von Picasso beabsichtigte Gang am Kriegsbild entlang (von rechts nach links) und der Rückweg am Friedensbild entlang (von rechts nach links) – entsteht eine nicht begrenzte Wirkung und Deutungsmöglichkeit:

»Der Betrachter bewegt sich im Raum der Malerei, der dadurch zum lebendigen Raum wird, untersucht alle Gestalten nacheinander und stellt nach seinen Teilentschlüsselungen zwangsläufig sein eigenes Bild von KRIEG UND FRIEDEN wieder her. Diese Dialektik des Sehens gründet und ordnet das, was wir wohl eine wirkliche Raum-Zeit-Umwelt nennen müssen. Sie wird durch kontinuierliche und nichtkontinuierliche Serien des Lesens strukturiert, die keineswegs zum Bereich der Erzählung, sondern zu dem der Metapher gehören. Diese mythische Darstellung von Leben und Tod kann kein Symbolsystem umgrenzen. Darin lässt sich jedes Zeichen endlos deuten, indem es neue Zeichen, neue Bedeutungen und Anhaltspunkte erzeugt.«[21]

Die Intensität des Eindrucks der beiden Bilder ist zudem auf ihre elementare Sprache zurückzuführen. Pablo Picasso hat durch Vereinfachung, Entindividualisierung und Verdichtung auf das Wesentliche des menschlichen Daseins zeitlose, jeden Menschen berührende Werke geschaffen:

»*Der Krieg* und *Der Frieden* üben auf den Betrachter eine starke, unmittelbare Wirkung aus, die den Verstand erschüttert und das Herz bewegt. Sie vermitteln eine unzweideutige Botschaft, die jeder begreift. Die kühne Vereinfachung der Figuren, ihre bewusste Reduktion auf Zeichen und deren Verwendung dienen der Verständlichkeit der Botschaft: Der Krieg ist hässlich, grausam, sinnlos; Frieden bedeutet Leben, Freude, Glück, wenn auch ständig bedroht. Die Malerei übernimmt hier voll und ganz die Funktion eines Appells; der Appell bleibt aber auch Malerei, die der Wahrheit dient.«[22]

➤ b. Der Unterricht

Die beiden Bilder von Pablo Picasso bündelten unsere bisherigen Fragen und Gedanken. Nachdem wir zwei Bilder eines der bedeutendsten Maler dieses Jahrhunderts angekündigt hatten, die unsere Arbeit der letzten Wochen zusammenfassen, erahnten die Kinder auf Anfrage die Themen der Bilder: Krieg und Frieden.

Nach vielen Gesprächen über Krieg und Frieden legten wir nun den Schwerpunkt der Auseinandersetzung zunächst auf eine stille Vergegenwärtigung der Bilder[23], dann auf assoziative Äußerungen zu den Bildern und vor allem auf eine abschließende kreative Gestaltung zu den Bildthemen.

Dazu bekamen die Kinder eine Malvorlage mit zwei horizontal untereinander gezeichneten Rahmen (DIN-A-3), der obere mit »DER KRIEG«, der untere mit »DER FRIEDEN« betitelt. Die zwei Bilder, die die Kinder mit Öl-Pastell-Kreiden malten, sollten laut Arbeitsauftrag miteinander zu tun haben, indem sie z.B. zusammen eine Geschichte erzählen. Während des Malens wurden die zwei Bilder von Picasso als Dias an die Wand projiziert.

Die Ergebnisse, die die Kinder sich abschließend gegenseitig vorstellten, beeindrucken gerade durch dieses narrative Element, das durch die Bildelemente und durch die Farbgebung erreicht wurde. Hendriks Bild zum Krieg (s. Abb.) zeigt von links nach rechts einen Menschen zunächst in hellen Farben, umgeben von blauen Strahlen, dann verdunkelt, schließlich in einem geradezu embryonal anmutenden Studium, grau mit roten Blutadern vor dem Todeswagen. Sein Bild zum Frieden beginnt mit dem Ende des todbringenden Wagens und zeigt dieselben Stadien des Menschen rückwärts bis hin zum Motiv der grün umrahmten Friedenstaube. Hendrik hat damit unter dem Eindruck der Picasso-Bilder eigenständige Bilder mit einer außergewöhnlichen Farbgebung geschaffen: »Die Menschen leben. Dann kommt der Krieg und die Menschen sterben langsam ab. Dann kommt der Frieden und das ganze geht wieder rückwärts und endet bei der Friedenstaube«, kommentiert er sein Bild.

Viele Bilder erzählen Geschichten vom Krieg zum Frieden:

❐ eine Unzahl schwarzer Gestalten auf einem blutigen Boden wird zu bunten, glücklichen Menschen in einer grünen Landschaft,
❐ eine mit Pfeilen beschossene, blutende Taube vor dunklem Hintergrund wird zur weißen Taube vor einem gelb leuchtenden Hintergrund, der bunt umrahmt ist,
❐ eine Ansicht auf eine bebombte Stadt mit fliehenden Menschen und brennenden Häusern wandelt sich zum Panorama-Blick auf eine wiedererstandene Stadt mit spielenden Menschen im Sonnenschein,
❐ ein Mensch flieht auf rotem Boden vor einer auf ihn abgeschossenen Kanonenkugel in Richtung eines abgestorbenen Baumes und schreit um Hilfe; derselbe Mensch geht durch dieselbe Landschaft mit farbenfrohen Blumen und Vögeln auf einen prächtigen Baum zu.

Bemerkenswert ist die sorgfältige parallele Komposition der Bilder, bei der jedes Element eine Veränderung erfährt. So wie bei Picassos Bildern mischen sich realistische und symbolische Darstellung, enthalten die Friedensbilder zugleich eine wirklichkeitsnahe und eine utopische Qualität. So sind auch sie Appell, Schritte gegen die Gewalt zu wagen und Utopien des Friedens zu verwirklichen. Sie haben für mich prophetische Qualität und spiegeln Picassos Ansichten über Künstler und Malerei:

»Was, meinen Sie, ist ein Künstler? Ein Tor, der nur Augen hat, wenn er Maler, nur Ohren, wenn er Musiker, oder ein Instrumentarium aller Herzenstöne, wenn er Dichter ist? Ganz im Gegenteil: er ist immer noch gleichzeitig ein politisches Wesen, das beständig all die aufwühlenden, drohenden oder erfreulichen Ereignisse dieser Welt an sich erfährt, das alles nach seinem Ebenbild gestaltet. Es ist unmöglich, seinen Mitmenschen gleichgültig gegenüberzustehen und sich aus einem Leben auszuschließen, dessen Vielfalt eben diese Mitmenschen ausmachen. Nein – die Malerei soll nicht nur die Wohnungen ausschmücken. Die Malerei ist eine Waffe für den Frieden.«[24]

6. Zusammengefasste Unterrichtsskizze

Die folgende Skizzierung unseres Unterrichtsweges ermöglicht eine rückblickende Vergegenwärtigung und setzt die Lektüre des Kapitels voraus.

➤ **Einstiegsphase (2-3 Std.)**

❏ Themenankündigung unter Rückbezug auf Kinderfragen zu »Krieg und Frieden«
❏ Friedensbilder von Kindern der Grundschule, gemalt nach Ausbruch des Golfkrieges, Januar 1991: Interpretationen der Bilder durch die Kinder
❏ Aktuelle kriegerische Auseinandersetzung, thematisiert an Texten und Bildern von Kindern aus dem ehemaligen Jugoslawien
❏ Brief eines Kindes »An alle Kinder der Welt« – Erwiderungsbriefe »An die Kinder in Sarajevo«

➤ **Der Krieg und sein Bruder – Kain und Abel**

Einstieg (Einzelstunde)

❏ Ankündigung einer Geschichte mit Bildern, die der Frage nach dem »Warum« des Krieges nachgeht und auf eine biblische Geschichte zurückgeht
❏ Betrachtung der zwei Umschlaginnenbilder: friedlicher Hirtenjunge und finster schauender Junge / dieselben Jungen friedlich am Lagerfeuer
❏ Erzählen einer Phantasiegeschichte zu diesen Bilder als schriftliche Hausaufgabe

Kindergeschichten – Der Krieg und sein Bruder (Doppelstunde)

❏ Vorlesen der Phantasiegeschichten der Kinder
❏ Vorlesen der Geschichte »Der Krieg und sein Bruder« mit den Bildern: kombinierte Text/Bild-Präsentation, zum Teil direkte Schüleräußerungen zu dem jeweiligen Bild
❏ Gespräch über die Geschichte: erster Eindruck – Einzelaspekte

Der Krieg und sein Bruder – Kain und Abel (Doppelstunde)

❏ erneutes Vortragen der Geschichte »Der Krieg und sein Bruder« mit Bildervergleich:
   a. »Der Krieg zu allen Zeiten« und »Die Friedenstaube erfasst den Trauerzug«
   b. »Der Krieg nachdenklich mit der spiegelverkehrten Uhr« und »Kain und Abel am Feuer mit der Uhr des Neuanfangs«
❏ Begegnung mit der biblischen Geschichte von Kain und Abel (Vorklärung: Adam und Eva – Kain und Abel – JHWH, der Gottesname: ICH BIN DER ICH-BIN-DA)
❏ Gespräch über wichtige Aspekte, z.B. Was hat dich geärgert?

Schriftliche Befragung / Hören und Bedenken der Ergebnisse (eine Stunde)

❏ Welche Meinung hast du zu der Geschichte von Kain und Abel?
❏ Es gibt Leute, die meinen, die Geschichte erzählt nicht nur von Kain und Abel, sondern von allen Menschen. Was meinst du dazu?

Zusammenschau aller Geschichten (eine Stunde)

❏ Veranschaulichung: Geschichten-Haus, ein Haus mit vier Räumen, voll von Geschichten (Briefen)
❏ Rückblick auf die letzten Stunden: Was ist in den Räumen?
   Raum 1: Briefe der Kinder nach Sarajevo
   Raum 2: Phantasiegeschichten der Kinder
   Raum 3: Der Krieg und sein Bruder
   Raum 4: Kain und Abel
❏ Beschriften der Räume und Auslegen der jeweiligen Geschichte(n)
❏ Erkennen von Beziehungen und Unterschieden zwischen Räumen/Geschichten: Beschriften kleiner Karten mit Ergebnissen, Auslegen in den Räumen bzw. auf das Dach, was für alle gilt (Leitfragen s.o.)

➤ **Bilder von Pablo Picasso: »Der Krieg« und »Der Frieden« (3 Stunden)**

❏ Ankündigung von zwei Bildern von Pablo Picasso
❏ Frage nach den Bildthemen mit der Vorgabe, dass es hierbei um die Zusammenfassung unserer Arbeit geht
❏ Auseinandersetzung mit den Bildern nacheinander
❏ Erstellen eigener Bilder zu Krieg und Frieden
   Vorgaben:
   a. Themen DER KRIEG – DER FRIEDEN
   b. Kopiervorlage DIN-A-3 quer mit zwei Rahmen untereinander
   c. JAXON-Kreiden (oder auch Wasserfarben)
   d. Malen zweier Bilder, die miteinander zu tun haben
   e. Projektion der Picasso-Bilder beim Malen
❏ abschließende Vorstellung und Besprechung der Bilder / Vergleich mit Picassos Bildern

IV. »Gott, wie kannst du das zulassen?«

Mit Kindern die Theodizeefrage und das Buch Hiob vergegenwärtigen und bedenken

Sanfter Gott, wir loben dich

Sanf - ter Gott, wir lo - ben dich. Dei - ne Kraft wirkt
Su - per - män - ner brü - sten sich, baun sich auf, es

in den Schwachen. Gro - ße Hel - den ge - hen
ist zum Lachen.

ein. Bos - se sind vor dir so klein

2.

Prominente, Megastars
sind nach kurzer Zeit vergessen,
ihre Porsche, Jaguars
morgen schon vom Rost zerfressen.
Jets und Panzer gehn entzwei.
Vor dir schweigt das Kriegsgeschrei.

3.

Wolkenkratzer fallen um
durch ein kurzes Erdenbeben.
Wissenschaften sind so dumm,
wolln sie sich vor dir erheben.
Unser Stolz und unsre Pracht
gehn vorüber über Nacht.

4.

Feuer, Erde, Wasser, Wind,
Vogelschwärme und Delphine,
Mann und Maus und Frau und Kind,
Wüste, Staubkorn und Lawine,
Mond und Sterne, Tag und Nacht,
sind von deiner Hand gemacht.

5.

Gott, dein Atem ist so groß
und er haucht in Steine Leben.
Fruchtbar ist dein Mutterschoß.
Du kannst nehmen, du kannst geben.
Du erhältst uns lebenslang.
Nichts als Staunen mein Gesang.

Text: Gerhard Schöne
Musik: Wien 1774

1. Erste Zugänge über die Fragen der Kinder

Man fragt, damit man eine Antwort findet!

Wenn man nicht fragt, dann kann man nicht antworten.

Man braucht zum Antworten Zeit, die Zeit, in der man nachdenkt, ist eine stille Zeit.

Es gibt Fragen, die kann man nicht beantworten, aber es ist gut, darüber nachzudenken.

Es gibt Fragen, zu denen man immer neue Lösungen findet.

Fragen sind manchmal Vorstellungen, wie man sich etwas selbst vorstellt, z.B. Gott.

Ohne Fragen würde der Religionsunterricht nicht entstehen!

Der Religionsunterricht besteht ja meistens aus Fragen.

Wenn man eine Frage hat und sich nicht traut, sie zu stellen, dann kann man keine Antwort bekommen.

Fragen sind der Weg zur Antwort.

Wer fragt, weiß schon etwas.

Die Antwort liegt meistens schon in der Frage.

Die, die fragen, suchen Antworten.

Wenn man direkt die Antworten findet, gibt es die Fragen nicht mehr.

Wenn einer einem eine Antwort gibt, ohne dass der gefragt hat, so ist das keine Antwort!

Diese tief gehenden Gedanken äußerten die Kinder auf meine einfache Frage nach der Bedeutung von Fragen im Leben und im Religionsunterricht. Sie geben zu denken angesichts einer belasteten Katechismustradition, in der Antworten auf nicht gestellte Fragen gegeben wurden: Wenn einer einem eine Antwort gibt, ohne dass der gefragt hat, so ist das keine Antwort! Die Kinder erteilen eine Absage an einen mit Antworten zudeckenden Religionsunterricht und machen mir statt dessen Mut zu einem fragenorientierten religiösen Lernen: Ohne Fragen würde der Religionsunterricht nicht entstehen! Sie erzählen von ihren Erfahrungen mit Religion in der Schule und beschreiben eindrucksvoll ihre Ahnung von der Kraft der Frage: Wer fragt, der weiß schon etwas! Ein Religionsunterricht, der sich von dieser Einsicht leiten lässt, braucht weder Angst vor dem Fragen-Stellen noch vor dem Stellung-Beziehen haben.

Unser Gespräch war der Einstieg in eine intensive Auseinandersetzung zu einem ungewöhnlichen, aber notwendigen Thema in der Grundschule (☞ II.2.). Die im Folgenden dargestellte Unterrichtsreihe zum Buch Hiob und zur Theodizeefrage geht elementare Wege einer Annäherung an die Frage nach dem Leid und nach Gott und will zeigen, dass und wie Kinder mit dieser Menschheitsfrage umgehen.

Unser Nachdenken über die Bedeutung von Fragen führte hin zum Angebot an die Kinder, selbst Fragen an Gott aufzuschreiben. Eine erste »Fragerunde« wurde durch den Impuls (zuerst mündlich und dann auf einem Arbeitsblatt) eröffnet: »Stell dir vor, du kannst Gott Fragen stellen! Was fragst du ihn?« In einer zweiten Runde wurden die Fragen an Gott eingeschränkt auf Warum-Fragen.

Insgesamt lassen sich drei Fragenkomplexe unterscheiden. Viele Fragen beziehen sich auf die Existenz und Existenzweise Gottes, z.B.:

Wie bist du entstanden?
Hast du auch eine Mutter, die dich in die Arme nimmt?
Hast du Angst wie wir?
Machst du auch Fehler?
Wie denkst du?
Bist du verliebt?
Wie war es, als du Kind warst?
Findest du dein Leben überhaupt schön?
Bist du wirklich überall?–
Warum lebst du nicht als Mensch?
Warum bist du den Menschen ganz nah und man sieht dich trotzdem nicht?
Wer bist du wirklich?
Bist du der einzige Gott?
Warum heißt du Gott? Warum bist du ein Gott?

Ein zweiter Fragenkomplex thematisiert Fragen nach dem Leben und nach der Welt, so wie sie ist (ohne Negativerfahrungen als Hintergrund), beispielsweise:

Was war vor der Welt und der Zeit der Tiere und der Pflanzen?
Wie schaffst du es, dass eine Fliege fliegen kann und so ein winziges Herz hat?
Warum hast du die Erde erschaffen?
Was sind Menschen?
Warum kann ein Mensch nicht für sich alleine leben?
Warum hast du uns erschaffen?
Warum bin ich nicht du?
Wie bist du entstanden?
Warum gibt es verschiedene Sprachen?
Warum gibt es eine Uhrzeit?
Wenn ich z.B. das jetzt nicht schreiben würde, wäre dann die Welt anders?
Warum stelle ich diese Fragen?

Hier kommt in den Kindern einer Schulklasse das ganze Potential »philosophischen Fragens« zum Ausdruck. Die Fragen nach der Entstehung von Welt, Tieren und Menschen, Probleme von Sprache, Zeit, Weltall, Zukunft der Erde führen die Chancen einer fragenorientierten und philosophienahen Haltung im Religionsunterricht vor Augen.

Der dritte Fragenkomplex, im Grunde von den ersten beiden nicht zu trennen, problematisiert die Fragen nach Leid, Unrecht, Krieg, Behinderung, Sterben und Hass. Interessant ist hier die Unterscheidung impliziter Theodizee-Fragen (»Warum gibt es ...«) und expliziter Theodizee-Fragen (»Wie kannst du ... zulassen?«). In der ersten Fragerunde gehörte jede fünfte Frage, in der zweiten Fragerunde fast jede zweite Frage diesem Fragenkomplex an. Insgesamt wird in 25 Fragen nach dem Warum von Krieg und Gewalt gefragt.

Warum sagst du uns nicht alles, wenn du so viel weißt?

Warum lässt du manche Kinder behindert auf die Welt kommen?

Warum werden Menschen krank?

Warum lässt du es zu, dass es Kriege und Hungersnöte gibt?

Warum lässt du den Krieg nicht Frieden werden?

Warum gibt es so viel Ausländerhass auf der Welt?

Warum werden so viele Tiere getötet?

Wieso verehren wir die Tiere nicht? Sie haben doch noch nie Krieg geführt, doch wir führen ständig Krieg.

Warum gibt es so viele Diebe und böse Menschen auf der Welt?

Warum hast du böse Menschen erschaffen?

Wieso liebst du auch Mörder?

Bestimmst du das Unglück? Bist du die Hilfe?

Diese ernsthaften Fragen zeigen: In Entsprechung zur jüdisch-christlichen Glaubenstradition ist Gott selbst für die Kinder Angefragter oder sogar Angeklagter. Diese Erfahrung selbst zu machen, war ein wesentlicher Sinn dieses Einstiegs über die Fragen der Kinder. Zudem fanden die Kinder so selbst zu dem Thema, das uns nun weiter beschäftigte.

In der zweiten Stunde standen zunächst die Fragen der Kinder an Gott im Mittelpunkt: Eine Auswahl von Fragen zur Existenz Gottes und zu Leben und Welt (1. und 2. Fragenkomplex) lag auf den Tischen ausgebreitet, jede Frage groß auf eine DIN-A-4-Seite geschrieben. Die Kinder lasen diese Fragen, wählten eine aus und nahmen sie mit in den Sitzkreis.

Das nun folgende Gespräch über einzelne Fragen brachte uns auf überraschende Gedanken. Z.B. meinten Kinder zur Frage »Warum bist du den Menschen nahe, und man sieht dich trotzdem nicht?«, Gott sei ja in jedem Menschen da, in seinen Vorstellungen, jeder habe aber unterschiedliche Vorstellungen und wenn sich die Menschen Gott nicht vorstellen würden, könne es ihn auch nicht geben. Ich fragte nach: »Meint ihr, nicht nur der Satz stimmt, – Die Menschen leben, weil Gott lebt‹, sondern auch der umgekehrte Satz: ›Gott gibt es, weil es die Menschen gibt?‹« Einige Kinder bejahten die beiden Sätze mit dem

Hinweis, Gott gebe es ja nur in unseren Vorstellungen. Ich ergänzte diese Aussage durch ein persönliches Glaubenszeugnis: »Ich kann es nicht beweisen, aber ich glaube, dass es Gott gibt, auch wenn ich ihn mir nicht vorstelle.« Das bejahten die Kinder ebenfalls, denn sie hatten gemeint, *für uns Menschen* gebe es Gott nicht anders als in unseren Vorstellungen. Sie meinten aber, wenn sich *alle Menschen* Gott nicht vorstellen würden und nicht über ihn reden würden, dann würde es Gott unter den Menschen nicht mehr geben: »Er würde sein Selbstvertrauen verlieren, er würde dann traurig und würde sterben.«

Nun lasen die Kinder in einem zweiten Durchgang ihre im Sitzkreis ausgelegten Fragen nach Leid, Unglück, Ungerechtigkeit und Krieg (☞ o., 3. Fragenkomplex). Jedes Kind suchte sich eine von diesen Fragen aus, zu der es als Hausaufgabe auf einem Arbeitsblatt entweder seine Gedanken und weiterführenden Fragen oder – wenn es sich das traute – eigene bzw. von Gott möglicherweise »formulierte« Antwortversuche aufschrieb. Folgende Fragen beschäftigten die Kinder am meisten:

Warum liebst du auch Mörder?
Warum lässt du manche Kinder behindert auf die Welt kommen?
Warum lässt du zu, dass es Kriege und Hungersnöte gibt?
Warum sagst du uns nicht alles, wenn du so viel weißt?
Warum werden Menschen krank?

Wir lasen zu Beginn der dritten Stunde einige der von ihnen formulierten vorstellbaren Antwortversuche Gottes bzw. ihre Gedanken zu diesen Fragen vor. Im Gespräch waren die Kinder zunächst äußerst bemüht, gute Gründe für das Handeln bzw. Nichthandeln Gottes zu finden und ihn mit bestem Willen zu verteidigen. Eine Schülerin meinte dann jedoch: »Vielleicht hat Gott das ja auch alles gar nicht selbst gewollt!« Ein anderes Kind verwies auf den Zusammenhang mit der Frage an Gott: Machst du auch Fehler? Wir diskutierten zum ersten Mal darüber, ob Gott wirklich alles kann. Ein Kind meinte, es sei nicht gerecht, wenn Kinder behindert geboren werden, doch es sei auch recht so. Es sei besser, als wenn sie nicht geboren würden und gar nicht lebten. Es umschrieb diese Situation mit den paradoxen Worten, es sei »Recht im Unrecht«.
Diese Diskussion spitzte sich immer mehr auf die Frage zu, die wir an die Tafel schrieben:

»Wie kannst du, guter Gott, das Leiden zulassen?«

Diese Frage, so erzählten wir den Kindern, haben die Menschen sich und Gott schon immer gestellt, und wir führten hierfür den Begriff *Theodizeefrage* ein (Tafelanschrift).

Dieser ausführlich dokumentierte Einstieg zeigt, dass auch ein anspruchsvolles Thema nicht »von oben« gesetzt werden muss, sondern über den Ansatz der eigenen Fragen der Kinder, zu Beginn allgemein, später durch die Kinder präzisiert, gefunden werden kann.

2. Auseinandersetzungen mit dem Buch Hiob

Wie kann nun dieser induktive Weg zu einer produktiven Vergegenwärtigung des Hiobbuches führen? Ist es überhaupt möglich, sich schon im 4. Schuljahr mit diesem schwierigen und sehr langen Buch zu befassen? Religionspädagogische Literatur zu Hiob in der Grundschule bzw. der Unterstufe des Sekundarbereichs ist kaum zu finden. Dabei zeigen die Erfahrungen mit Kindern wie unser Unterrichtseinstieg, dass Kinder bereits früh »Hiobs-Fragen« in und mit sich tragen.

Der im Folgenden erzählte weitere Unterrichtsprozess findet erst im Nachhinein seine exegetisch-biblische und didaktische Begründung. Diese Reihenfolge in der Darstellung will zum Ausdruck bringen, dass die unterrichtliche Vorgehensweise nicht allein der sich aus der »Sachanalyse« ergebende zweite Schritt einer vermittelnden »Umsetzung« ist, sondern dass hier die im Unterricht inszenierten Lernarrangements überraschende Prozesse anstoßen, die von der Sache her jedoch Begründung und Rückhalt finden.

► a. Vergegenwärtigung elementarer Sätze aus dem Buch Hiob

Nach der Bezeichnung der Fragen nach der Rechtfertigung Gottes angesichts des Leidens als »Theodizee-Frage« – die Kinder akzeptierten dieses Theologen-Fremdwort ohne weiteres und benutzten es in der Folgezeit zum Teil selbst – verwiesen wir in der vierten Stunde auf ein Buch im Alten Testament, in dem es besonders um die Theodizeefrage geht und mit dem wir uns in der nächsten Zeit beschäftigen werden: das Buch Hiob. Wir suchten dieses Buch in unserer Zusammenstellung aller Bücher der Bibel im Klassenraum (beschriftete »Buchrücken« in dem jeweiligen Umfang des Buches auf zwei »Regalbrettern« auf einem großen Karton).

Nun begegneten die Kinder 24 elementaren Sätzen aus dem Buch Hiob, geschrieben auf Karten und ausgebreitet auf den Gruppentischen. Ohne die hier gegebene Ordnung lasen sie ...

1. Hiobs Klagen (10 Karten)

Da stand er auf und zerriss sein
Kleid, schor sein Haupt,
fiel auf die Erde
und neigte sich tief.
Hiob 1,20

Warum bin ich nicht gestorben
bei meiner Geburt? Warum bin ich
nicht umgekommen,
als ich aus dem Mutterleib kam?
Hiob 3,11

Was ich gefürchtet habe,
ist über mich gekommen,
und wovor mir graute,
hat mich getroffen.
Hiob 3,25

Mir wird nicht Friede,
nicht Stille, nicht Ruh,
schon kommt das Erbeben.
Hiob 3,26

Ach, wenn es doch
eine Waage gäbe,
auf der man meine Traurigkeit
und mein Leid wiegen könnte.
Hiob 6,2

Ist denn
auf meiner Zunge Unrecht,
oder sollte mein Gaumen
Böses nicht merken?
Hiob 6,30

Ich will reden
in der Angst meines Herzens
und will klagen
in der Betrübnis meiner Seele.
Hiob 7,11

Mein Auge ist dunkel geworden
vor Trauer,
und alle meine Glieder
sind wie ein Schatten.
Hiob 17,7

An meiner Gerechtigkeit
halte ich fest und lasse sie nicht;
mein Gewissen beißt mich nicht
wegen eines meiner Tage.
Hiob 27,6

Man hat mich
in den Dreck geworfen,
dass ich gleich bin
dem Staub und der Asche.
Hiob 30,19

2. Hiob zu den Freunden (5 Karten)

Ich hab ebenso
Verstand wie ihr
und bin nicht geringer als ihr.
Hiob 12,3

Ich wollte gern
zu dem Allmächtigen reden und
wollte rechten mit Gott. Ihr seid
Lügentüncher und unnütze Ärzte.
Hiob 13,4

Was ihr zu bedenken gebt,
sind Sprüche aus Asche.
Schweigt still und lasst mich reden,
es komme über mich, was da will.
Hiob 13,12-13

Ich habe das schon oft gehört.
Ihr seid allzumal leidige Tröster!
Auch ich könnte wohl reden
wie ihr, wärt ihr an meiner Stelle.
Hiob 16,2.4

Hört doch meiner Rede zu
und lasst mir das
eure Tröstung sein!
Ertragt mich, dass ich rede.
Hiob 21,2.3

3. Hiob zu Gott (9 Karten)

Was ist der Mensch,
dass du ihn groß achtest
und dich um ihn bekümmerst?
Hiob 7,17

Wenn ich Gott auch anrufe,
dass er mir antwortet,
so glaube ich nicht,
dass er meine Stimme hört.
Hiob 9,15

Gefällt dir es,
dass du Gewalt tust
und mich verwirfst,
den deine Hände gemacht haben?
Hiob 10,3

Hast du denn Menschenaugen
oder siehst du,
wie ein Sterblicher sieht?
Hiob 10,4

Rufe,
ich will dir antworten,
oder ich will reden,
dann antworte du mir!
Hiob 13,22

Warum verbirgst du
dein Angesicht
und hältst mich für einen Feind?
Hiob 13,24

Gott hat mich übergeben
dem Ungerechten
und hat mich in die Hände
der Gottlosen kommen lassen.
Hiob 16,11

Warum bleiben
die Gottlosen am Leben,
werden alt
und nehmen zu an Kraft?
Hiob 21,7

Ich schreie zu dir,
aber du antwortest mir nicht;
ich stehe da,
aber du achtest nicht auf mich.
Hiob 30,20

... und sie suchten sich eine Karte aus, dessen Worte sie besonders ansprachen, z.B. weil sie selbst es auch schon einmal so erfahren hatten. Zu diesen Worten konnten sie nun ein Bild malen oder eigene Gedanken bzw. eine Geschichte schreiben. Die Ergebnisse wurden im Sitzkreis vorgestellt, befragt und bedacht. In der fünften Stunde präsentierten wir erneut Karten mit elementaren Sätzen aus dem Buch Hiob, die die Kinder wiederum lasen, um zu einer ausgewählten Karte ein Bild zu malen:

4. Gottes Fragen an Hiob (8 Karten)

Wo warst du, als ich die Erde gründete? Sage es mir, wenn du so klug bist! *Hiob 38,4*	Weißt du, wer der Erde das Maß gesetzt hat, oder wer über sie die Richtschnur gezogen hat? *Hiob 38,5*
Bist du zu den Quellen des Meeres gekommen und auf dem Grund der Tiefe gewandelt? *Hiob 38,16*	Haben sich dir des Todes Tore je aufgetan, oder hast du gesehen die Tore der Finsternis? *Hiob 38,17*
Bist du gewesen, wo der Schnee herkommt, oder hast du gesehen, wo der Hagel herkommt? *Hiob 38,22*	Wer ist des Regens Vater? Wer hat die Tropfen des Taus gezeugt? *Hiob 38,28*
Weißt du des Himmels Ordnungen, oder bestimmst du seine Herrschaft über die Erde? *Hiob 38,33*	Wer gibt die Weisheit in das Verborgene? Wer gibt verständige Gedanken? *Hiob 38,36*

5. Hiob zu Gott (5 Karten)

Wo will man die Weisheit finden?
Die Tiefe spricht: In mir ist sie nicht.
Das Meer spricht: Bei mir ist sie auch nicht.
Gott allein weiß den Weg zu ihr.
Hiob 28,12.14.23

Ich bin zu gering,
was soll ich antworten?
Ich will meine Hand
auf meinen Mund legen.
Hiob 40,4

Ich erkenne, dass du alles
vermagst, und nichts,
das du dir vorgenommen hast,
ist dir zu schwer.
Hiob 42,2

So höre nun,
lass mich reden;
ich will dich fragen,
lehre mich!
Hiob 42,4

Nur vom Hörensagen
wusste ich von dir,
jetzt aber hat mein Auge
dich geschaut.
Hiob 42,5

Hinweis zur eigenen Umsetzung in die Praxis: Die hier gewählte Form der Darstellung, die in der Rahmengestaltung die verschiedenen Adressaten und Sprecher berücksichtigt, ist zugleich Kopiervorlage, aus der durch vergrößertes Kopieren (ca. 200%) auf Karton sehr einfach Satzkarten hergestellt werden können. Der Erstellung weiterer Satzkarten dient die Blanko-Vorlage (☞ VI.3.c).

Im Sitzkreis ließen wir langsam alle in der letzten und in dieser Stunde gemalten Bilder vor unseren Augen vorbeiziehen, und zwar in der Reihenfolge der ihnen jeweils zu Grunde liegenden Sätze aus dem Buch Hiob: sozusagen eine Geschichte mit Bildern verschiedener Kinder zu einzelnen Sätzen einer Geschichte, die sie insgesamt gar nicht kennen!

Ich will reden in der Angst meines Herzens und will klagen in der Betrübnis meiner Seele.

Ich schreie zu dir, aber du antwortest mir nicht; ich stehe da, aber du achtest nicht auf mich.

Ich hab ebenso Verstand wie ihr und bin nicht geringer als ihr
(Hiob 12,3)

Der Mensch wird von anderen Menschen nicht beachtet.
Aber der Mensch hat doch genauso viel Verstand. Und er hat auch tolle Einfälle. Er wird vom Äußeren betrachtet.

Wer gibt die Weisheit in das Verborgene? Wer gibt verständige Gedanken?
(Hiob 38,36)

das Verborgene ist dunkel aber Gott gibt Weisheit hinein dann wird es wieder hell.

Vorher war alles dunkel und Gott hat Weisheit in das Dunkel gegeben, und es ist wieder hell geworden.
Man kann es auch so sehen, daß das ein verlassener Ort war. Gott hat von sich erzählt und es wurde wieder hell."
(mündlich mitgeteilt)

Nach dem Kennenlernen der verstreut dargebotenen Sätze, nach dem Malen oder Schreiben zu je zwei Karten und nach dem Betrachten aller Bilder hatten die Kinder durchaus Vorstellungen über Inhalt und Akteure des Buches Hiob entwickelt:

Ihr habt mit den Karten die Geschichte in Abschnitte zerlegt.
Ein Mann will mit Gott sprechen, er will zu Gott rufen, aber keiner beachtet ihn.
Es gibt Sätze *über* Gott und Sätze *von* Gott.
Vieles ist wie eine Botschaft, eine Rede oder ein Brief.
Das sind Sätze aus der Geschichte des Leidens.
Es könnte sein, dass die vielen Sätze von vielen Personen gesagt oder geschrieben wurden.
Wenn man ein Buch liest, in dem solche Sätze stehen, meint man, das ist eine Person.
Wenn man die Karten allein sieht, merkt man, dass das für viele gilt.

Die Kinder bedenken unsere unterrichtliche Vorbereitung, beschreiben die Kommunikationsstruktur und die Handelnden in der Geschichte, umreißen verallgemeinernd den Inhalt dieser »Geschichte des Leidens« und kommen so darauf, dass es hier nicht nur um einen Einzelfall geht. Mit der letzten Äußerung schließlich trifft ein Kind genau die Intention der Arbeit mit elementaren Sätzen dieser Art: Was diese Sätze sagen, gilt für viele Menschen, auch für mich, auch für die Kinder selbst. Diese doppelte Sichtweise der Hiobgeschichte als Einzelfall und als Geschichte von allen Menschen findet Rückhalt auch von exegetischer Seite her. Damit kommen wir zur biblisch-exegetischen und eigenen Auseinandersetzung mit dem Buch Hiob.

► b. Unterschiedliche Ebenen in der Wahrnehmung des Buches Hiob

In der Interpretation des Hiobbuches beziehe ich mich zusammenfassend auf den Kommentar von Jürgen Ebach[1], da er den Text in seiner jetzt vorliegenden Endgestalt wahrnimmt, was einer direkten Begegnung und einem elementaren Umgang mit diesem biblischen Text in besonderer Weise entspricht. Der erzählende Rahmen (Kap. 1,1-2,13 und 42,7-17) und die Reden im poetischen Sprachstil (Kap. 3,1-42,6) werden *zusammen* gesehen und gedeutet; der fromme Dulder Hiob der Erzählung und der fragende, (ver)zweifelnde, rebellische Hiob der Dialoge werden als *eine* Gestalt betrachtet.[2]
Ebach macht auf verschiedene Ebenen im Hiobbuch aufmerksam, die für die Wahrnehmung und Interpretation des Buches und somit auch für den unterrichtlichen Umgang damit von außerordentlicher Bedeutung sind.
Zunächst sind mehrere *Zeitebenen* zu unterscheiden, die sich der Hörer bzw. Leser des Hiobbuches bewusst zu machen hat.

1. Die *zeitgebundene* Ebene, also Hiob in seiner Zeit, wobei hier nochmals zwei Zeiten viele hundert Jahre auseinander liegen:

❏ zum einen die *erzählte Zeit* (die Zeit Hiobs innerhalb der Erzählung), die zurückreicht in die nomadische Frühzeit (das Buch Ezechiel erwähnt im 14. Kapitel Hiob neben Noah und Daniel als Gerechten der Urzeit),

❏ zum anderen die *Erzählzeit* (Zeit der Abfassung des Hiobbuches), die Zeit nach dem babylonischen Exil (4. Jh.v.Chr.) mit ihren Fragen und Krisen, besonders der Infragestellung des für Israel grundlegenden Zusammenhangs zwischen dem Tun eines Menschen und seinem Ergehen.

2. Die *Zeiten übergreifende Ebene*: also die an dem aus der konkreten Situation Israels herausgehobenen Schicksal Hiobs, eines Nichtisraeliten, aber mit Israel Verwandten (Hiob 1,1: Uz ist ein Sohn des Bruders von Abraham), als Menschheitsprobleme thematisierten Fragen und Krisen.

Sich dieser Unterscheidung zwischen den Zeitebenen bewusst zu sein, sie nicht aufzulösen und ihre Spannung auszuhalten, ist von entscheidender Bedeutung für unsere Begegnung mit dem Hiobbuch. Das Hiobbuch mit den Fragen und Problemen seiner Zeit hilft uns, den Erwachsenen wie den Kindern, unsere Fragen zu erkennen und zu benennen, gerade weil es selbst eben dieses tut: die eigene Zeit und ihre Fragen und Probleme in Gestalt einer alten Geschichte thematisieren.[3]

Die oben zitierte Äußerung des Kindes, das die unterschiedliche Wirkung der Sätze in einem Buch (gilt für eine Person) und auf Karten für sich (gilt für viele) beschreibt, bringt diese Spannung auf den Punkt und legt unsere Intention offen, zunächst mit den *elementaren Sätzen* einzusteigen. Entsprechend der Zeiten übergreifenden Ebene des Hiobbuches sollten diese Sätze für die Kinder zuallererst ein Angebot einer Identifikation über eigene Erfahrungen in einer für sie fremden Sprache sein.

Zugleich ergibt sich aus den unterschiedlichen Zeitebenen die Notwendigkeit der Einbeziehung der *Geschichte* von Hiob, die eher den Menschen Hiob in seiner Zeit thematisiert (☞ u.).

Ebach unterscheidet zudem zwei *Lektüreebenen* des Buches Hiob:

1. Das *Hiob-Problem*: also die Theodizeefrage »Wie kannst du, guter Gott, das Leiden zulassen?« (unsere Formulierung), das eher kognitive theologische Problem oder anders gesagt, die Lehre bzw. die Theologie.

2. Der *Fall Hiob*: also die Geschichte eines Menschen, an dem die Fragen nach dem Leid und nach Gott aufbrechen, die eher existenzielle Seite des Buches oder anders gesagt, das Leben bzw. die Erfahrung.[4]

Mit Ebach ist davor zu warnen, eine dieser beiden Seiten auszublenden. Eine Reduzierung auf das theologische Problem verkennt die realistische Situation des leidenden Menschen und lässt die Geschichte zur Verpackung für die zu bedenkende und zu übermittelnde Lehre verkommen. Eine Reduzierung auf die existenzielle Situation des Leidenden blendet die Radikalität der Theodizeefrage aus, insofern ein gutes Ende Hiobs eine »Lösung« dieser Frage nach Gott suggeriert.

Unterrichtliche Konsequenz der Wahrnehmung dieser spannungsvoll aufeinander bezogenen Ebenen ist, dass zum einen erfahrungsbezogen Wege der Einfühlung und Identifikation in die Situation eines Menschen wie Hiob und der kreativ-emotionalen Verarbeitung dieser Eindrücke angeboten werden, die die existenzielle Seite des Falles Hiobs berücksichtigen. Zum anderen sollte das eher kognitive theologische Hiob-Problem explizit mit den Kindern zur Sprache kommen und bedacht werden (beides ☞ u.).

Sowohl die elementaren Sätze als auch die Geschichte von Hiob wollen den Fall Hiob und das Hiob-Problem thematisieren, wobei die Geschichte den Akzent mehr auf die Seite des Falles Hiob *und* die Ebene der damaligen Zeit setzt, die Sätze eher die zeitübergreifende Ebene und das theologische Hiob-Problem ansprechen.

➤ c. Die Geschichte von Hiob in unserer Erzählfassung

Bevor die Interpretation des Hiobbuches ihre Fortsetzung findet, will ich die Geschichte von Hiob in der im Unterricht eingebrachten Fassung erzählen. Auch den Kindern haben wir diese Geschichte zum Hören und Vergegenwärtigen, zum Hineindenken und Einfühlen schlicht vorgelesen (sechste Stunde) und im Rahmen fächerverbindenden Unterrichts am nächsten Tag nochmals gemeinsam gelesen, ohne lange Gespräche danach: Die weitere Auseinandersetzung damit fand später statt.

Die Erzählung in der vorliegenden Form hat folgende Entstehungsgeschichte: Nach enttäuschender Suche in Kinderbibeln – die Hiobgeschichte fehlt entweder oder sie ist nur sehr kurz, reduziert und »entschärft« wiedergegeben[5] – fand ich als Hauptvorlage für den Gesamtduktus die empfehlenswerte Erzählung von Hans Heinrich Strube, die recht ausführlich und nah am Bibeltext ist.[6] Als Bibelübersetzung zog ich die revidierte Luther-Übersetzung, die Einheitsübersetzung und die Übersetzungen von J. Ebach und M. Buber zu Rate. Neben Einfügungen anders übersetzter Textpassagen und der elementaren Sätze Hiobs (☞ o.) wurden die Abschnitte der Rahmenerzählung herausgehoben (Kursivdruck) und interpretative Elemente hinzugefügt bzw. geändert (z.B. die Herausnahme der Rechtfertigung des Leidens als von Gott »sinnvoll« verursachter Tat).

Die Erzählung ist so wie das Buch Hiob innerhalb der Bibel provozierend lang: Sie ist gedacht als Geschichte zum Zuhören bzw. als Lesetext. Ebach macht auf die wichtige Dimension der Erstreckung der Zeit im Hiobbuch aufmerksam: das sieben Tage und sieben Nächte lange Schweigen, die mitunter ermüdenden Wiederholungen und Rückschritte in der Zeit.[7] Hier findet das Erzählte, der Stillstand oder Rückschritt im Leben Hiobs angemessenen Ausdruck in der Erzählweise. Das muss auch im Rahmen des Möglichen und vielleicht ein wenig darüber hinaus für diese Erzählung im Unterricht gelten. Es geht hier nicht um etwas, was man mal so eben erzählen kann! In diesem Sinne lesen und hören Sie von dem Menschen aus dem fernen Lande Uz ...

Das alte Testament erzählt von Hiob

Weißt du, was eine Hiobsbotschaft ist?
Wenn ein Mensch eine schlechte Nachricht bekommt,
die ihn in großes Leid stürzt.
Menschen klagen, wenn sie Leid erfahren:
Wie ist's möglich, dass ich leiden muss?
Menschen aber, die an Gott glauben, klagen ihn selbst an:
Hast du mich ganz und gar verlassen?
Bist du denn mein Feind geworden?
Warum spüre ich nichts von deiner Nähe?
Und mancher fragt:
Was hilft es, sich auf Gott zu verlassen?
Er lässt alle Menschen leiden, auch die, die an ihn glauben
Vor mehr als zweitausend Jahren hat ein Dichter solche Fragen aufgegriffen und sie mit der Erzählung vom frommen Mann Hiob verknüpft. Der Name Hiob heißt auf deutsch: »Wo ist mein Vater?« Dieser Name verrät uns bereits, wovon die Geschichte erzählt.

*E*in *Mann lebte in dem fernen Lande Uz, der hieß Hiob. Hiob hatte eine Frau, sieben Söhne und drei Töchter, ein großes Gut, 7000 Schafe, 3000 Kamele, 500 Gespanne Rinder und 500 Eselinnen, dazu Knechte, Mägde und alles, was sich ein Mensch nur wünschen kann. Und dennoch war er nie stolz und hochmütig. Er war zu allen freundlich, half jedem, der in Not war, hatte Ehrfurcht vor Gott und tat nie etwas Böses. Selbst für seine Kinder brachte er Opfer dar, für den Fall, dass sie einmal Böses tun.*

Eines Tages geschah es, dass das Gefolge Gottes, die himmlischen Wesen, vor Gott trat. Unter ihnen war auch »Der Prüfer«. Dem Prüfer haben die Menschen später auch andere Namen gegeben: Sie nannten ihn den Hinderer, den Versucher, den Verführer, das Böse oder Satan.

98

Wo kommst du her, fragte Gott den Prüfer?

Ich habe die Erde durchwandert, antwortete der Prüfer, ich habe gesehen, was die Menschen tun und treiben.

Hast du auch acht gegeben auf meinen Knecht Hiob, fragte Gott, denn keiner im ganzen Lande ist so treu und so gottesfürchtig wie er.

Meinst du, dass Hiob umsonst so fromm ist, entgegnete der Prüfer, er weiß genau, warum er zu dir hält. Er tut es nur, weil du sein Haus bewachst, weil du ihm Reichtum schenkst und seine Arbeit gut gelingen lässt. Er hat doch alles, was ein Mensch sich wünschen kann. Wenn der nicht fromm und glücklich ist, wer ist es dann? Aber strecke nur einmal deine Hand nach ihm aus und nimm ihm seinen Reichtum wieder weg. Du wirst sehen, er wird sich von dir abwenden.

Gut, sagte Gott, für eine Weile gebe ich alles, was er hat, in deine Hand. Nur nach seiner Person strecke deine Hand nicht aus.

Darauf ging der Prüfer weg vom Angesicht Jahwes.

Nun geschah es eines Tages, da kam ein Bote zu Hiob gehastet und rief: Herr, etwas Furchtbares ist passiert. Wir pflügten mit den Rindern auf den Feldern und die Eselinnen liefen nebenher, da fielen Feinde über uns her, erschlugen die Knechte und nahmen alle Tiere mit sich fort. Und ich allein bin entronnen, um es dir zu melden.

Als der Bote noch redete, kam schon der zweite und rief: O Herr, ein Unheil ist passiert! Wir waren mit den Herden auf den Hügeln, da fiel Feuer wie ein Blitz vom Himmel und verbrannte alles, die Hirten und die Herden. Und ich allein bin entronnen, um es dir zu melden.

Kaum hatte der zweite Bote ausgeredet, da kam ein dritter hereingestürzt: Mein Herr, rief er, drei Rotten Feinde haben uns überfallen, die Kameltreiber erschlagen und alle dreitausend Kamele mit sich fortgetrieben! Und ich allein bin entronnen, um es dir zu melden.

Die schlimmste Botschaft brachte der vierte: Herr, deine Söhne und Töchter feierten ein Fest im Hause ihres ältesten Bruders. Da brach plötzlich ein Sturm los, riss das Haus ein und warf es auf die jungen Leute, dass sie starben. Und ich allein bin entronnen, um es dir zu melden.

Da stand Hiob auf und zerriss vor Kummer sein Kleid, schor sein Haupt, fiel auf die Erde und neigte sich tief. Er schrie: Nackt bin ich auf die Welt gekommen, und nackt werde ich wieder von der Welt gehen. Jahwe hat's gegeben, Jahwe hat's genommen. Der Name Jahwes sei gelobt!

So betete Hiob, aber gegen Gott fluchte er nicht.

Danach geschah es, dass das Gefolge Gottes wieder vor Gott trat und der Prüfer unter ihnen war.

Wo kommst du her? fragte Gott.

Ich habe die Erde durchzogen, antwortete der Prüfer.

Hast du auch Acht gegeben auf meinen Knecht Hiob? fragte Gott. Keiner ist so fromm und gerecht wie er. Du hast mich überredet, ihn in deine Hand zu geben und hast ihm viel Leid zugefügt. Du hast mich überredet, dass ich ihn ohne Grund leiden ließ. Doch noch immer ist er fromm und hält zu mir.

Kein Wunder, sagte der Prüfer. Alles kann der Mensch entbehren, solange er selbst gesund bleibt. Aber taste mal sein eigenes Fleisch an! Lass ihn krank werden und Schmerzen bekommen, ich wette, er wird sich von dir wenden und nichts mehr von dir wissen wollen.

Er ist in deiner Hand, sagte Gott, aber bewahre sein Leben!

Da bekam Hiob eine schreckliche Krankheit. Sein ganzer Körper bedeckte sich mit grässlichen Geschwüren, von den Fußsohlen bis zum Scheitel hinauf. Hiob konnte nicht liegen und nicht stehen. In Asche setzte er sich und schabte sich die Geschwüre mit Tonscherben.

Seine Frau sprach zu ihm: Ich verstehe nicht, warum du immer noch zu Gott hältst, du siehst doch, wie er dich leiden lässt. Ist das der Lohn für deine Frömmigkeit? Verabschiede dich von deinem Gott und stirb!

Dieses Gespött war für Hiob schlimmer als die Schmerzen. Du redest, als ob du närrisch bist. Viel Gutes haben wir von Gott empfangen, sollten wir da das Böse nicht auch annehmen?

Und wieder sündigte Hiob mit keinem Wort gegen Gott.

Er hatte aber drei gute Freunde, die hörten von seinem Unglück und kamen, um ihn zu trösten. Von weit her kamen sie und erschraken sehr, als sie Hiob sahen. Zuerst erkannten sie ihn nicht. Sie konnten kaum glauben, dass dies ihr Freund Hiob sein sollte, der da so elend in der Asche vor ihnen saß.

Dann zerrissen sie ihre Mäntel und fingen laut an zu weinen. Sie setzten sich zu Hiob auf die Erde. Sieben Tage und sieben Nächte saßen sie so bei ihm und keiner sprach ein Wort, weil sie sahen, dass seine Schmerzen so groß waren.

Nach sieben Tagen hielt Hiob es vor Schmerzen nicht mehr aus. In seiner Verzweiflung rief er:

Ach, hätte es doch den Tag nie gegeben, an dem ich geboren wurde.
Finster müsste dieser Tag sein, die Sonne dürfte nicht über ihm aufgehen!
Warum bin ich nicht schon bei der Geburt gestorben?
Warum hat mich meine Mutter großgezogen?
Nun muss ich vor Schmerzen heulen, wenn ich esse.
Schreien muss ich, wenn ich mich bewege.
Was ich gefürchtet habe, ist über mich gekommen,
und wovor mir graute, hat mich getroffen.
Mir wird nicht Friede, nicht Stille, nicht Ruhe,
schon kommt das Erbeben.
Wie glücklich war ich noch vor kurzem,
und nun kommt so ein Unheil über mich.

Das ist wahr, sagte der erste der drei Freunde. Du warst glücklich und es ging dir gut, du hast viele getröstet, die traurig waren und du hast den Schwachen Mut zugesprochen. Aber nun, wo es dich selber trifft, nun wirst du weich. Das ist nicht recht. Denke lieber darüber nach, womit du dieses Unglück verdient hast. Gott hat noch nie einen Unschuldigen gestraft. Du hast bestimmt etwas Böses gegen Gott getan, auch wenn du es nicht weißt. Denk nach, bis es dir einfällt, dann bitte Gott um Vergebung, und du wirst sehen: er wird dich wieder gesund machen. Dies haben wir erforscht. Höre es und mache es dir bewusst.

Traurig schüttelte Hiob den Kopf:

Ach, wenn es doch eine Waage gäbe,
auf der man meine Traurigkeit und mein Leid wiegen könnte.
Sie sind schwerer als der Sand am Meer.
Ist denn auf meiner Zunge Unrecht,
oder sollte mein Gaumen Böses nicht merken?
Ich will reden in der Angst meines Herzens
und will klagen in der Betrübnis meiner Seele.
Wüsste ich doch bloß, wofür mich Gott so straft.
Aber ich weiß es nicht.
Er reckte seine Hände zum Himmel empor und rief:
Ach Gott, warum peinigst du mich so?
Rufe, ich will dir antworten,
oder ich will reden, dann antworte du mir!
Lass ab von mir, denn meine Tage sind nur noch ein Hauch.
Was ist der Mensch, dass du ihn groß achtest und dich um ihn kümmerst?

Jeden Morgen suchst du ihn heim und prüfst ihn alle Stunden.
Warum blickst du nicht einmal von mir weg und lässt mir keinen Atemzug Ruhe?
Gefällt dir's, dass du Gewalt tust und verwirfst mich, den deine Hände gemacht haben?
Warum lässt du mich nicht wenigstens in Frieden sterben?
Und sollte ich wirklich gegen dich gesündigt haben –
warum vergibst du mir dann nicht?
Ach Gott, ich kann dich nicht verstehen!

Da fing der zweite Freund an zu sprechen: Wie lange willst du noch so reden, als ob Gott nicht wüsste, was er tut? Du siehst es doch an deinen Söhnen: die haben gesündigt und wurden bestraft. Sie sind tot – du aber lebst noch. Nütze die Zeit, die dir noch bleibt, um mit Gott ins Reine zu kommen! Gib endlich deinen Stolz auf und gib zu, dass du ein Sünder bist wie alle anderen, dann wird dich Gott auch heilen.

Ich weiß, ich weiß, sagte Hiob, kein Mensch kann recht behalten gegen Gott. Er ist weise und mächtig, kein Mensch kann ihm das Wasser reichen. Wer mit ihm streiten wollte, könnte ihm auf tausend Fragen nicht eine Antwort geben.
Wie lange wollt ihr mich noch mit euren klugen Reden quälen? Was ihr zu bedenken gebt, sind Sprüche aus Asche. Schweigt still und lasst mich reden, es komme über mich, was da will. Hört doch meiner Rede zu und lasst mir das eure Tröstung sein! Ertragt mich, dass ich rede.
Merkt doch endlich mal, dass Gott mir Unrecht tut: Ich kann zu ihm schreien, so viel ich will, und er erhört mich nicht. Ich habe ihm nichts getan, und er ist zornig über mich. Er hat meinen Körper zerschlagen und ich weiß nicht warum. Nun erbarmt ihr euch wenigstens über mich, ihr seid doch meine Freunde. Habt ihr doch wenigstens ein bisschen Mitgefühl mit mir, anstatt mich ständig zu belehren!

Da fing der dritte Freund an zu reden: Meinst du, dass es recht ist, so von Gott zu reden? Gott tut dir Unrecht, sagst du, nein, was Gott tut, das ist immer recht! Das musst du glauben. Sieh dir doch die Welt an, den Himmel, die Erde, das Meer und alles, was da lebt: Alles wird von Gott regiert und nirgends macht er einen Fehler, niemandem tut er Unrecht. Den Bösen straft er, und den Frommen lohnt er. Und nur bei dir sollte das anders sein? Nein, Hiob, du irrst dich.

Die Freunde schwiegen. Auch Hiob schwieg lange. Er hatte auf Trost gehofft, aber keiner von den Freunden hatte ihn trösten können. Traurig und verzagt lehnte Hiob sich im Sitzen gegen die Wand seines Hauses und schloss die

Augen. Die Freunde standen leise auf, einer nach dem anderen, und ließen Hiob allein.

Als die Zeit hereingebrochen und es um Hiob finster geworden war, kam es ihm plötzlich vor, als riefe jemand seinen Namen. Hiob hob erschrocken den Kopf. Und Jahwe antwortete aus dem Wettersturm, aber Hiob war es, als komme Gottes Stimme nicht von draußen, sondern aus der Mitte seines Inneren.

Hiob, sprach Gott, ich kenne dich. Ich habe dich erschaffen, bevor du von deiner Mutter geboren wurdest. Ich habe dir Gesundheit geschenkt und Glück und viele Güter. Auch der dich heilen kann, bin ich allein. Du fragst, warum ich es nicht tue.

Ja, Herr, das frage ich, rief Hiob. Schlägt auch ein Vater sein Kind, ohne ihm zu sagen, warum? Und welcher Herr straft seinen Knecht, bevor er ihm nicht sagt, was er verbrochen hat? Du aber schlägst mich so, dass alle Welt mich fragt, was ich verschuldet habe, und dabei habe ich dir doch immer treu gedient. Ich bitte dich ja nicht um Glück und langes Leben – ich bitte dich nur um eins: dass du mir sagst, warum du mich so schrecklich strafst, so manchen Bösewicht aber in Lust und Reichtum leben lässt. Das, Herr, verstehe ich nicht. Gib mir die eine Antwort nur und danach lass mich sterben!

Hiob, sprach Gott, ich kenne deine Leiden, und ich verstehe auch, dass du verzweifelt bist. Doch meine Wege wirst du nie mit dem Verstand begreifen, denn ich bin Gott und handle nicht nach dem Gesetz der Menschen.

> Wo warst du, als ich die Erde gründete?
> Sage mir's, wenn du so klug bist!
> Weißt du, wer ihr das Maß gesetzt hat
> oder wer über sie die Richtschnur gezogen hat?
> Bist du zu den Quellen des Meeres gekommen
> und auf dem Grund der Tiefe gewandelt?
> Haben sich dir des Todes Tore je aufgetan,
> oder hast du gesehen die Tore der Finsternis?
> Bist du gewesen, wo der Schnee herkommt,
> oder hast du gesehen, wo der Hagel herkommt?
> Wer ist des Regens Vater?
> Wer hat die Tropfen des Taus gezeugt?
> Weißt du des Himmels Ordnungen,
> oder bestimmst du seine Herrschaft über die Erde?

Wer gibt die Weisheit in das Verborgene?
Wer gibt verständige Gedanken?
Bin ich es nicht, der alles auf der Welt,
was lebt und wächst und stirbt, in seinen Händen hält?

Da erkannte Hiob und antwortete seinem Gott:

Ich bin zu gering, was soll ich antworten?
Ich will meine Hand auf meinen Mund legen.
Ich erkenne, dass du alles vermagst, und nichts,
das du dir vorgenommen hast, ist dir zu schwer.
Ich will dich fragen, lehre mich!
Nur vom Hörensagen wusste ich von dir,
jetzt aber hat mein Auge dich geschaut.

Nach dieser Begegnung mit Gott war Hiob nicht mehr traurig. Freude und Frieden strahlten aus seinem Gesicht, obwohl sein ganzer Körper noch von Geschwüren bedeckt war. Hiob hatte erfahren und erzählte davon: In meiner Klage gegen Gott und in den Fragen, die er mir stellte, ist mir Gott begegnet, und ich habe seine Größe erkannt. Gott kann man nicht begreifen, Gott muss man erfahren. Nun kann ich annehmen, was Gott zuließ: mein Glück und Gut und auch mein Leiden. Ich kann Gott vertrauen, und das ist gut.

Jahwe wies die Freunde zurecht: Ihr habt nicht richtig geredet wie mein Knecht Hiob. Doch Hiob sprach vor Gott für die Freunde: Sie haben mir zwar weh getan mit ihren vielen klugen Reden, doch kränken wollten sie mich damit nicht. Sie konnten es nicht besser. Vergib du ihnen!
Da gab Gott Hiob alles wieder, was ihm genommen worden war und von allem doppelt so viel: 14000 Schafe, 6000 Kamele, 1000 Gespanne Rinder und 1000 Eselinnen. Seine Brüder und Schwestern kamen zu ihm, seine Freunde und alle, die ihn vor seiner Krankheit gekannt hatten. Sie trösteten ihn wegen all des Bösen, was er erfahren hatte, aßen und freuten sich mit ihm über sein neues, erfülltes Leben.
Hiob bekam noch sieben Söhne und drei Töchter. Die waren im ganzen Land die schönsten Frauen. Hiob nannte sie Jemima, das heißt kleine Taube, die andere Kezia, das heißt Zimtblüte und die Jüngste Keren-Happuch, das heißt Schminkdöschen. Er gab ihnen sein Erbe genau wie ihren Brüdern. Hiob lebte noch viele Jahre. Er starb alt und lebenssatt.

➤ d. Hiobs Streiten mit Gott

Die Eingangsszene stellt uns den »Helden« Hiob und seine Lebenswelt vor. Er ist als Familienoberhaupt, Herdenbesitzer und Bauer fast »märchenhaft« reich und glücklich. Die Angaben zu seinem Reichtum sind zugleich konkret und in hohem Maße symbolisch zu verstehen: sieben und drei, also insgesamt zehn Kinder, dieselben ins Tausendfache gesteigerten Zahlen bei den Tieren drücken die Vollkommenheit des Glücks aus. Im Namen Hiob ist die Verwandtschaft zu den Urvätern signalisiert (Vergangenheitsbezug) und sein weiteres Schicksal angedeutet (Zukunftsbezug): »Wo ist mein Vater?«, dieser Name ist als Klage, Anklage und Aufschrei programmatisch.[8]

Hiob wird als durch und durch guter Mensch vorgestellt. Selbst für mögliche Vergehen seiner Kinder sorgt er vor. So wird sein glückliches Befinden von Anfang an in den Zusammenhang mit seinem Handeln gestellt, damit aber auch die Frage aufgeworfen, ob es ihm *wegen* seiner Gottgefälligkeit gut geht oder ob er Gott gefällig ist, *damit* es ihm gut geht. Die Frage nach dem Tun-Ergehenszusammenhang ist ein zentrales Thema des gesamten Hiobbuches. Die jüdische Ethik sieht den Zusammenhang zwischen dem Tun und der Folge des Tuns so eng, dass z.B. die hebräische Sprache nur ein Wort für »Schuld« (schlechtes Tun) und »Strafe« (Folge dieses Handelns) kennt.[9] Diese auf Gott gerichtete Hoffnung einer Garantie eines Tat-Folge-Zusammenhangs war ethisch ein Fortschritt gegenüber einer rein willkürlichen Götter- bzw. Gottesherrschaft, hatte jedoch in der Umkehrung und Verabsolutierung menschenverachtende Auswirkungen: Dagegen steht Hiob auf und streitet mit den Freunden und mit Gott!

Nach der Einleitung wechselt die Szene zum himmlischen Hofstaat, einer alten Vorstellung aus den polytheistischen Religionen der Umgebung Israels, die das Judentum aufnimmt, aber monotheistisch umgestaltet: Einzig Jahwe ist hier Gott! An seiner Seite taucht – für uns überraschend – »Satan« auf. Entsprechend seiner Aufgabe, die J. Ebach mit der zeitgenössischen Funktion eines königlichen Inspektors oder Kontrolleurs im persischen Reich vergleicht[10], haben wir ihn in unserer Erzählfassung als »Prüfer« bezeichnet: Der Satan des Hiobbuches ist noch nicht Gottes Gegenspieler, sondern Gestalt des Hofstaates, die im Auftrag Gottes begrenzt eigenständig handeln darf. Aber mit zunehmenden Erfahrungen eigener Ohnmacht gegenüber dem Leid und dem Bösen und der Erfahrung, dass Gott das zulässt, wird Israel in der Zeit nach dem Exil immer stärker die Vorstellung Satans als »Hinderer« und Rivale Gottes entwickeln, sicherlich zunächst zur Entlastung Gottes, langfristig aber zu seiner Herabsetzung.[11]

»Der Satan in Hiob 1 steht am Beginn seiner ›Karriere‹. Noch ist er Jhwhs Untergebener, schon darf er begrenzt selbständig agieren. Insofern nimmt das Hiobbuch den Gedanken einer neben Gott stehenden widrigen, quertreibenden Kraft auf, gibt ihr jedoch nur ein Stück weit einen eigenen Bereich. Denn die Frage, die der Satan stellt, und das Problem, das er damit aufdeckt, wird, aufs Ganze des Hiobbuches gesehen, nicht zwischen Gott und dem *Satan* entschieden, sondern zwischen Gott und *Hiob*. Es geht um die Frage, wie es um Hiobs Frömmigkeit und um Gottes Gerechtigkeit steht, nicht um die Frage, ob Gott oder der Satan sich durchsetzen wird.«[12]

Das Unheil bricht über Hiob gleich vierfach herein: In biblischer und altorientalischer Zahlensymbolik wird die Vollständigkeit der Katastrophe gezeigt. Der immer wiederkehrende Satz der Boten – »Und ich alleine bin entronnen, um es dir zu melden.« – ist mehr als ein erzähltechnischer Zug, mehr als eine Nachricht ohne eigene Anteilnahme. Er bezeugt dramatisch, dass das erinnernde Erzählen letztlich die einzige Möglichkeit ist, als »Entronnener« aus einer Katastrophe weiterzuleben. Ebach verweist auf jüdische Schriftsteller (E. Wiesel, M. Sperber), die dieses Motiv der Boten als Grund ihres Schreibens sehen. Es ist zugleich Warnung vor dem Vergessen und persönliche Trauerarbeit.[13]

Auf die Nachricht von den Katastrophen reagiert Hiob mit den in seinem Volk üblichen Trauerriten. Darüber hinaus wirft er sich flach auf den Boden, ein Gestus der Anbetung und Huldigung Jahwes. Hiobs Ausspruch – »Jahwe hat es gegeben, Jahwe hat es genommen, gesegnet sei der Name Jahwes!« – ist immer wieder einseitig als Ausdruck der vorbildlich duldsamen Haltung Hiobs herangezogen worden. Im Zusammenhang des gesamten Hiobbuches stellt er keinesfalls das theologische Fazit dar. Ebach schlägt die Leseart vor, nicht die Worte *gegeben* und *genommen*, sondern das jeweilige *Jahwe* zu betonen. So klingt der Satz »nicht allein nach demütiger Ergebung, sondern ist schon Auftakt zu den folgenden Reden an, mit und gegen den Gott, den Hiob als Subjekt allen Geschehens bekennt«[14].

Hiob steht noch eine weitere schlimmere Prüfung bevor. In einem zweiten Gespräch zwischen Gott und Satan wird bestätigt, dass Gott selbst der Urheber des Unheils über Hiob ist: »... und du hast mich gegen ihn gereizt, ihn umsonst zu verderben« (Hiob 2,3). Die Ungeheuerlichkeit dieser Selbstkritik Gottes – da Hiob schuldlos blieb, fiel die Schuld auf ihn selbst – wird durch die nun zweite Prüfung nochmals gesteigert. Hiob befällt eine aussatzartige Hauterkrankung, die ihn als Unreinen brandmarkt, so dass er ausgesondert wird. Doch auch jetzt klagt er nicht; erst auf die Kommentare seiner Frau reagiert er mit Worten, ohne sich jedoch durch ein Fluchen gegen Gott zu versündigen. Dies sind die letzten Worte in der *Hioberzählung*, aber nicht im gesamten Buch, in dem schon zu Beginn der *Hiobdichtung* im nächsten Kapitel Hiob seinen Gefühlen Luft verschafft.[15]

Vorher wird jedoch erzählt, wie drei Freunde Hiobs aus verschiedenen Gegenden von weit her kommen, um mit ihm mitzuleiden, d.h. zunächst in einer angemessenen Weise sieben Tage und sieben Nächte neben Hiob sitzend zu schweigen. An dieser Stelle ist es nicht möglich, auf viele Einzelheiten der mehr als 40 Kapitel langen Dialoge Hiobs mit den Freunden und mit Gott einzugehen. Grundsätzlich ist zu bedenken, dass die Klagen Hiobs wie auch die Reden der Freunde und Gottes Antworten nicht einem Wortprotokoll entsprechen, sondern Literatur darstellen. So finden sich »in den Reden des Hiobbuches immer wieder Wissensgut, Anklänge an andere literarische Texte der Hebräischen Bibel, nicht selten naturkundliche und kulturgeschichtliche Beispiele, Metaphern und Bilder«[16] oder anders ausgedrückt: elementare Sätze zu Grunderfahrungen des Menschen. Die nun folgenden Reden der Freunde Hiobs und seine Reaktionen darauf machen deutlich, dass das Schweigen einerseits die angemessene Reaktion ist, andererseits spätestens dann an ein Ende kommt, wenn der Leidende Antwort fordert. Die Freunde Hiobs scheitern mit ihren Worten, nicht weil sie Hiob nicht wirklich trösten wollen; sie müssen scheitern, weil sie nicht in der Lage Hiobs, nicht selbst Betroffene sind.[17]

Inhaltlich steht immer mehr der Tun-Ergehens-Zusammenhang im Zentrum, im ersten Redegang der drei Freunde mehr in tröstender Absicht (Wenn du schuldlos bist, dann wird es dir gut ergehen.), in der zweiten Redefolge dann als Vorwurf (Da es dir schlecht ergeht, bist du nicht schuldlos.), im dritten Redegang schließlich mit der Konsequenz: Da du so sehr schuldig bist, bleibt dir nur die Möglichkeit, dich voller Reue an Gott zu wenden.

Die Freunde Hiobs antworten »theologisch richtig«, aber werden der Situation Hiobs nicht gerecht. Was sie sagen, ist vom Ende her betrachtet richtig, aber für Hiob nicht wahr! Die Freunde sprechen Rechtgläubiges *über* Gott, Hiob dagegen sagt Ungeheuerliches, Anklagendes, Ketzerisches *zu* Gott. Das Unglaubliche ist, dass die authentische Klage gegen Gott (die Wahrhaftigkeit) am Ende besser wegkommt als das korrekte (wahre) Reden über Gott.[18]

Der Wechsel der Reden wird gegen Ende immer undurchschaubarer, die Worte brechen ab, können vom Inhalt nicht mehr eindeutig einem Sprecher zugeordnet werden und zerbröckeln schließlich ganz.

Gott antwortet Hiob in seiner ersten Rede (Hiob 38,1-40,2)[19] aus dem Wetter, d.h. er begegnet ihm im Reden und in einer Erscheinung: Theologisches Problem und existenzielle Erfahrung kommen auch hier zusammen. Es ist eine Antwort in einer Vielzahl von Bildern und Fragen. Gott erweist sich hier als Schöpfer einer Welt, in der es durchaus Widriges und Chaotisches gibt, in der aber das Chaos nicht das letzte Wort behält. Jahwe ist – das ist der Akzent der zweiten Gottesrede (Hiob 40,6-41,26)[20] – nicht der Frevler, sondern allein der Garant dafür, dass das Feindliche nicht herrscht.

Hiob bekommt also Recht darin, dass er wahrnimmt und ausspricht, was er erfährt, und nicht um eines Festhaltens am vorgegebenen Gottesbild willen die Wirklichkeit ausblendet. Sein Leiden erfährt keine Rechtfertigung. Es hat keinen Sinn, erfüllt keinen Zweck und wird somit auf die richtige Ebene gebracht. Hiobs (verständlicher) Fehlschluss ist aber, dass er von seinem eigenen Schicksal her auf den gesamten Zustand der Welt und auf das Handeln Gottes schließt. Das ist es, was Hiob erkennt und »verwirft« (Hiob 42,1-6). Hier deutet sich eine Vermittlung zwischen dem »Fall Hiob« und dem Hiobproblem an, »die weder die Seite des unmittelbar Betroffenen noch die der Lehre preisgibt.«[21]

So erzählt der Abschluss in der Wiederaufnahme der Hioberzählung zunächst von der Rechtfertigung Hiobs und der Zurechtweisung der Freunde (42,7-9), die sich nicht wie Hiob *gegen* und *unter* Gott, sondern *zu* und *über* Gott gestellt hatten[22], und dann von der Wiederherstellung Hiobs (42,10-17). Hiob wird beschenkt mit Besitz und einem erfüllten Leben. Er selbst hat sich verändert: Er muss sich nicht mehr allverantwortlich gegen alles Unglück absichern, er sieht die Schönheit seiner Töchter, verteilt sein Erbe gleichberechtigt an alle!

Das »Happy-End« im Fall Hiob stört viele Leser der heutigen Zeit. Kitschig wirkt es wohl nur, wenn man es isoliert betrachtet: »Der ›Fall Hiob‹ ist durch den erzählten Schluss beendet – das ›Hiobproblem‹ ist offen und muss offen bleiben. ... Am Ende des Buches ist nicht davon die Rede, dass die richtige Lehre sich durchsetzt, sondern davon, dass einer nach langem Leiden wieder leben konnte.«[23] Im Fragen und Klagen, im *Streiten mit Gott*, d.h. gegen Gott und zusammen mit Gott, hat Hiob Jahwe erfahren, ohne die harte Realität auszublenden. Der Glaube an Gott wird auch in Zukunft nicht das Ende der Fragen und Zweifel an Gott und der Klage vor Gott sein.

3. Gestaltungen zum Buch Hiob

Nach dem Kennenlernen und Nachempfinden des Schicksals Hiobs und nach einem Gespräch über die stärksten Eindrücke folgte nun eine eigene kreative Auseinandersetzung mit Hiob über Bilder, Worte und Musik.

➤ a. Bildnerische Eigentätigkeit und kreatives Schreiben zu Hiob

In der siebten und achten Stunde der Reihe waren verschiedene Arbeitsmöglichkeiten angeboten. Jedes Kind führte eine der drei bildbezogenen und eine der drei schreibbezogenen Aufgaben durch, die es in folgender Weise auf einem Arbeitsblatt umschrieben fand:

Arbeit mit Bildern zu Hiob

Wähle eine der drei Anregungen aus!

◆ 1. *Max Dentler: Licht und Dunkel*
Arbeitsanregung: Du kannst das Bild auf das große DIN-A-3-Blatt kleben und zu dem Thema »Licht und Dunkel im Leben« um das Bild herum weitermalen! Auf die Zeilen unten kannst du Sätze aus dem Hiob-Buch schreiben, die zu dem Bild passen, und auch eigene Gedanken zu dem Bild.

◆ 2. *Hanns H. Heidenheim: Holzschnitt zu Hiob*
Arbeitsanregung: Du kannst mit einem oder mehreren dieser Hiob-Bilder eine Bildergeschichte gestalten! Du kannst z.B. Teile des Bildes ausschneiden, sie anders zusammenkleben, farbig gestalten, etwas dazu malen oder ganz neu malen.

◆ 3. *Alfred Kubin: Hiob*
Arbeitsanregung: Du kannst das Bild farbig gestalten! Wähle dabei die Farben bewusst aus! Schreibe unter das Bild Sätze aus dem Buch Hiob, die zu dem Bild passen.

Kreatives Schreiben zu Hiob

Wähle eine der drei Anregungen aus!

◆ 1. *Sich bei Gott beklagen – Gott anklagen:*
Hast du dich schon einmal bei Gott über etwas beklagt,
als du dich über ihn geärgert hast? Versuch es doch einmal!

◆ 2. Schreibe eine *Hiob-Geschichte* von heute!

◆ 3. Schreibe *Sätze über Gott mit doppeltem Sinn* wie z.B.:
Gott ist kein mächtiger König,
aber er ist stark, weil er sich klein macht.
Gott ist keine mächtige Stimme,
sondern eine verwundbare Stille.
Gott ist nicht die Antwort auf alle Fragen,
aber er ist bei allen, die nach ihm fragen.

Die bild- und textorientierten Aufgaben bzw. die darin thematisierten Elemente bedürfen der Erläuterung:

ARBEIT MIT BILDERN ZU HIOB:

1. *Max Dentler*, geb. 1919, eröffnet mit seinem abstrakten Ölbild »Licht und Dunkel« – im Original 120 x 100 cm groß – vieldeutige Interpretationen.[24] Auch ein Schwarz-Weiß-Abdruck (☞ Abb.) dieser Komposition aus schwarzen, grauen, blauen, braunen und weißen Farbtönen ermöglicht Einsichten in die Spannung zwischen Dunkel und Hell, Nacht und Tag, Schatten und Licht. Trotz der insgesamt herrschenden Dominanz der Dunkelheit verbindet sich mit dem im rechten oberen Bereich befindlichen Hellen Hoffnung. »Die Formen- und Farbwelt ist elementar, aber auf so feine Weise nuanciert, dass sie sprachlich kaum zugänglich wird, am ehesten einer Musik vergleichbar, die sich auch nicht in Worte fassen lässt. ... Der Betrachter ist aufgefordert, kreativ zu sein. Er darf sich durch das Bild inspirieren lassen und eigene Gedanken, Erinnerungen oder Empfindungen entwickeln.«[25] So ist das Bild offen für Analogien zur Hioberzählung, also für den Kontext, in den es hier hineingestellt wird.

Die den Kindern gegebene Arbeitsanregung berücksichtigt die Offenheit des Bildes, fordert zur kreativen, ggf. abstrakten Weiterarbeit heraus und bringt das Bild mit Worten aus bzw. zu dem Buch Hiob zusammen. Von den acht Kindern, die dieses Bild weitermalten, wählten nur zwei Kinder gegenständliche Motive. Die übrigen Kinder malen zumeist aufgewühlte Schwarz-Weiß-Kompositionen zu Klagen Hiobs, Kämpfe zwischen Gut und

Böse, aber auch ein stilles Bild zu den Fragen »Wer gibt die Weisheit in das Verborgene? Wer gibt verständige Gedanken?«

2. Die Graphik »Ijob« von *Hanns H. Heidenheim,* geb. 1922, aus einem Zyklus von Holzschnitten zur Bibel spricht eine ganz andere Sprache.[26] Heidenheim wählt eine gegenständliche Darstellung, die jedoch schon allein durch die Technik des Holzschnitts mehr Interesse am Überzeitlichen, am Menschen schlechthin als am Individuellen verrät. Die Graphik zeigt Hiob halb als Mensch, halb als Harfe zum einen gebeugt, gequält und gefangen, zum anderen doch singend und – ohne dass er es selbst zu merken scheint – in seinem Leid in zwei Händen gehalten. Diese widersprüchliche Darstellung verhindert eine eindeutige Interpretation. Der Betrachter kann eher das Gehalten-Sein trotz des Leidens oder die »Haltlosigkeit« Hiobs im Bild sehen.

Die Arbeitsanregung motivierte die Kinder, einzelne Elemente des Bildes – es lag in unterschiedlichen Größen bereit – herauszulösen, neu aufeinander zu beziehen und aus der simultanen Darstellung einen Erzählzusammenhang im Nacheinander der Zeit zu entwickeln. Von den sechs Kinder kolorierten zwei Kinder das Bild. Die anderen entwarfen überraschende Bildgeschichten. Zwei Beispiele mögen das verdeutlichen:

Wo Hiob alleine ist, hat Gott ihn verlassen. Wo nur zwei Hände sind und nichts drin ist, da hält der Prüfer niemand, weil er gemein ist. Wo zwei Hände sind und wo Hiob drin ist, hält Gott Hiob.

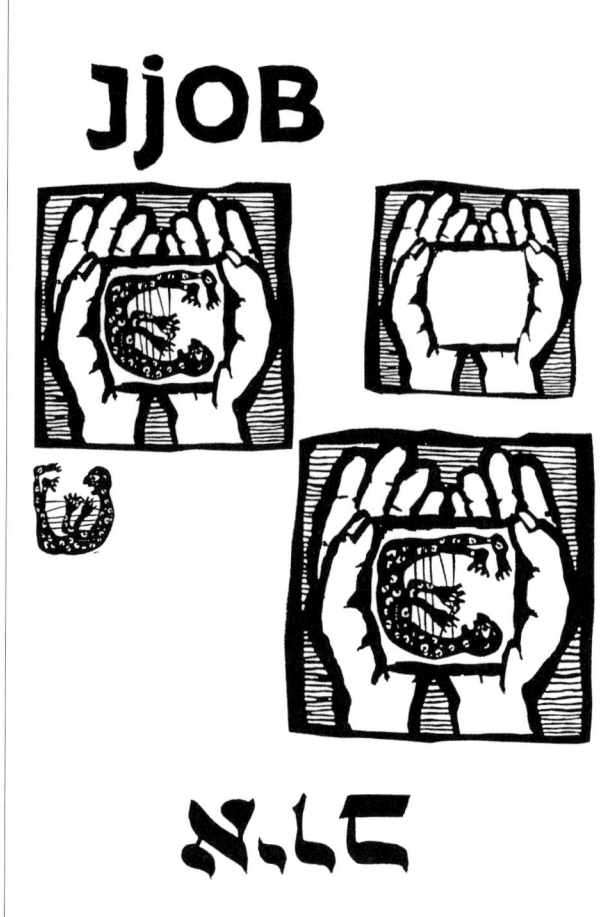

Am Anfang geht es ihm gut. Dann wird ihm alles weggenommen. Seine Hände sind leer. Er wird allein gelassen. Alle verspotten ihn. Dann geht es ihm langsam wieder gut. Er kriegt von allem doppelt so viel, seine Hände werden größer. Er lebt in Frieden.

Das zweite Beispiel zeigt die Eigenständigkeit der Kinder in der Auslegung von Bildern: Unerwartet interpretiert das Kind die Hände als zu Hiob gehörig und entwirft von daher eine schlüssige Geschichte, bei der der Mensch in den Händen zum Spiegel von Unglück und Frieden wird. Die hebräischen Buchstaben deutet das Kind als das bereits vor langer Zeit gesehene »Schalom«.

3. *Alfred Kubin,* 1877-1959, hat in seiner Federzeichnung »Hiob« aus dem Jahr 1905 in höchster Konzentration und Intensität das Leiden eines Menschen zum Ausdruck gebracht.[27] Die gesamte Komposition, die Heraushebung dieses einsamen, kranken, sich von Gott verlassen fühlenden Menschen auf der Spitze eines Felsen, seine Körperhaltung und sein auf den Betrachter des Bildes gerichteter, fragender und auffordernder Blick: All das bringt unspektakulär und dadurch eindringlich die Not und Verzweiflung Hiobs zum Ausdruck.

Der Impuls zur farbigen Gestaltung des Bildes und zum Zuordnen von Sätzen aus dem Hiobbuch entspricht einem stillen und nachdenklichen Umgehen mit diesem Bild. Elf Kinder gaben diesem Bild durch ihre Farbgebung und durch die ausgewählten Worte Hiobs – in zwei Fällen auch Rückfragen Gottes an Hiob – ihrem Bild eine persönliche Prägung.

KREATIVES SCHREIBEN ZU HIOB:

1. Der erste Schreibimpuls fordert zum direkten Klagen bei Gott auf, das ja im Christentum leider eine vernachlässigte oder gar untergegangene Weise der Beziehung mit Gott darstellt.

Vier Kinder beklagten sich bei Gott hinsichtlich eigenen persönlichen Unglücks oder in Form von Fragen über Leid in der Welt.

2. Fünf Kinder schrieben eine Hiob-Geschichte von heute, entschieden sich also für die Aufgabe, die unausgesprochen voraussetzt, dass die biblische Erzählung nicht eine Geschichte der Vergangenheit ist. Das zeigt folgendes Beispiel:

Die fromme Frau

*E*s *lebt eine fromme Frau. Sie hilft vielen armen Leuten und lässt sie wieder froh sein. Sie hat drei Kinder, ein schönes Haus und einen Mann. Da klingelt das Telefon, eine Frau ist dran: »Ihre Kinder sind verunglückt!« Da kommt ein Erdbeben und das Haus stürzt ein. Die Frau fängt an zu weinen und fragt sich, was sie verbrochen hat gegen Gott. Und ihr Mann trennt sich von ihr. Sie betet zu Gott und klagt in ihrer Not. Da spricht Gott zu der Frau und tröstet sie ein wenig. Die Frau wurde wieder gesund, hatte ein schöneres Haus und drei Kinder hatte sie von ihrem Mann bekommen.*

Dieses Mädchen erzählt in verdichteter, elementarer Gestalt eine Geschichte wie die von Hiob und doch anders: Es ist eine Geschichte von Frauen, der Mann findet eher beiläufig (nach dem Haus) Erwähnung. Bewusst oder unbewusst macht uns dieses Kind darauf aufmerksam, dass wir (Männer) Geschichten von Männern der Bibel ausgewählt hatten!
Auch die anderen Geschichten weisen viele Analogien zum biblischen Text auf. Zwei Kinder wählen Erwachsene als Hauptpersonen, drei Kinder übertragen das Hiobschicksal in die Welt ihrer eigenen Kindererfahrungen. Nur einmal tritt die Gestalt des Prüfers auf, ansonsten werden die Schicksalsschläge rein phänomenologisch beschrieben. Gott kommt ausdrücklich nur in den »Erwachsenengeschichten« vor.

3. Der dritte Impuls, Sätze über Gott mit doppeltem Sinn zu schreiben, ist sicherlich der anspruchsvollste. Zehn Kinder stellten sich dieser Herausforderung und schrieben mit Hilfe der angebotenen Beispiele[28] Sätze in eigener Sprache, die mich zutiefst berühren:

Gott selber hat keine Leiden,
aber er leidet unter dem Leid der Menschen.

Gott hat kein Ende,
aber es ist für ihn wie ein Ende, wenn einem Menschen
das Ende naht.

Gott ist unsichtbar,
aber er ist trotzdem immer da.

Gott kann uns nicht in die Hand nehmen,
aber er führt uns trotzdem durch das Leben.

Wir können zu Gott sprechen,
aber er kann uns nichts sagen.

Gott kann alle Menschen trösten
und muss nicht groß sein.

Gott ist ein Herrscher auch in kleinen Dingen,
aber dafür macht er sich nicht groß.

Gott ist groß,
auch im kleinsten Tier.

Gott kann schwer zu verstehen sein,
man kann ihn aber auch leicht verstehen.

Gott geht daher, wo wir gehen,
aber er geht oft auch daher, wo wir nicht gehen.

Wenn man Gott sehen will, sieht man ihn nicht,
aber wenn man ihn braucht, dann sieht man ihn.

Gott ist ein leuchtendes Licht,
auch für die Menschen, um die es dunkel ist.

Gott ist nicht dein Mund,
aber das kluge Wort, das dein Mund benutzt.

Gott steht, aber geht,
Gott kommt, Gott geht.

Gott ist weit,
aber mir nah.

Gott ist nicht da, aber da.
Gott ist still, aber spricht.

Gemeinsam ist diesen Sätzen der Weg der Gegensätzlichkeit, über den die Kinder etwas von Gott zum Ausdruck bringen. In einigen Fällen ist es die schlichte Verneinung oder Umkehrung einer erst gemachten Aussage, mal ein Aufgreifen einer Negativ-Aussage durch eine ähnliche Ausdrucksweise, die den symbolischen Sinn der Rede von Gott offenlegt, mal im zweiten Satz ein »Sprachspiel« mit der Redewendung des ersten Satzes. Auf unterschiedlichem, außergewöhnlichem Niveau *praktizieren* die Kinder selbst paradoxes Reden von Gott, obwohl von Seiten der Entwicklungspsychologie ihre Fähigkeit, symbolisches oder gar paradoxes Sprechen von Gott zu *verstehen*, oft bezweifelt wird. Entscheidende Unterstützung unsererseits, die diese Fähigkeit zu Tage treten lässt, sind der gesamte Kontext der Auseinandersetzung mit dem Buch Hiob und die mit der Formulierung »Sätze mit doppeltem Sinn« verbundene Vorstellungshilfe der Beispiele, an die die Kinder anknüpfen können.
Die Äußerungen der Kinder in Bildern und Texten wurden im Unterricht ausgiebig angesehen und vorgelesen, befragt und bedacht (neunte Stunde).

➤ b. Bildnerischer Ausdruck zur Musik

Aufgrund der positiven Erfahrungen mit instrumentaler Musik in religiösen Lernprozessen bezogen wir neben Bild- und Schreibimpulsen in der zehnten Stunde auch das stille Malen nach Musik ein. Als geeignete Musik wählte ich ein ruhiges Stück mit dem treffenden Namen »Why« der Gruppe »Kol Simcha«, aus dem für mich eine unglaubliche Tiefe und Trauer spricht.[29]

Die Gruppe »Kol Simcha«, »Stimme der Freude«, spielt traditionelle Klezmer-Musik unter Einbeziehung zeitgenössischer Elemente (z.B. Jazz). Klezmer-Musik ist die Instrumentalmusik der Juden Osteuropas, deren Ursprünge bis ins Mittelalter reichen, die jedoch durch den Holocaust und durch Stalin fast völlig zerstört wurde. Klezmer heißt wörtlich Musiker. Die Gattungsbezeichnung entstand erst in den siebziger Jahren dieses Jahrhunderts, als diese Musik – besonders durch Giora Feidman – wieder starkes Interesse und eine Weiterentwicklung erfuhr. Kol Simchas Musik spiegelt den emotionalen Reichtum dieser Musik wider, die in lebendig-heiteren Stücken und in dem gefühlvollen, traurig-beseelten »Why« Ausdruck findet, das unzweifelhaft das Verbrechen an dem jüdischen Volk durch das deutsche Nazi-Regime klanglich betrauert.

Nach sorgfältiger organisatorischer Vorbereitung (jedes Kind malte allein mit Wasserfarben auf einem DIN-A-3-Blatt) folgte eine Einstimmung in die Musik, mit der wir beabsichtigten, die bisherigen Erfahrungen und Gedanken in Erinnerung zu rufen und zu bündeln.

»Die Musik, die du gleich hörst, ist ursprünglich im jüdischen Volk entstanden. Sie hat zu tun mit dem Leid, das den Juden angetan wurde, vor allem in Deutschland in der Zeit des 2. Weltkrieges, wo unzählige Juden ermordet wurden. Das Stück heißt ganz einfach »Why«, also »Warum«. Es erzählt also auch eine Geschichte wie die von Hiob. Male zu der Musik ein Bild, das mit Farbklängen zeigt, was die Musik für dich ausdrückt. Denke dabei an das, was wir von Hiob gehört haben, an das Leid, was Menschen geschieht und zugefügt wird und an die Frage an Gott, warum er das Leid zulässt.«

Die Kinder hörten das Musikstück zweimal und malten – wie ich selbst auch – währenddessen und danach still weiter. Ohne Absprache kamen die ersten Kinder mit ihrem Bild in den Sitzkreis, wo flüsternd ein erster Austausch über die Eindrücke und später mit allen Kindern ein Gespräch über die Bilder stattfand. Was die Kinder im Gespräch mit Worten nicht einholen konnten, war in der Durchführung und den Resultaten außergewöhnlich (☞ Abb.). Selten habe ich eine Gruppe Kinder so gesammelt bei der Sache erlebt. Diese Atmosphäre war beim Zusammenkommen und Betrachten der Bilder spürbar.

Aus den ohne Ausnahme beeindruckenden Bildern der Kinder seien hier einige ausgewählt und vorgestellt:

❐ Auch Angela verbindet Farbigkeit mit bedrohlicher Dunkelheit: Eine schwarze, nur durch einen Kreis roter Tupfer unterbrochene Fläche öffnet den Blick auf einen Farbkreis, dessen Mittelpunkt wiederum tiefschwarz ist.

❐ Lisa malt unter einem hellblauen Himmel oder Weltall eine wunderschön farbige Erde, deren grüne und gelbe Kontinente und tiefblaue Meere fließend ineinander übergehen, die aber ein blutroter Riss durchzieht und die durch weitere, sich explosionsartig ausbreitende rote Flächen getrübt wird.

❐ Vor einem aufgewühlten Himmel malt Anne eine chaotische Landschaft, an dessen Horizont in großen Buchstaben »Why« zu lesen ist; im Licht der mit einem Fragezeichen versehenen Sonne steht eine Taube am Himmel einem monolithisch wirkenden, nicht identifizierbaren Ding oder Wesen gegenüber.

❐ Anke stellt vor einen ursprünglich farbenfrohen, durch wirbelnde braune Pinselstriche übertünchten und durchtränkten Hintergrund einen nur in Umrissen gezeigten schwarzen Menschen in den Mittelpunkt, der die Hände zum Himmel reckt (vgl. das Umschlagbild dieses Buches).

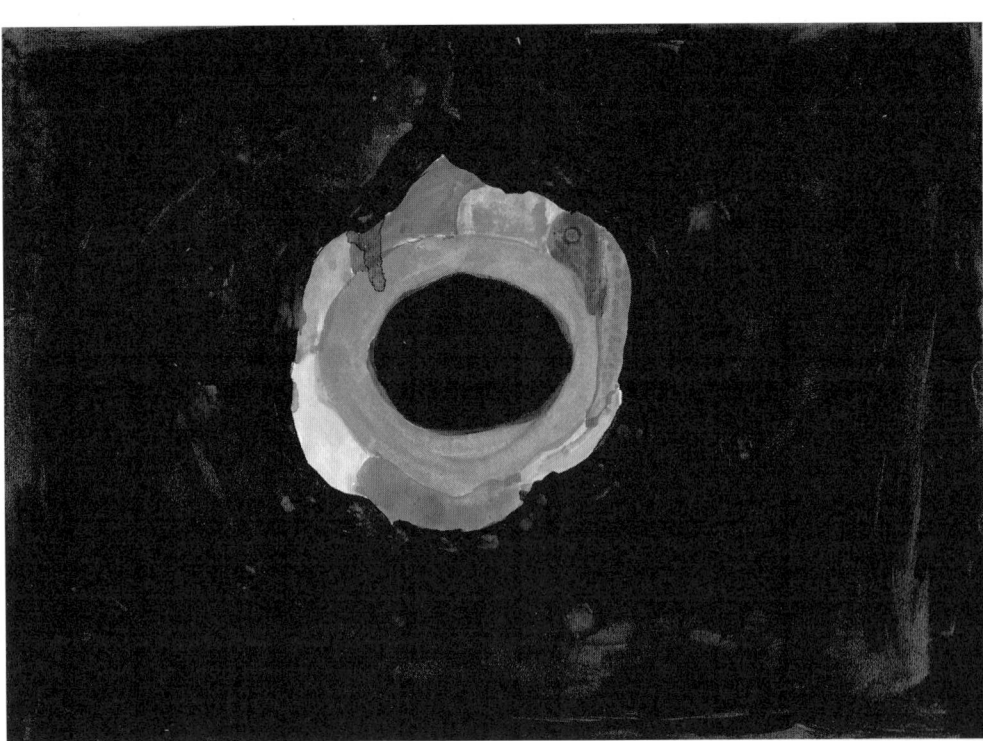

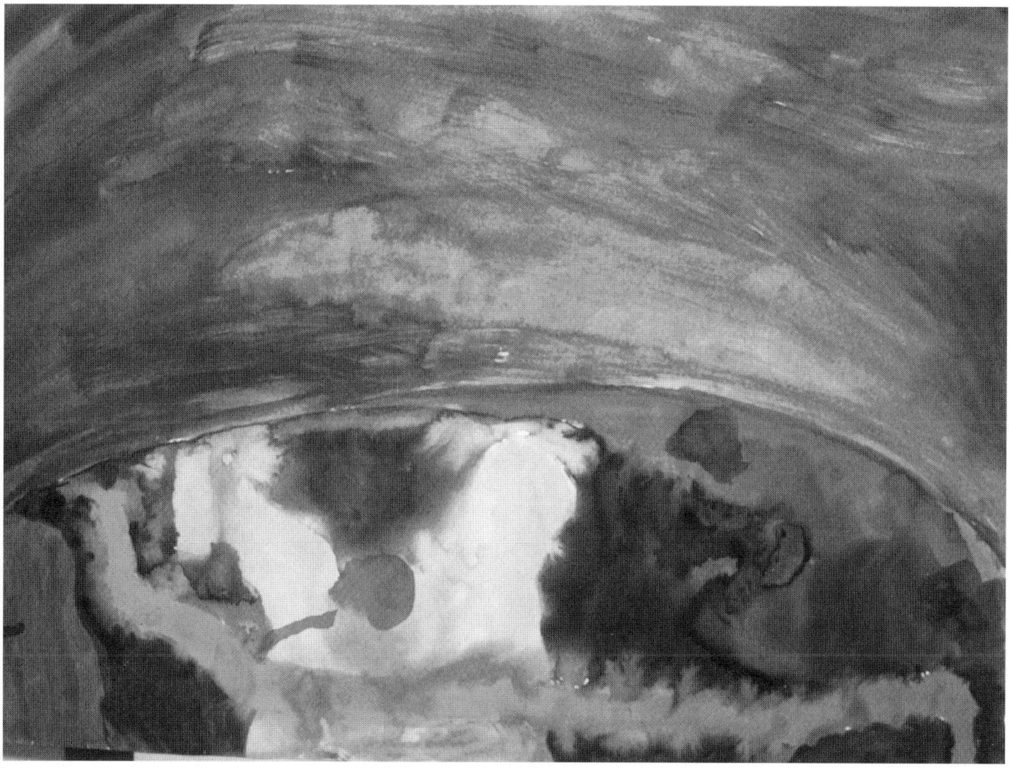

119

4. Die Theodizeefrage mit Kindern vergegenwärtigen und bedenken

Nach diesen Begegnungen mit dem Buch Hiob und den kreativen Umsetzungen dazu wagten wir zum Abschluss in der elften und zwölften Stunde ein für Grundschüler ungewöhnliches Gedankenexperiment. Wir kündigten die 2300 Jahre alten Überlegungen eines Philosophen an, die wir jedoch »beschnitten« hatten und die die Kinder jeweils zu Ende denken sollten. Auf dem Arbeitsblatt (☞ Kopiervorlage) lasen wir Satz für Satz gemeinsam nochmals diese Aufgabenstellung und dann die Gedanken Epikurs, die die Kinder mit ihren eigenen Gedanken in kurzer Form ergänzten, wie die Beispiele zeigen ...

➤ **Die Theodizee-Frage: »Warum lässt der gute Gott das Leiden zu?«**

Über diese Frage hat schon vor 2300 Jahren, also ungefähr 300 Jahre vor der Geburt Jesu, ein griechischer Philosoph mit dem Namen Epikur lange nachgedacht. Wenn ihr euch in seine Gedanken vertieft und eure eigenen Gedanken hinzunehmt, könnt ihr nach-denken, was er vor-gedacht hat, und die Sätze mit euren Worten jeweils zu Ende führen.

Epikur dachte, es gibt vier Möglichkeiten:
Entweder will Gott die Übel beseitigen und kann es nicht, oder er kann es und will es nicht, oder er kann es nicht und will es nicht, oder er kann es und will es.

1. WENN GOTT NUN DIE ÜBEL BESEITIGEN WILL UND NICHT KANN, SO IST ER

> eine blinde Hilfe
> ein verlassener Erzähler
> keine große Hilfe mehr
> nicht stärker als die Menschheit
> nicht so mächtig wie andere Menschen auf der Welt
> nicht so mächtig, wie die Menschen glauben
> gut und weiß, er gibt sich Mühe, nur er kann es nicht, er versucht es immer und immer wieder
> schwach, aber doch stark
> ein Gott, der die Menschen versteht

2. WENN GOTT DIE ÜBEL BESEITIGEN KANN UND NICHT WILL, DANN IST ER

> ein mächtiger Nichtsnutz
> nicht so lieb und nett, wie die Menschen glauben
> so wie die Menschen, die Arme und Hungrige und andere Menschen sterben lassen

dann ist Gott gegenüber der Menschheit gemein

ein Gott, der den Menschen sagen will: Es ist nicht alles selbstverständlich

klug, aber auch dumm: Er ist klug, weil er will, dass die Menschen es selbst versuchen sollen. Dumm ist er, weil er den Menschen es erst zeigen muss, dass sie es versuchen sollen

ein Gott, der vielleicht nicht will, dass die Übel beseitigt werden

3. WENN GOTT DIE ÜBEL NICHT BESEITIGEN WILL UND NICHT KANN, DANN IST ER

nicht unser Gott

viel zu unwürdig für die Erde

so wie manche andere Lebewesen

schwächer als viele Menschen mit Herz

nicht gerecht und kann es nicht

ein kleiner Gott im Herzen

ein anderer Gott und nicht unser guter Gott

ein Gott, der will, dass wir mehr helfen

trotzdem der Herrscher, ich glaube, er hat seine eigenen Gedanken und die soll man nicht zerstören

4. WENN GOTT DIE ÜBEL ABER BESEITIGEN WILL UND KANN,

dann soll er es auch tun

dann hindern ihn viel zu viele Sachen daran

dann will er nicht, dass wir denken, alles ist selbstverständlich, dass wir aufhören zu helfen

vielleicht weil die Menschen mal was Böses gemacht haben, will er sie lehren

dann wartet er nur einen besseren Zeitpunkt ab

dann kann er verzeihen

dann ist Gott der Welt gerecht

ist er das, was die Menschen glauben und wollen. Gott beseitigt aber nicht alle Übel – aus irgendeinem Grund, den wir nicht kennen

Dieser Querschnitt durch die Gedankenwelt der Kinder legt die Vielfalt und Komplexität ihrer Vorstellungen offen. Nur selten zeigt sich ein Denken in den Kategorien von Lohn und Strafe, häufiger jedoch die Vorstellung, Gott wolle die Menschen lehren, sie etwas bewusst werden lassen. Gott erscheint als einer, der nah bei den Menschen ist, der den Menschen die Freiheit und damit die Notwendigkeit zum Handeln lässt, dessen eigene Freiheit aber auch betont wird. Trotz der vorhandenen Neigung, entschuldigende Gründe für Gott einzubringen, wird Gottes Macht durchaus in Frage gestellt, finden sich heftige Aufforderungen zur Einmischung in die Welt und Anklagen gegenüber seiner Ohnmacht. Andere Kinder plädieren für ein Bewahren des Geheimnisses des Handelns bzw. Nichthandelns Gottes, und auch die paradoxe Rede von Gott findet ihre Fortsetzung. Ein Vergleich mit Epikurs tatsächlichen Gedanken zeigt die Parallelen und den Reichtum der Gedanken der Kinder:

Epikur dachte:
Entweder will Gott die Übel beseitigen und kann es nicht, oder er kann es und will es nicht, oder er kann es nicht und will es nicht, oder er kann es und will es.
Wenn er nun will und nicht kann, so ist er schwach, was auf Gott nicht zutrifft.
Wenn er kann und nicht will, dann ist er missgünstig, was ebenfalls Gott fremd ist.
Wenn er nicht will und nicht kann, dann ist er sowohl missgünstig wie auch schwach und dann auch nicht Gott.
Wenn er aber will und kann, was allein sich für Gott ziemt, woher kommen dann die Übel und warum nimmt er sie nicht weg?

Die Beispielantworten der Kinder auf weitere Fragen zeigen ihre Bereitschaft, Gottes Güte und seine Allmacht ohne kognitive Probleme *zusammenzudenken*. Doch auch hier zeigen sich Zweifel und ein Problembewusstsein, das zum Teil die Kinder bereits zu einer komplexen Beschreibung von »Mächtig-Sein« führt.

Was meinst du? Kann Gott zum einen gut und gerecht sein und zum anderen allmächtig und stark sein?

Ja, Gott liebt dich und so kann er auch stark zu dir sein, weil er dir damit hilft.
Ich glaube, dass Gott nicht immer gerecht und gut ist. Aber ich glaube, dass Gott öfters allmächtig und stark ist.
Ja, die Mächtigen sind unweise und die Unmächtigen sind weise.

Was heißt für dich: Gott ist »gut«?

Er bestraft uns nicht.
Er hilft uns in schwierigen Situationen.
Er hilft jedem Lebewesen: den Starken und Schwachen, Bösen und Guten, einfach allen.
Dass Gott wahr ist und lieb zu den Menschen und Tieren auf dieser Welt.
Er hilft den Menschen, die arm und krank sind, er versucht es zumindest.

Was heißt für dich: Gott ist »mächtig«?

Mächtig für vieles, aber nicht für alles.
Da der Satz heißt, Gott ist mächtig, sage ich, weil er sich klein macht. Hieße der Satz aber, ein König ist mächtig, würde ich sagen: weil er Macht hat.
Er ist nicht mächtig wie ein König, sondern mächtig in dem Glauben, den ihm die Menschen schenken.

Die Theodizeefrage: "Warum lässt der gute Gott das Leiden zu?"

Über diese Frage hat schon vor 2300 Jahren, also ungefähr 300 Jahre vor der Geburt Jesu, ein griechischer Philosoph mit dem Namen Epikur lange nachgedacht.
Wenn ihr euch in seine Gedanken vertieft und eure eigenen Gedanken hinzunehmt, könnt ihr nach-denken, was er vor-gedacht hat und die Sätze mit euren Worten jeweils zu Ende führen.

Epikur dachte, es gibt vier Möglichkeiten:

Entweder will Gott die Übel beseitigen und kann es nicht, oder er kann es und will es nicht, oder er kann es nicht und will es nicht, oder er kann es und will es.

1) *Wenn Gott nun die Übel beseitigen will und nicht kann, so ist er*

_____

_____

2) *Wenn Gott die Übel beseitigen kann und nicht will, dann ist er*

_____

_____

3) *Wenn Gott die Übel nicht beseitigen will und nicht kann, dann ist er*

_____

_____

4) *Wenn Gott die Übel aber beseitigen will und kann,*

_____

_____

Nachdem die Kinder ihre Gedanken aufgeschrieben hatten, hörten wir zunächst einige ihrer Überlegungen und dann Epikurs Gedanken. Nach einer Denk-Pause wurden die Kinder auf einem zweiten Arbeitsblatt mit vier »klassischen« Antwortversuchen von Menschen zur Theodizeefrage konfrontiert, um auch hierzu schriftlich Stellung zu nehmen (☞ Kopiervorlage). Um den weniger wortgewandten Kindern eine andere Möglichkeit zur Bewertung zu eröffnen, regten wir abschließend die Vergabe von Schulnoten an: »Manchmal kann man mit Worten etwas nur schwer ausdrücken, da kann es helfen, mit Zahlen zu zeigen, wo man zustimmt oder nicht zustimmen kann: Zahlen, die ihr kennt, sind die Noten, die ihr in der Schule bekommt ...«. Auch diese Ergebnisse sind als Einblick in das religiöse Denken und Urteilen von Kindern interessant.

---

1. Gott ist gut und allmächtig. Alles, was geschieht, will er auch so. Das Leiden ist eine Strafe für Böses, was Menschen getan haben. Durch die Strafe sollen sich die Menschen bessern.

❒ Ich glaube das nicht, weil jeder Mensch hat bestimmt schon mal etwas Böses getan. Und viele Menschen brauchten deswegen nie leiden.

❒ Es leiden aber auch unschuldige Menschen.

❒ Dieser Meinung bin ich nicht. Gott würde den Menschen nichts antun, auch wenn sie böse waren.

❒ Ich finde, das ist Aberglaube. So dachten die Menschen früher.

❒ Nicht jeder Mensch muss leiden, weil er bestraft wird. Wir brocken uns das Leiden selber ein.

❒ Das ist richtig so, dass Gott das macht.

❒ Das hätte ich nicht geschrieben, weil ich glaube nicht, dass Gott jemandem Leid zufügt, nur weil er etwas Böses getan hat. Ich glaube, Gott will, dass niemandem Leid zugefügt wird.

❒ Ich glaube nicht, dass alles, was geschieht oder geschehen ist, dass er es will. Wenn ein Mensch etwas tut, was nicht richtig ist, soll er sofort bestraft werden?

Die Vorstellung eines »gerecht« strafenden Gottes wird fast ausnahmslos abgelehnt, was mit der Güte Gottes, mit dem selbst Leid verursachenden Menschen und mit den Erfahrungen des unbestraften Ungerechten sowie des leidenden Gerechten begründet wird.

> **2. Was Menschen einander an Leid zufügen, dürfen wir Gott nicht vorwerfen. Gott lässt es zu, denn er gibt den Menschen die Freiheit, sich für Gutes oder Böses zu entscheiden.**

❐ Das glaube ich auch, denn das meiste Leiden wird durch Kriege verursacht und Kriege kann man Gott nicht vorwerfen.

❐ Ich würde sagen, das stimmt, wir können ihm es nicht vorwerfen, dass wir uns untereinander Leid zufügen, das tun wir ja, nicht er.

❐ So ist es, denn Gott ist das freie Gehirn der Menschen. Auch von den dummen.

❐ Ja, Gott lässt den Menschen die Freiheit, weil sie sie brauchen.

❐ Das stimmt zum Teil. Es stimmt vielleicht, dass wir uns zwischen Gut und Böse entscheiden dürfen. Es stimmt nicht, dass Gott es zulässt, denn manchmal ist er gezwungen.

❐ Ein bisschen stimmt es, aber ist es nicht Gott, der über unsere Freiheit entscheidet?

❐ Wenn er uns die Wahl zwischen Leid und Wohlhaben lässt, warum lässt er uns mit Absicht leiden?

Die prinzipielle Zustimmung der Kinder scheint nicht den Stachel des Leidens zu nehmen und provoziert dennoch Rückfragen. Sehen wir als Erwachsene das differenzierter?

> **3. Gott ist gut, aber seine Stärke ist anders als die Macht von Menschen. Wenn Menschen leiden, leidet er mit ihnen. Er ist immer auf der Seite derer, denen Leid und Unrecht geschieht.**

❐ Es ist richtig, denn Gott leidet auch mit denen, die lange vorher Unrecht getan haben.

❐ Ich finde, Gott ist auf der Seite aller Menschen, er denkt über jeden Einzelnen nach.

❐ Gott ist meistens auf der Seite, die leiden muss, weil, wenn er auf der anderen Seite wäre, hätten die Leidenden keinen mehr.

❐ Wenn Menschen leiden, leidet er mit, so als wäre er in ihnen.

Was die Kinder hier zum Ausdruck bringen, entspricht Vorstellungen eines mitleidenden Gottes, wie sie beispielsweise von Hans Jonas als »Gottesbegriff nach Auschwitz« entwickelt worden sind – »Auch das, so scheint mir, ist eine

Antwort an Hiob: dass in ihm Gott selbst leidet. Ob sie wahr ist, können wir von keiner Antwort wissen.«[30] – oder wie sie Jürgen Werbick als Paradigmenwechsel in der Erlösungslehre wertet: »Der erlösende Gott erscheint nicht mehr auf der Seite der leidverursachenden, strafenden Instanzen, sondern auf Seiten derer, die Strafe und Unterdrückung aushalten müssen.«[31]

---

4. Wir können Gott nicht verstehen und wir können das Leiden nicht ganz erklären. Wir wissen nicht, warum Gott das Leid zulässt. Wir müssen Gott danach fragen und uns auch bei ihm beklagen.

❑ Dieser Meinung bin ich nicht. Wir haben kein Recht, uns bei ihm zu beklagen, er hat schon so viele gute Sachen gemacht.

❑ Fragen – ja, beklagen – nicht. Gott hat für alles Gründe, wenn wir sie auch nicht kennen.

❑ Ja, wir müssen Gott nach vielen Dingen fragen. Doch manche Antworten werden wir gar nicht verstehen können.

❑ Man weiß nie, was Gott will, ich glaube, man wird es auch nie erklären.

❑ Es gibt Fragen, die man nicht beantworten kann. Aber es gibt auf alle Fragen eine Antwort.

❑ Wir sollten Gott fragen, wenn wir eine Antwort haben wollen, auch wenn wir die Antwort nicht gleich bekommen, in unserem Leben antwortet er uns.

Wieder wird Gott stark in Schutz genommen. Das Vertrauen ist bei den meisten Kindern so stark, dass sie das Fragen dem Beklagen vorziehen. Von diesem Vertrauen und den tiefsinnigen Gedanken kann ich als Erwachsener lernen: »... in unserem Leben antwortet er uns«.

Die Noten der Kinder geben nochmals einen ganz anderen Blick auf ihre Einschätzung der angebotenen Argumentationen:

	1	2	3	4	5	6	Enthaltung
1, Strafe als Lehre	1	1	3	9	6	-	-
2. Gott lässt Freiheit	4	6	7	1	-	1	1
3. Gott leidet mit	1	13	4	1	-	-	1
4. Gott fragen und anklagen	6	4	7	3	-	-	-

Folgende Antworten haben Menschen zur Theodizeefrage versucht. Sage jeweils deine Meinung dazu!

> 1. Gott ist gut und allmächtig. Alles, was geschieht, will er auch so. Das Leiden ist eine Strafe für Böses, was Menschen getan haben. Durch die Strafe sollen sich die Menschen bessern.

_____

_____

_____

_____

> 2. Was Menschen einander an Leid zufügen, dürfen wir Gott nicht vorwerfen. Gott lässt es zu, denn er gibt den Menschen die Freiheit, sich für Gutes oder Böses zu entscheiden.

_____

_____

_____

_____

> 3. Gott ist gut, aber seine Stärke ist anders als die Macht von Menschen. Wenn Menschen leiden, leidet er mit ihnen. Er ist immer auf der Seite derer, denen Leid und Unrecht geschieht.

_____

_____

_____

_____

> 4. Wir können Gott nicht verstehen und wir können das Leiden nicht ganz erklären. Wir wissen nicht, warum Gott das Leid zulässt. Wir müssen Gott danach fragen und uns auch bei ihm beklagen.

_____

_____

_____

_____

Deutliche Ablehnung (durch die Noten 4 und 5) erfährt demnach nur die 1. Antwort »Strafe als Lehre«. Die 2. Antwort »Gott lässt Freiheit« erfährt breite Zustimmung (Noten 1-3). Die Bestätigung der 3. Antwort »Gott leidet mit« ist noch deutlicher konzentriert (Note 2), während die Bejahung der 4. Antwort »Gott fragen und anklagen« einerseits überdeutlich (Note 1), andererseits mit Skepsis gemischt ist (Noten 3 und 4). Damit bestätigt dieses quantitative Verfahren die Interpretation der Äußerungen.

Auch mit den Kindern regten wir in der letzten (dreizehnten) Stunde eine Sichtung und Diskussion ihrer zusammengetragenen Gedanken an.

Nur ein Aspekt kann ein Blitzlicht auf dieses letzte Gespräch werfen: Als wir nochmals über die Art der »Macht« Gottes nachdachten und die Einschätzung geäußert wurde, Gott habe die Macht, Menschen zu verändern, aber nicht gegen ihren Willen, meinte ein Mädchen zu ihrem Satz »Er ist mächtig in dem Glauben, den ihm die Menschen schenken.« (☞ o.):

Wenn der Glauben der Menschen nicht wäre, hätte Gott keine Macht.

Andere Kinder ergänzten:

Wenn er nicht den Glauben der Menschen hat, kann er nichts tun.
So wie wir die Luft brauchen zum Leben, braucht Gott auch den Glauben.
Wenn keiner an Gott glauben würde, würde er gar nicht existieren.
Immer wenn einer nicht mehr an Gott glaubt, bricht ein Stück von ihm ab.

Diese immer wieder geäußerten Gedanken der Kinder an eine Existenz und »Macht« Gottes *für* uns, nicht *ohne* uns, erinnerten mich an eine bewegende Tagebucheintragung von Etty Hillesum, einer knapp dreißigjährigen holländischen Jüdin, die in Auschwitz ermordet wurde. So gut ich konnte, erzählte ich den Kindern davon:

»Sonntagmorgengebet. Es sind schlimme Zeiten, mein Gott. Heute Nacht geschah es zum ersten Mal, dass ich mit brennenden Augen schlaflos im Dunkeln lag und viele Bilder menschlichen Leidens an mir vorbeizogen. Ich verspreche dir etwas, Gott, nur eine Kleinigkeit: ich will meine Sorgen um die Zukunft nicht als beschwerende Gewichte an den jeweiligen Tag hängen, aber dazu braucht man eine gewisse Übung. Jeder Tag ist für sich selbst genug. Ich will dir helfen, Gott, dass du mich nicht verlässt, aber ich kann mich von vornherein für nichts verbürgen. Nur dies eine wird mir immer deutlicher: dass du uns nicht helfen kannst, sondern dass wir dir helfen müssen, und dadurch helfen wir uns letzten Endes selbst. Es ist das Einzige, auf das es ankommt: ein Stück von dir in uns selbst zu retten, Gott. Und vielleicht können wir mithelfen, dich in den gequälten Herzen der anderen Menschen auferstehen zu lassen. Ja, mein Gott, an den Umständen scheinst auch du nicht viel ändern zu können, sie gehören nun mal zu diesem Leben. Ich fordere keine Rechenschaft von dir, du wirst uns später zur Rechenschaft ziehen. Und mit fast jedem Herzschlag wird mir klarer, dass du uns nicht helfen kannst, sondern dass wir dir helfen müssen und deinen Wohnsitz in unserem Inneren bis zum Letzten verteidigen müssen.«[32]

Nicht passiv Rettung von Gott erwarten, sondern Gott in uns und unter uns Menschen und dadurch letztlich auch uns selbst retten: Vielleicht ist das angesichts unermesslichen Leids auf der Welt eine der wenigen angemessenen »Antworten«. Den Schlusspunkt bildete eine »Ausstellung« aller Ergebnisse – die Fragen der Kinder an Gott, ihre eigenen Antwortversuche dazu, ihre Bilder zu Sätzen aus dem Buch Hiob, die Arbeiten mit Hiobbildern und -texten und zur Musik, die Gedanken zu Epikur und zur Theodizeefrage – und einen Rückblick mit grundsätzlichen Überlegungen zum Religionsunterricht und seinem Verhältnis zu Fragen und Antworten. Damit waren wir zu unserem Ausgangspunkt zurückgekehrt!

Die Kinder meinten, der Religionsunterricht sei das schwerste Fach in der Schule, denn man müsse selbst viel nachdenken. Mathe und Deutsch erkläre der Lehrer, Religion aber erkläre der Schüler selbst. Unsere Anfrage, ob wir denn ihnen besser mehr »erklären« sollten, fand heftigen Widerspruch:

❏ Dann hätten wir nicht mehr unsere eigenen Gedanken und Vorstellungen.
❏ Es wäre dann langweilig wie Mathe.
❏ Dann hätten wir kein Vertrauen in uns selbst.

5. Die Unterrichtsskizze in Stichworten

Die knappe Zusammenfassung unseres unterrichtlichen Arbeitens ist nur von der Lektüre des gesamten Kapitels her nachzuvollziehen.

➤ Erster Zugang über Kinderfragen

1. Stunde:

❏ Einleitung und Gespräch: Fragen im Leben – Fragen im Religionsunterricht
❏ Gott selbst Fragen stellen (Arbeitsblätter):
  1. Stell dir vor, du kannst Gott Fragen stellen! Was fragst du ihn?
  2. Stell dir vor, du kannst Gott Warum-Fragen stellen, was fragst du ihn?

2. Stunde:

❏ Sichtung der Kinderfragen an Gott (auf den Tischen ausgebreitet, ohne Theodizeefragen), Auswahl einer Frage
❏ Gespräch im Sitzkreis über einige Fragen, Vorlesen der restlichen Fragen
❏ Im Sitzkreis Auslegen, Lesen und Bedenken der Fragen nach Leid, Unglück, Krieg, Ungerechtigkeit
❏ Hausaufgabe: Gedanken, weiterführende Fragen oder auch eigene bzw. von Gott möglicherweise »formulierte« Antwortversuche zu einer ausgewählten Frage

➤ Auseinandersetzung mit dem Buch Hiob

3./4. Stunde:

❏ Vorlesen einiger Gedanken und Antwortversuche auf die Fragen nach dem Leid und weiterführende Gespräche
❏ Zuspitzung der Diskussion auf die Frage (Tafelanschrift):
   »Wie kannst du, guter Gott, das Leiden zulassen?«
❏ Einführung dieser Frage als »Theodizeefrage« (Tafel)
❏ Hinführung zum Buch Hiob im Alten Testament, in dem es besonders um die Theodizeefrage geht
❏ Präsentation von 24 elementaren Sätzen aus dem Buch Hiob auf Karten:
   1. Hiobs Klagen (10 Karten)
   2. Hiob zu den »Freunden« (5 Karten)
   3. Hiob zu Gott (9 Karten)
❏ Durchführung einer frei gewählten Aufgabe zu einer Karte:
   - ein Bild zu dem Satz malen
   - eigene Gedanken oder eine Geschichte schreiben
❏ Vorstellen und Erläutern der Ergebnisse im Sitzkreis

5./6. Stunde:

❏ Wieder-Holung des Bisherigen
❏ Erneute Präsentation von 13 elementaren Sätzen aus dem Buch Hiob auf Karten:
   4. Gottes Fragen an Hiob (8 Karten)
   5. Hiob zu Gott (5 Karten)
❏ Malen eines Bildes, ggf. mit Gedanken dazu, zu einer ausgewählten Karte
❏ Sichten der Bilder in der Reihenfolge der ihnen jeweils zu Grunde liegenden Sätze aus dem Buch Hiob im Sitzkreis
❏ Vermutungen über Inhalte und Akteure des Buches Hiobs
❏ Vorlesen der Geschichte von Hiob (s.o.); am nächsten Tag nochmals gemeinsames Lesen der Erzählung

➤ Kreative Arbeiten zum Buch Hiob

7./8. Stunde:
Bildnerische Eigentätigkeit und kreatives Schreiben zu Hiob

❏ Nach einem Gespräch über die stärksten Eindrücke, die das Buch Hiob auf die Kinder gemacht hat, standen verschiedene Arbeitsanregungen zur Auswahl. Jedes Kind führte eine der drei bildbezogenen und eine der drei schreibbezogenen Aufgaben durch (Aufgabenstellung s.o.).

9. Stunde:

❏ Die entstandenen bildnerischen und geschriebenen Ergebnisse wurden vorgestellt, befragt und bedacht.

10. Stunde (verlängert):
Bildnerischer Ausdruck zu Musik

❏ Organisatorische Vorbereitung: Jeder malt allein mit Wasserfarben auf einem DIN-A-3-Blatt.
❏ Einstimmung zur Musik und Aufgabenstellung (s.o.)
❏ Hören der Musik (zweimal) und Malen, danach stilles Weitermalen
❏ Zusammenkunft im Sitzkreis mit den Bildern / stilles Betrachten / Gespräch über die Bilder

➤ Vergegenwärtigungen und Auseinandersetzungen zur Theodizeefrage

11./12. Stunde:

❏ Ankündigung von 2300 Jahre alten Gedanken des Philosophen Epikur zur Theodizeefrage
❏ Gemeinsames Lesen und Bedenken des 1. Arbeitsblattes (s. Kopiervorlage): Schritt für Schritt werden Epikurs vier Möglichkeiten »nach-gedacht«, die Kinder schreiben jeweils die Sätze weiter.
❏ Vorlesen und Vergleichen einiger Satzfortsetzungen der Kinder und der tatsächlichen Gedanken Epikurs
❏ Schulhof-Denk-Pause
❏ Lesen der vier Antwortversuche von Menschen zur Theodizeefrage auf dem 2. Arbeitsblatt (s. Kopiervorlage)
❏ Schriftliche Stellungnahme zu den jeweiligen Argumentationen
❏ »Bewertung« der vier Antwortversuche mit Schulnoten

13. Stunde:

❏ Rückfragen und Gespräch zu einzelnen Äußerungen auf dem 1. Arbeitsblatt
❏ Vorstellen der Ergebnisse auf dem 2. Arbeitsblatt (Noten und Äußerungen) / vertiefendes Gespräch
❏ »Ausstellung« aller Ergebnisse der Unterrichtsreihe und Rückblick mit Reflexion über den Religionsunterricht und sein Verhältnis zu Fragen und Antworten

V. »Hört mir zu, ihr Menschen!«

Zugänge zu den Propheten über Worte und Bilder

Lass uns eine Welt erträumen

Laß' uns ei- ne Welt er- träu- men, die den Krieg nicht kennt, wo man Men- schen al- ler Län- der sei- ne Freun- de nennt, wo man al- les Brot der Er- de teilt mit je- dem Kind, wo die letz- ten Dik- ta- to- ren Zir- kus- rei- ter sind.

Lass uns eine Welt erträumen, wo man singt und lacht,
wo die Traurigkeit der andern selbst uns traurig macht,
wo man, trotz der fremden Sprache, sich so gut versteht,
dass man alle schweren Wege miteinander geht.

Lass uns eine Welt erträumen, wo man unentwegt
Pflanzen, Tiere, Luft und Wasser wie einen Garten pflegt,
wo man um die ganze Erde Liebesbriefe schreibt,
und dann lass uns jetzt beginnen, dass es kein Traum bleibt.

Gerhard Schöne

1. Eine Rede an die Menschheit

Hört mir zu, ihr Menschen!
Versucht Gutes statt Böses zu tun.
Teilt das, was ihr habt.
Hört nicht auf die Leute, die sagen: »Krieg, Krieg«.
Schafft alles vom Militär weg.
Bestraft keine Leute, die vor 20 Jahren Unrecht getan haben,
sondern sagt ihnen Gutes.
Lasst alle Kinder in Frieden groß werden.
Lasst alle Mütter ihre Kinder friedlich erziehen.
Meint nicht, dass es Untermenschen gibt, überseht keine Menschen,
sondern ladet sie ein.
Versucht, alle kranken Menschen gesund zu pflegen,
auch wenn sie grässlich aussehen.
Gebt allen Menschen Zeit zum Überlegen.

Diese eindrucksvollen Worte an die Menschheit schrieb Niklas: Er ist 10 Jahre! Reden wie diese standen am Beginn unserer Annäherungen an die Propheten. Ich hatte zu Stundenanfang eine neue Thematik angekündigt (ohne sie bereits ausdrücklich zu benennen), bei der wieder Worte aus dem Alten Testament wichtig würden. Ohne weitere Vorrede wurden die Kinder mit folgender »Aufgabe« konfrontiert, die sie dann auch auf dem Arbeitsblatt nachlasen (☞ Kopiervorlagen auf den Seiten 137/138):

Stell dir vor, du bekommst die Chance, eine Rede an die ganze Menschheit zu halten. Sie wird in alle Erdteile übertragen.

Schreibe deine Rede an die Menschen auf! Sage ihnen, was schlecht ist auf der Erde, wo Unrecht geschieht, wo sie aufhören müssen, so zu handeln!

Bedenke, gerade weil du ein Kind bist, siehst du mehr und andere Dinge als die Erwachsenen.

Dieser sehr direkte Einstieg sollte wieder an erster Stelle die Kinder selbst zu Wort kommen lassen. Wir gingen davon aus, dass ihre Sensibilität für Unrecht in der Welt, ihre Unbefangenheit, die Dinge beim Namen zu nennen, und ihre Phantasie zum einen sehr viel mit der Eigenart der Propheten zu tun haben und die Kinder zum anderen in die Lage versetzen können, sich so einer Herausforderung zu stellen.

Die Kinder schrieben ihre Rede mit sehr viel Zeit in konzentrierter Atmosphäre. Sie überraschten uns mit einer elementaren Sprache, die der der Propheten sehr nahe ist. Die Kürze und Präzision der Sätze, der hohe Anteil der (rhetorischen) Fragen, die Schärfe der Anklage: All das berechtigt unserer Meinung nach durchaus, von einer »prophetischen Kraft« in den Reden dieser Kinder zu sprechen, die uns Erwachsenen grundlegend anfragt.

Hört mir zu, ihr Menschen!

Warum müsst ihr Krieg führen? Habt ihr nicht schon genug Unrecht getan? Ihr mordet dabei unschuldige Bürger und das alles nur, damit ihr mehr Land habt? Wenn ihr ALLE Frieden hättet, würdet ihr alle zusammen gehören, dann würde auch die ganze Welt euch allen zusammen gehören. Oder geht es euch nur darum, Macht zu haben? Das wäre noch schlimmer, dann würdet ihr nur, um zu wissen, »ICH« bin der Stärkere, Menschen umbringen, und die Natur zerstören. Ihr hättet sowieso keine Macht, wenn kein Tier, keine Pflanzen und keine Menschen mehr da wären. Also hört auf mit dem verdammten Krieg.

Lisa, 10 Jahre

Hört mir zu, ihr Menschen!

Wofür leben wir? fragen sich viele Menschen, doch jeder lebt für den anderen. Ihr lebt für eure Kinder, für jedes andere Stückchen Hilfe. Alle, die leben, leben für etwas. Und alle zusammen sind die Menschheit.
Der Krieg zerstört die Menschheit. Im Krieg lebt jeder für sich selbst, und nicht für den anderen. Wenn das so weitergeht, gibt es bald keine Menschheit mehr. Wer will das schon?

Christian, 10 Jahre

Hört mir zu, ihr Menschen!

Es gibt Kinder so wie mich, sie leben in anderen Ländern und sprechen andere Sprachen, aber sie sind Kinder wie ich. Ihr Menschen tötet diese Kinder. Ihr lasst sie verhungern und führt Kriege, so dass sie Angst haben, erschossen zu werden. Viele von ihnen werden in ihrer Angst umgebracht. Wenige überleben. Auch vielen Erwachsenen, wie euch, geht es so. Ihr fangt an, auf sie zu schießen, bloß weil sie eine andere Hautfarbe haben. Dadurch entstehen Kriege, und in Kriegen sterben viele Menschen. Ihr Menschen, ihr müsst euch ändern, und wenn das nicht passiert, gibt es bald keine Menschen mehr auf der Welt!

Christine, 10 Jahre

Hört mir zu, ihr Menschen!

Findet Frieden zueinander, räumt den Krieg aus der Mitte. Es ist nicht gut, Menschen umbringen zu wollen, nur weil ihr sie hasst. Es ist besser, wenn Frieden herrscht und alle sich vertragen, so dass es das Wort Krieg nicht mehr gibt. Kehrt mit Besen den Krieg aus der Welt.

Anne, 10 Jahre

Hört mir zu, ihr Menschen!

Wofür hat Gott wohl die Erde erschaffen? Damit wir die Welt zerstören? Wir machen Kriege, wir machen den Urwald kaputt, verschmutzen die Umwelt! Wollt ihr, dass die Welt explodiert oder dass ihr im Krieg erschossen werdet? Wenn ihr arm wärt, was würdet ihr machen? Im Krieg geht alles kaputt und Menschen sterben. Wofür brauchen wir das? Die, die den Krieg entwickelt haben, sterben nicht, sondern nur die anderen.

Hendrik, 10 Jahre

Hört mir zu, ihr Menschen!

Die Erwachsenen sitzen in der ersten Reihe. Sie wählen, was mit uns geschieht. Sie dürfen für sich und für uns wählen, aber die, die uns wichtig sind, lasst ihr fallen. Auch Kinder müssen über die Zukunft bestimmen, solange sie noch Kinder sind. Wir sind die Zukunft und die Gegenwart. Es ist doch dumm, Krieg zu machen, nur weil sich zwei Erwachsene streiten. Wir sterben wegen euch, und das scheint euch nicht zu interessieren. Wir würden keinen Streit machen, wenn ihr es uns nicht vormachen würdet. Die Reichen macht ihr reicher und die Armen macht ihr ärmer. Auch in der Seele. Ihr glaubt, was ihr tut, sei richtig. Ist es richtig, Menschen verhungern zu lassen und ihr selbst schwebt in Reichtum? Ist es richtig, Menschen umzubringen und sie zu verletzen?

Katrin, 9 Jahre

Hört mir zu, ihr Menschen!

Ihr wisst, dass es viel Leid auf der Welt gibt. Viele, die leiden müssen, können sich nicht allein von dem Leid befreien. Darum müssen wir den Leuten helfen. Viele haben auch nicht so viel Geld. Sie brauchen es aber, sonst können sie nicht überleben. Spendet ihnen etwas, und lasst den Leuten einen Glauben da, dass sie doch irgendwie ein Heim finden. Ich finde es aber auch sehr gut, was viele schon gemacht haben. Sie haben es sehr gut gemacht. Denn die Leute haben wieder ein bisschen Hoffnung.

Britta, 10 Jahre

Hört mir zu, ihr Menschen!

Ich finde Streit eigentlich ganz gut, aber Geschwisterstreit. Ihr, die Erwachsenen, macht Streit zu einer richtigen brutalen Art, ihr tötet für Geld. Ihr tötet Menschen, ohne dass ihr wisst, wer er ist, und das kann ich nicht haben. Ohne Streit kann ich nicht leben, aber ich kann auch nicht mit Streit leben, weil ihr aus Streit tot macht.

Susanne, 10 Jahre

Am Ende der ersten Stunde ging es in einem kurzen Austausch noch nicht um die Inhalte, sondern darum, wie sich die Kinder beim Schreiben fühlten, ob es Ihnen leicht oder schwer gefallen war. Die Eindrücke der Kinder geben sehr gut wieder, wie durch den direkten Einstieg bereits zu diesem frühen Zeitpunkt Aspekte des »Prophet-Seins« von den Kindern selbst erfahren und zum Ausdruck gebracht wurden, die erst viel später auf den »Begriff« Prophet gebracht wurden. Die eigene Erfahrung des Kindes stand am Anfang und bereitete zugleich ein Verstehen der »Sache« vor.

Stell dir vor, du bekommst die Chance, eine Rede an die ganze Menschheit zu halten. Sie wird in alle Erdteile übertragen.

Schreibe deine Rede an die Menschen auf! Sage ihnen, was schlecht ist auf der Erde, wo Unrecht geschieht, wo sie aufhören müssen, so zu handeln!
Bedenke, gerade weil du ein Kind bist, siehst du mehr und andere Dinge als die Erwachsenen.

Hört mir zu, ihr Menschen!

_____

_____

_____

_____

_____

_____

_____

_____

_____

_____

_____

_____

_____

Seite 2 auf der Rückseite

geschrieben am _____ von _____, _____ Jahre

Man kam sich vor wie ein Pastor.

Als hätte man Macht über die ganze Welt.

Als wäre man ein Politiker.

Man fühlte sich wie ein Friedensrichter.

Ich kam mir einerseits toll vor und war stolz, andererseits kam ich mir aber auch komisch vor und hatte Angst.

Ich hatte Angst, die Erwachsenen könnten mich nicht beachten, mich auslachen.

Die Erwachsenen sehen das mit anderen Augen, verstehen das vielleicht nicht, was wir Kinder denken.

Ein Kind schreibt seine Gefühle auf, die Erwachsenen erwarten etwas anderes als Gefühle.

Jemand, der den Menschen nur das Schlechte sagt, ist nicht beliebt. Sie wollen lieber jemanden hören, der das Gute sagt und der verzeiht.

Manche Menschen haben Angst davor, die Wahrheit zu hören.

2. Elementare Strukturen und Wahrheit in den Worten der Propheten

Ähnlich wie in den Psalmen und den Worten Hiobs finden wir in der Rede der Propheten Sätze, die sich auf elementare Erfahrungen menschlichen Lebens beziehen und die in unmittelbarer Weise Menschen »mitten ins Herz« treffen können, die zugleich in eine bestimmte Situation hineingesprochen und die Zeiten übergreifend sind. Anders ist jedoch die Perspektive: Während die Worte der Psalmen und des Hiobbuches in erster Linie die eigene Erfahrung, Angst und Klage, Vertrauen und Freude, aus der Sicht eines »Ichs« aussprechen und somit dem Leser bzw. der Leserin eine Identifikationsmöglichkeit anbieten, sind die Worte der Propheten in der Regel an ein Gegenüber und so auch an die Leser direkt gerichtet.

In Anknüpfung an Ingo Baldermann[1] lassen sich bei den Propheten zwei Formen der »argumentierenden Rede« unterscheiden, die hier (wie auch im Unterricht, ☞ u.) in besonderer Klarheit am Buch Jesaja mit seinen verschiedenen Entstehungszeiten und Verfassern und am Buch Jeremia[2] verdeutlicht werden können:

1. Der Prophet nennt das Unrecht beim Namen und ruft damit zur Umkehr auf.

Wehe denen, die ein Haus an das andere reihen und einen Acker nach dem anderen kaufen, bis kein Raum mehr da ist und sie das Land allein besitzen! (Jes 5,8)

Lasst ab vom Bösen! Lernet Gutes tun! (Jes 1,16-17)

Übt keine Gewalt gegen Fremdlinge! (Jer 7,6)

Deine Augen und dein Herz sind auf nichts anderes aus als auf unrechten Gewinn. (Jer 22,17)

Die Worte der beiden Schriftpropheten des Südreiches Juda – Jesaja (»Jahwe ist Rettung«, öffentliches Wirken ca. 740-700 v.Chr.) und Jeremia (»Jahwe richtet auf«, ca. 609-565 v. Chr.) zeigen exemplarisch: Der Prophet kündet mit seiner harten Anklage der Ungerechtigkeit, die Ausdruck seiner geschärften Wahrnehmung der Wirklichkeit und der in ihm zum Ausdruck kommenden Stimme und Autorität Gottes ist, zugleich das unaufhaltsam hereinbrechende Unheil an. Obwohl die Katastrophe selbst, auf die sich der Prophet mit seinen Worten bezieht – bei Jesaja die assyrische und bei Jeremia die babylonische Bedrohung -, nicht mehr abzuwenden ist, spricht aus seiner Rede der Aufruf zur Umkehr.

2. Der Prophet spricht Worte der Zusage und Ermutigung, des Trostes und der Verheißung.

Du bist in meinen Augen wertvoll und herrlich. (Jes 43,4)

Siehe, in die Hände habe ich dich gezeichnet. (Jes 49,16)

Ich will euch trösten, wie einen seine Mutter tröstet. (Jes 66,13)

Ich will ihr Trauern in Freude verwandeln. (Jer 31,13)

Diese aufrichtende Rede ist zeitlich später anzusiedeln: Das Unheil ist eingetroffen, Jerusalem ist zerstört, das Volk Israel im babylonischen Exil (587-538 v.Chr.). Ausgerechnet der »Unheilsprophet« Jeremia, der immer nur Zerstörung und Untergang ansagte, ist es, der jetzt Worte des Trostes und der Hoffnung spricht. Weitere Propheten –»Deuterojesaja«, der »zweite« Jesaja (Jes 40-55, ca. 546-539 v.Chr.) und später Tritojesaja (Jes 56-66) – treten auf und argumentieren angesichts der Katastrophe mit der Schöpfermacht Gottes.

»Uns will scheinen, als stehe der Glaube an den Schöpfer im Widerspruch zu der Erfahrung des Leidens, ja als sei die Erfahrung des Leidens das stärkste Argument gegen den Schöpfungsglauben. Schon Kinder argumentieren so: Wenn wirklich Gott, der Schöpfer, die Geschicke der Welt lenkt, wie kann dann soviel Elend und Unrecht geschehen? Auch das Alte Testament kennt ja diese Frage; aber dort vermag sie nicht den Schöpfungsglauben aus den Angeln zu heben, im Gegenteil: Der Prophet nimmt den Hinweis auf die unermessliche Macht des Schöpfers als Argument gegen die tiefe Depression, die aus der Erfahrung der Katastrophe erwachsen ist, in Anspruch. Darin aber zeigt sich, dass der Glaube an den Schöpfer im Alten Testament nicht weniger elementar ist als die Erfahrung des Leidens, ja noch stärker: Er ist in der Lage, sie zu verwandeln und die tiefe Depression zu überwinden.
Er ist es allerdings wohl nur in Verbindung mit einem anderen Argument. ... ebenso groß wie seine (des Schöpfers, R.O.) Macht ist seine unerschöpfliche Treue; nach wie vor gilt das Wort vom Anfang: ›Ich bin der Herr, dein Gott. Fürchte dich nicht, ich helfe dir‹ (Jes 41,13).«[3]

Es bewegt uns – wenn auch aus einem ganz anderen Blickwinkel – also auch in der Auseinandersetzung mit den Propheten nicht nur die Frage nach der Gerechtigkeit zwischen Menschen, sondern auch die Frage nach Gottes Gerechtigkeit. So zeigen sich in den Worten der Propheten die elementaren Strukturen der biblischen Sprache: Jesaja spricht als Gerichtsprophet eher die Sprache der Tora und der Klage, Deuterojesaja in erster Linie die Sprache der Verheißung und des Lobes, Jeremia und Tritojesaja vereinen beides entsprechend ihrer Erfahrungen und Wahrnehmungen. Unsere Zusammenstellung der Wortkarten mit Sätzen der Propheten Jesaja und Jeremia und infolgedessen die Zugänge der Kinder zu diesen Prophetenworten ließen sich von diesen Strukturen leiten.

3. Von der Rede zu den Prophetenworten zu eigenen Bildern

Viele der Reden an die Menschheit wurden zu Beginn der 2. und 3. Stunde vorgetragen, und wir teilten den Kindern mit, wie sehr uns diese Worte beeindrucken. Jedes Kind bekam seine Rede zurück, um sie nochmals zu lesen und ggf. zu überarbeiten. Auf diese Weise mit den eigenen Gedanken vertraut gemacht, begegneten die Kinder nun folgenden Sätzen, wiederum in der ihnen bekannten Weise auf Karten, die wir auf den Tischen ausbreiteten.

Anregung zu einem eigenen Zugang:

Eine gute persönliche Einstimmung und Vorbereitung auf unterrichtliche Umsetzungen ist das langsam vergegenwärtigende Lesen dieser Sätze und die Auswahl eines Prophetenwortes der Anklage und eines Prophetenwortes der Zusage (☞ u.), das Sie jetzt besonders anspricht, vielleicht weil es persönliche Erfahrungen berührt oder weil es eine gesellschaftlich aktuelle Situation anspricht!

Lasst ab vom Bösen!
Lernet Gutes tun!
Jes 1,16-17

Helft den Unterdrückten!
Jes 1,17

Sie beten an ihrer Hände Werk,
das ihre Finger gemacht haben.
Jes 2,8

Wehe denen,
die ein Haus an das andere reihen und
einen Acker nach dem anderen kaufen,
bis kein Raum mehr da ist
und sie das Land allein besitzen!
Jes 5,8

Wehe denen,
die Böses gut und Gutes böse nennen,
die Finsternis zu Licht
und Licht zu Finsternis machen!
Jes 5,20

Wehe denen,
die weise sind
in ihren eigenen Augen,
und die sich selbst für klug halten!
Jes 5,21

Wehe denen,
die den Schuldigen
für Geschenke gerecht sprechen
und das Recht nehmen denen,
die im Recht sind!
Jes 5,23

Wehe denen,
die unrechte Gesetze machen
und unrechte Urteile fällen,
um die Sache der Armen zu beugen!
Jes 10,1-2

Du sahst wohl viel,
aber du hast es nicht beachtet;
deine Ohren waren offen,
aber du hast nicht gehört.
Jes 42,20

Neiget eure Ohren
und kommt her zu mir!
Höret, so werdet ihr leben!
Jes 55,3

Wahret das Recht
und übt Gerechtigkeit!
Jes 56,1

Ein jeder sieht auf seinen Weg,
alle sind auf ihren Gewinn aus.
Jes 56,11

Lass los,
die du mit Unrecht gebunden hast.
Gib frei, die du bedrückst.
Jes 58,6

Eure Lippen reden Falsches,
eure Zunge spricht Bosheit.
Jes 59,3

Ihre Füße laufen zum Bösen.
Sie kennen den Weg
des Friedens nicht.
Jes 59,7-8

Wir sind alle verwelkt
wie die Blätter,
und unsere Sünden
tragen uns davon wie der Wind.
Jes 64,5

Niemand ruft deinen Namen an
oder macht sich auf,
dass er sich an dich halte.
Jes 64,6

Denn sie gieren alle,
klein und groß,
nach unrechtem Gewinn.
Jer 6,13

Übt keine Gewalt
gegen Fremdlinge!
Jer 7,6

Ihr lauft fremden Göttern nach,
die ihr nicht kennt.
Jer 7,9

Sie schießen mit ihren Zungen
lauter Lüge und keine Wahrheit und
treiben es mit Gewalt im Lande.
Jer 9,2

Ein Freund täuscht den anderen,
sie reden kein wahres Wort;
sie haben sich daran gewöhnt,
dass einer den anderen betrügt.
Jer 9,4

Ihre falschen Zungen sind
tödliche Pfeile; mit dem Munde
reden sie freundlich zu ihrem Nächsten,
aber im Herzen lauern sie ihm auf.
Jer 9,7

Sie treiben lauter Bosheit,
und wenn sie übel tun,
sind sie guter Dinge darüber.
Jer 11,15

> Weh dem,
> der seinen Nächsten
> umsonst arbeiten lässt
> und gibt ihm seinen Lohn nicht.
> *Jer 22,13*

> Deine Augen und dein Herz
> sind auf nichts anderes aus
> als auf unrechten Gewinn.
> *Jer 22,17*

> Böse ist,
> wonach sie streben,
> und ihre Stärke ist Unrecht.
> *Jer 23,10*

In einer ersten »Runde« lasen die Kinder also 27 Karten mit *Prophetenworten der Anklage und des Aufrufs zur Umkehr.* Sie wählten eine Karte aus, die besonders gut zu ihrer eigenen Rede passte, und schrieben diese Worte unter die Rede in den ersten Rahmen ihres Arbeitsblattes (☞ Kopiervorlage). Fanden sie keinen passenden Satz, ließen sie diesen Rahmen frei.

In einer zweiten »Runde« lagen 27 andere Karten mit *Prophetenworten des Trostes, der Ermutigung, der Zusage und Verheißung.*

> Ja, es wird ein Schutz sein
> über allem, was herrlich ist,
> und eine Hütte zum Schatten am Tage
> vor der Hitze und Zuflucht vor dem
> Wetter und Regen.
> *Jes 4,5-6*

> Es wird nicht dunkel bleiben
> über denen, die in Angst sind.
> *Jes 8,23*

> Die Tauben werden hören,
> die Augen der Blinden werden
> aus Dunkel und Finsternis sehen,
> und die Ärmsten unter den Menschen
> werden fröhlich sein.
> *Jes 29,18-19*

> Der Gerechtigkeit Frucht
> wird Friede sein,
> und der Ertrag der Gerechtigkeit
> wird Stille und Sicherheit sein.
> *Jes 32,17*

> Dann werden
> die Augen der Blinden aufgetan
> und die Ohren der Tauben
> geöffnet werden.
> *Jes 35,5*

> Dann werden die Lahmen
> springen wie ein Hirsch,
> und die Zunge der Stummen
> wird frohlocken.
> *Jes 35,6*

> Und wo es zuvor trocken gewesen ist,
> sollen Teiche stehen,
> und wo es dürre gewesen ist,
> sollen Brunnenquellen sein.
> *Jes 37,7*

> Fürchte dich nicht, ich bin mit dir,
> weiche nicht, denn ich bin dein Gott.
> Ich stärke dich,
> ich helfe dir und halte dich.
> *Jes 41,10*

Denn ich bin der Herr, dein Gott,
der deine rechte Hand fasst
und zu dir spricht:
Fürchte dich nicht, ich helfe dir.
Jes 41,13

Fürchte dich nicht,
denn ich habe dich erlöst.
Ich habe dich bei deinem Namen
gerufen, du bist mein!
Jes 43,1

Wenn du durch Wasser gehst, will ich
bei dir sein, dass dich die Ströme nicht
ersäufen; wenn du ins Feuer gehst,
sollst du nicht brennen, und die Flamme
soll dich nicht versengen.
Jes 43,2

Du bist in meinen Augen
wertvoll und herrlich.
Jes 43,4

Ich will euch tragen,
bis ihr grau werdet.
Jes 46,4

Siehe, in die Hände
habe ich dich gezeichnet.
Jes 49,16

Wohlan, alle,
die ihr durstig seid,
kommt her zum Wasser!
Jes 55,1

Kommt her
und kauft ohne Geld!
Jes 55,1

Mache dich auf, werde licht,
denn dein Licht kommt.
Finsternis bedeckt das Erdreich
und dunkel die Völker,
aber über dir geht auf dein Gott.
Jes 60,1-2

Dann wirst du deine Lust sehen
und vor Freude strahlen,
und dein Herz wird erbeben
und weit werden.
Jes 60,5

Deine Sonne wird nicht mehr
untergehen und dein Mond den Schein
verlieren, denn Gott wird dein ewiges
Licht sein, und die Tage deines Leidens
sollen ein Ende haben.
Jes 60,20

Denn siehe,
ich will einen neuen Himmel
und eine neue Erde schaffen.
Jes 65,17

Es sollen keine Kinder mehr da sein,
die nur einige Tage leben,
oder Alte, die ihre Tage nicht erfüllen.
Jes 65,20

Ehe sie rufen,
will ich antworten.
Wenn sie noch reden,
will ich hören.
Jes 65,24

Ich will euch trösten, wie einen seine Mutter tröstet. *Jes 66,13*	Ich will ihr Trauern in Freude verwandeln. *Jer 31,13*
Ich will die Müden erquicken und die Verschmachtenden sättigen. *Jer 31,25*	Rufe mich an, so will ich dir antworten. *Jer 33,3*
Siehe, ich will sie heilen und gesund machen und ihnen dauernden Frieden gewähren. *Jer 33,6*	

Hinweis für die eigene Praxis: Auch hier kann die Auflistung der elementaren Sätze als Kopiervorlage genutzt werden, indem durch ca. 200 % vergrößertes Kopieren auf Karton Satzkarten hergestellt werden. Für weitere Sätze dient die Blanko-Vorlage (☞ VI.3.c).

Wieder sichteten die Kinder alle Sätze und suchten sich ggf. einen treffenden Satz aus, den sie unter die Rede in den zweiten Rahmen ihres Arbeitsblattes schrieben.

Die Auswahl der Sätze zeugt von Sorgfalt und Einfühlungsvermögen. So entschied sich Niklas beispielsweise – seinen eigenen Worten folgend (Rede ☞ S. 133) – für:

Lernt Gutes tun!
Hört auf, Böses zu tun!
(Jes 1,16)

Ich will ihr Trauern
in Freude verwandeln.
(Jes 31,13)

Eine Reihe von Kindern wählte tatsächlich nur einen Satz: Britta z.B. mit der Begründung, sie habe eher etwas zur Ermutigung geschrieben, den Satz:

> *Dann werden die Augen der Blinden aufgetan*
> *und Ohren der Tauben geöffnet werden.*
> *(Jes 35,5)*

Der dritte Schritt nach der eigenen Rede und den Prophetenworten führte nun wieder zu Eigenem, und zwar zu einem DIN-A-3-großen Bild, gemalt mit Wasserfarben, entweder zu dem Satz im ersten Rahmen oder zu dem Satz im zweiten Rahmen oder zu beiden gleichzeitig. So war also die Begegnung mit den elementaren Sätzen der Bibel gleichsam »eingebettet« in die eigene kreative Gestaltung im Schreiben und Malen. Die 4. Stunde war der ausführlichen Vorstellung der Bilder – wiederum finden sich viele expressive abstrakte Werke neben eher gegenständlichen Bildern – gewidmet.

4. Was Propheten tun – Annäherungen über Bilder von Propheten

In der fünften Stunde kündigten wir den Kindern von Künstlern geschaffene Bilder mit Menschen an, die solche Sätze gesagt haben, die auf den Karten stehen. Wir hängten die großformatigen Bilder (DIN-A-3 auf Farbkarton) nacheinander an die Wand über der Tafel (alle 2 Minuten ein weiteres), und die Kinder schrieben jeweils an die Tafel, »was die Menschen auf den Bildern tun«. Vorgabe dabei war, nur Verben zu verwenden. An Beispielen zeigten wir den Kindern die Möglichkeit, bereits geschriebene Wörter zu ergänzen (z.B. aus hören wird zu-hören), also kreativ-spielerisch mit Sprache umzugehen. Neben Rechtschreibkorrekturen und Streichung von Doppelungen veränderten wir während dieser Schreibübung z.T. die Ausdrucksweise hin zu Verbformen: Adjektive und Nomen wurden erweitert (z.B. »enttäuscht *sein*« oder »Angst *haben*«).

Folgende Bilder wurden den Kindern gezeigt[4]:

1. Rafael Canogar: El Desolado, 1970 (☞ Abb., S. 149)
   in: Die Nacht leuchtet wie der Tag. Bibel für junge Leute, hg. von H. Heller, H. Biesenbach u.a., Frankfurt 1992, 134.
2. Wilhelm Groß: Hörer göttlicher Rede (☞ Abb., S. 150)
   aus: F. J. Stendebach: Rufer wider den Strom. Sachbuch zu den Propheten Israels, Stuttgart 1988, 26.
3. Willi Dirx: Der Rufer (☞ Abb., S. 151)
   aus: Im Unterwegs zuhaus. Holzschnitte von W. Dirx, Aachen 1987, 85.
4. Jakob Steinhardt: Trauernder Prophet (☞ Abb., S. 152)
   aus: Religion betrifft uns, Heft 2/1990, 5.
5. Marcel Häflinger: Amos (☞ Abb., S. 153)
   aus: W. Bühlmann/A. Schwegler: Der Prophet Amos. Impulse für Bibel- und Religionsunterricht, Heft 8, Luzern 1990, 1.

Die Bilder helfen zum einen, bereits vorhandene Prophetenvorstellungen zur Sprache zu bringen, zum anderen wecken sie neue Assoziationen und erweitern somit das »Mitgebrachte«. Insgesamt stellen sie ein Bild der Propheten als Menschen vor Augen, die sensibel mit Ohren und Augen, Hand und Herz wahrnehmen, begreifen und zum Ausdruck bringen, was um sie herum geschieht, die aber auch zweifeln, erschrecken und sich wehren gegen die Herausforderungen, die ihnen von Gott zugemutet werden. Bei der Auswahl war mir deshalb die Ambivalenz und Dialektik von innerer Einkehr und leidvoller Trauer (Bild 1), von Hinwendung und Abwehr (Bild 2), von Hinsehen und Wegschauen (Bild 4), von Empörung, Hilferuf, Begeisterung und Anklage (Bilder 3 und 5) wichtig.

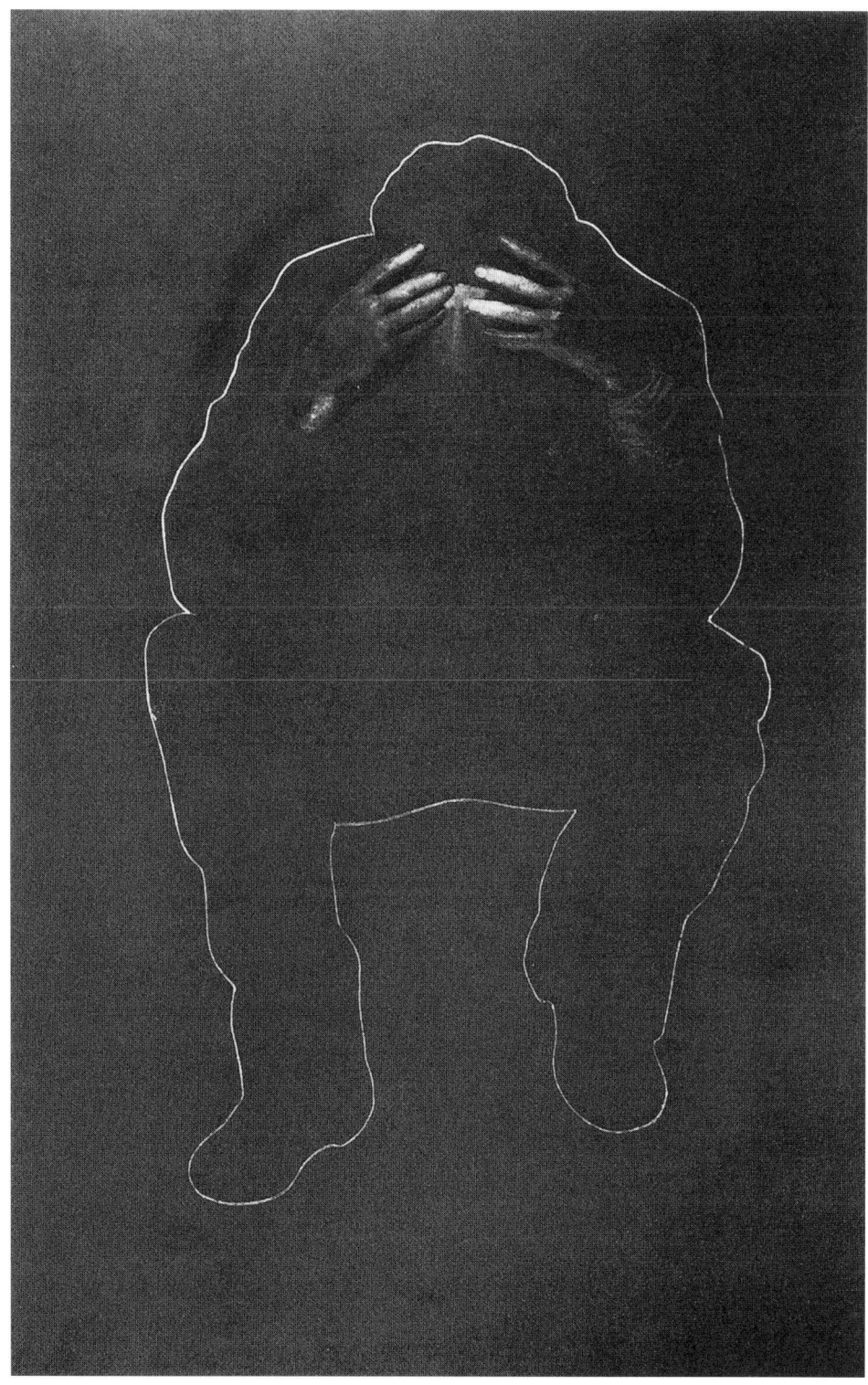

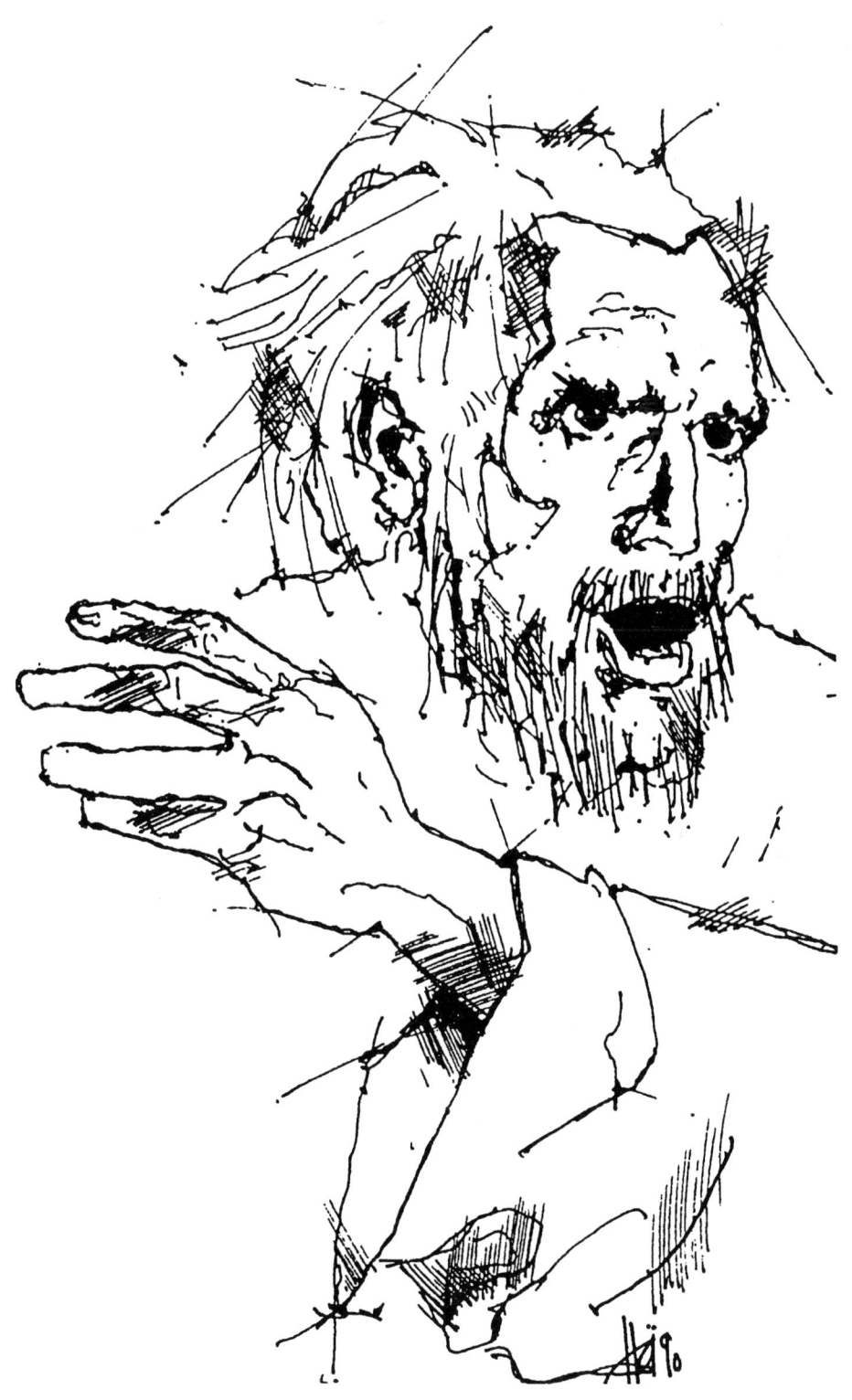

153

In unserem Unterricht füllte sich nach und nach die Tafel mit Verben:

Gott anmeckern	hoffnungslos sein	verzweifeln
sich kümmern	blind sein	denken
sich schämen	sich-fragen	gehen
an-schreien	an-beten	erblindet sein
Angst haben	verzweifelt sein	still werden
über-leben	enttäuscht sein	wütend sein
überlegen	sich sorgen	abweisen
verletzt sein	zersträut sein	nachdenken
verbergen	(Gott) zuhören	verstummen
klagen	vergib mir	weinen
an Gott Fragen stellen	anflehen	traurig sein
verabscheuen	verschlossen sein	rufen
eingesperrt sein	nehmen	abwehren
sich aufregen	schwach sein	verrückt sein
helfen	frieren	demütigen
sich bedanken	schimpfen	blinde Nach-
hungern	predigen	richt geben
nach Hilfe schreien	leiden	blind bleiben
eine eigene Sprache	Hilfe bekommen	segnen
sprechen	protestieren	schlimme
über sich selbst schimpfen	verhüllen	Gedanken haben

Mit Worten entwarfen die Kinder ein »Bild« dieser Menschen, das zugleich als Bild vom Menschsein überhaupt und als Bild vom Prophetsein Geltung hat. Das entspricht der Auswahl und Eigenart der Bilder, die zum einen durch Konzentration der Blickrichtung auf Hände, Augen, Ohren und Mund, zum anderen durch Spannungen im Bild selbst – zwischen Nachdenken und Verzweifeln, Hinhören und Weghören, Sich-Zuwenden und Sich-Abwenden – beim Betrachter elementare Eindrücke ermöglichen.

Dem Vorlesen der vielfältigen Assoziationen zu den Bildern folgte eine Zwischenreflexion mit den Kindern zur Präzisierung bzw. ausdrücklichen Benennung des Themas, in dem wir schon lange »mittendrin« waren:

Bis hierhin waren wir den Weg der Annäherung an Menschen gegangen,

❏ die ähnlich sprachen wie die Kinder in den Reden an die Menschheit,
❏ die die Sätze auf den Karten gesagt haben,
❏ die auf den Bildern dargestellt sind,
❏ die durch die Verben der Kinder so gut charakterisiert sind.

Es ist eine Gruppe von Menschen aus der Hebräischen Bibel, unserem Alten Testament: Die *Propheten* sind gemeint.

Nochmals betrachteten wir die Bilder unter dem Aspekt, was sie uns über Propheten zeigen. Ähnlich wie in der Hiob-Reihe hatten sich die Kinder in den ersten Stunden selbständig im Thema bewegt und es schließlich auch explizit »gefunden«. Ihre eigenen Fragen und Erfahrungen und die von uns eingebrachten Fragestellungen und Elemente – vor allem die elementaren Sätze aus der Bibel und die elementaren Bilder – halfen dabei.

5. Kreative und sachbezogene Arbeiten zu den Propheten

In der sechsten und siebten Stunde gaben wir Zeit zur vertieften Auseinandersetzung: einerseits auf dem bisher eingeschlagen Weg mit Hilfe der elementaren Sätze, Bilder und Verben, andererseits ergänzend durch Erarbeitung von Sachhintergründen zu den Propheten allgemein und exemplarisch zum Propheten Amos. Konkret wurden folgende Aufgaben in Gruppen angeboten und verteilt:

◆ **1. und 2. Gruppe:**

Je vier Kinder erstellen jeweils eine *Propheten-Collage*, indem sie ausgewählte Elemente aus den Prophetenbildern (Kopien im DIN-A-4-Format) und aus den Propheten-Verben der letzten Stunde (s.o., gedruckt auf Kartonstreifen) aufeinander beziehen. Dabei können sie nicht nur die für sie wichtigsten Bilder und Verben aussuchen, sondern auch bearbeiten, z.B. einzelne Bildmotive aus dem gesamten Prophetenbild ausschneiden.

◆ *3. Gruppe: Vier Kinder ordnen die Prophetensätze auf den Karten* (☞ 2./3. Stunde) den *Prophetenbildern* (DIN-A-3-Format) zu. Immer wenn ein Satz zu einem der Bilder besonders gut passt, legen sie ihn zu diesem Bild, wenn er zu keinem Bild passt, legen sie ihn beiseite.

◆ *4./5. Gruppe: Jeweils zwei Kinder lesen einen kurzen Text zu den Propheten* allgemein und bereiten schriftlich einen »*Vortrag*« für die anderen Kinder über die Propheten vor (Literatur: »Propheten mahnen und trösten«, aus dem Sachbuchteil von: Die Bibel, für Kinder ausgewählt und erläutert von Josef Quadflieg, Düsseldorf 1994, 266-267).

◆ *6./7. Gruppe: Zwei Kinder bereiten dementsprechend mit einem anderen Text einen *Vortrag* über die Propheten vor (Literatur: Ich entdecke die Welt der Bibel. Altes Testament, Ravensburg 1987, 86f.), zwei weitere einen *Vortrag* über einen bestimmten Propheten, nämlich *Amos* (ebd., 202f.).

Wie gewohnt wurden im Sitzkreis die Collagen und die zugeordneten Sätze vorgestellt und von den anderen Kindern befragt. Die Mädchen beschrieben die Entstehung ihrer Collage:

Wir haben aus jedem Prophetenbild das für uns Wichtigste herausgeschnitten, uns dann aus den vielen Verben zwei ausgesucht, die zu dem Bild jeweils am besten passen. Das Bild in der Mitte ist bei uns Gott (in grün steht das darüber). Die Idee mit dem Fragezeichen ist uns ganz am Ende gekommen: Das Fragezeichen ist ganz in Buchstaben, weil Fragen in Sprache gefasst sind, oft Rätsel aufgeben. Wir haben nicht die einzelnen Wörter genommen, weil die nicht zu allen Bildern gepasst hätten. Mit dem Fragezeichen sind Fragen an Gott gemeint und Fragen überhaupt, von Propheten an Menschen.

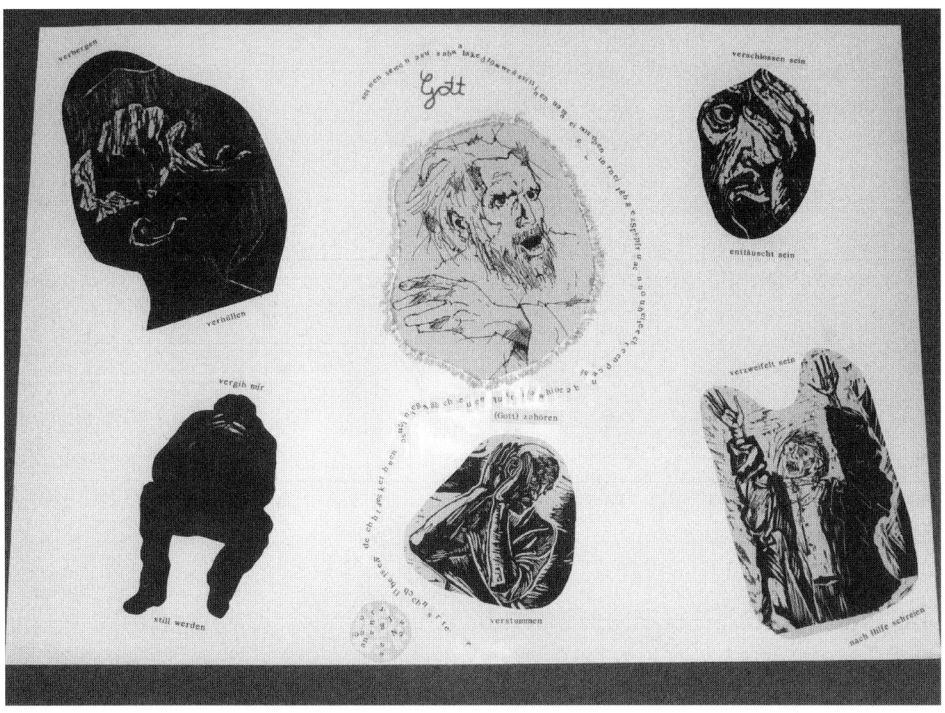

Auch die Jungen hatten nach anfänglichen Schwierigkeiten einen Weg zu einer interessanten Collage gefunden: Sie ordneten den aufs Wesentliche beschnittenen Prophetenbildern treffende Verben zu, die sie originell um die Propheten platzierten. Am Ende hatten sie die Idee, den beim Ausschneiden des Bildes von Canogar entstandenen dunklen Hintergrund auch noch mit Verben ins Bild zu kleben.

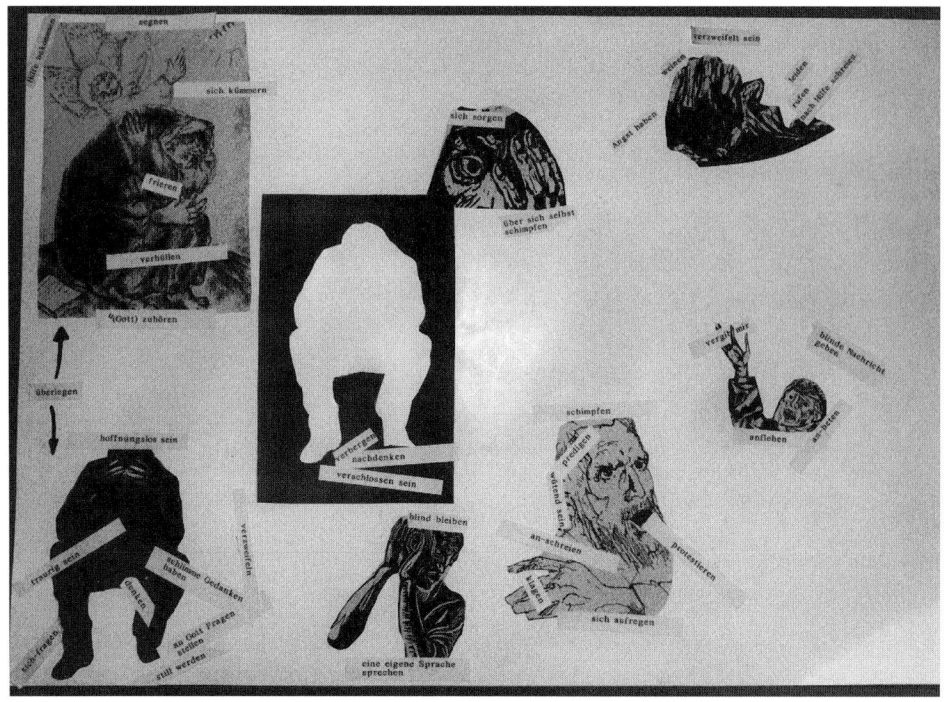

Am Ende der Stunde hörten wir erste »Vorträge« über die Propheten.

6. Der Prophet Amos

Trotz der Schwierigkeiten mit den komplexen zeitgeschichtlichen Hintergründen für Grundschulkinder wollten wir nach dem Erfahren des *Elementaren* bei den Propheten an einem konkreten Beispiel auch die *Geschichte* eines Propheten thematisieren.

Wir entschieden uns für Amos, da

❏ hier besonders komprimiert das Elementare der Propheten, »Unrecht beim Namen nennen« und »Ermutigung und Trost aussprechen«, zur Geltung kommt,

❏ hier die »typische« Prophetenrolle zum Tragen kommt: Amos ist ein einfacher Mensch, Prophet aufgrund seiner Berufung, nicht als Beruf,

❏ im Gegensatz zu vielen anderen Propheten – auch zu Jesaja und Jeremia – im Buch Amos eine überschaubare Geschichte erzählt wird und nicht ein Bündel vieler Einzelgeschichten.

Der Name »amos« – eine Kurzform von »amazja« – bedeutet »Jahwe trägt« oder »Jahwe hat getragen«. Amos kommt aus Thekoa in Juda (Südreich, 18 km südlich von Jerusalem). Er ist von Beruf Viehzüchter und Maulbeerfeigenzüchter (Amos 7,14). Als Grundbesitzer gehört er wohl eher zu den bedeutenden und reichen Männern im Ort. Darauf weisen seine sprachliche Ausdrucksweise, seine Kenntnisse über andere Völker, sein Wissen über die Weisheitsliteratur und die Traditionen Israels hin.

Amos ist Prophet aus Berufung und nicht Berufsprophet. Wegen seiner aufwiegelnden Botschaft wird er vom Oberpriester Amazja, also von einem Berufspropheten, des Landes verwiesen und ist vermutlich wieder nach Juda in seinen »bürgerlichen« Beruf zurückgekehrt.

Amos tritt zum Ende der Regierungszeit Jerobeams II. (um 760 v.Chr.) auf, einer Zeit des politischen, wirtschaftlichen und kulturellen Aufschwungs im Nordreich Israel. Eine siegreiche Expansionspolitik Jerobeams ging einher mit innenpolitischem Erfolg in Handel und Wirtschaft. Zugleich traten die sozialen Gegensätze immer stärker hervor: eine Kluft entstand zwischen Arm und Reich, Macht und Besitz wurde nur auf Kosten der Schwächeren angehäuft. Der Beamtenapparat blähte sich immer mehr auf. In diese Situation hinein spricht Amos die Botschaft vom Untergang Israels, vom Nein Jahwes gegen ein solches Leben. Das macht die Ausweisung durch Amazja, den Hüter der Ordnung am Heiligtum Bethel, verständlich.

Das Amos-Buch in seiner vorliegenden Gestalt geht nicht auf den Propheten selbst zurück, sondern ist in verschiedenen Stadien der literarischen Entstehung gewachsen. Zu den authentischen Prophetenworten (die Völkersprüche, die »Höret«- und »Wehe«-Sprüche, die fünf Visionsberichte) kamen in vier späteren Redaktionsschichten weitere Teile des Buches hinzu, die jedoch nicht als zweitrangig anzusehen sind.

In der achten Stunde der Unterrichtsreihe hörten wir zunächst die weiteren, noch ausstehenden »Vorträge« der Kinder zu den Propheten und zu Amos. Erneut fragten wir in einer Art Zwischenreflexion:

»Wenn ihr das alles von den Propheten hört, warum kann man sagen, dass eure eigene »Rede an die Menschheit« im Grunde auch eine prophetische Rede war?« Mit Hilfe der eigenen Erfahrung und den Sachinformationen brachten es die Kinder auf den Punkt:

Auch wir haben Ungerechtigkeiten angeklagt.
Auch wir reden eigentlich nicht vor so vielen Menschen.
Auch wir haben befürchtet, keiner würde auf uns hören, alle würden uns auslachen.

Zur Einstimmung und Vorbereitung der Erzählung von Amos entfalteten bzw. wiederholten wir nun in groben Zügen die Anfänge der Geschichte des Volkes Israel: die Exodus-Erfahrung als zentrales Ereignis – die Zeit der Richter – die Zeit der Könige Saul, David und Salomo – die Teilung ins Nordreich Israel und ins Südreich Juda (Entwicklung eines Tafelbildes mit jeweiligen Zeitangaben). So kamen wir zur Erzählung von Amos ...[5]

A Das Alte Testament erzählt von Amos

mos lebte bei der Stadt Tekoa. Er war Viehzüchter, und ihm gehörte eine große Schafherde. Hirte zu sein war ein harter Beruf, und Amos war von ganzem Herzen ein Hirte. Außerdem züchtete Amos auch Feigenbäume, von denen er einen ganzen Wald besaß. Wenn er in die Städte und Dörfer Israels kam, dann sah er manches, was ihn ernst und nachdenklich machte. Da sah er Arme am Weg sitzen, die bettelten. Da sah er Kranke und Krüppel, die ihm ihre Hände entgegenhielten. Sie konnten nicht arbeiten, niemand sorgte für sie. Ihnen blieb nur das Betteln.

Draußen vor der Stadt arbeiteten Männer, Frauen und Kinder in der Gluthitze auf großen, steinigen Feldern. Die gehörten den Reichen der Stadt. Sie wurden reicher und reicher, während die Armen ärmer und ärmer wurden. Die Reichen saßen im Schatten ihrer prunkvollen Häuser, tranken Wein aus silbernen Krügen und sahen nichts von der Not der Armen. Oder sie wollten nichts davon sehen.

Amos dachte viel und oft über dieses Unrecht nach.

Eines Tages hörte er die Stimme Gottes: »Amos«, sagte Gott, »du sollst mein Sprecher sein. Ich brauche dich. Du sollst mein Prophet sein. Das Ende meines Volkes Israel ist gekommen. Ich will ihm nicht länger vergeben. Das sollst du den Menschen sagen.«

»Was habe ich mit dem Volk Israel zu tun?« fragte Amos. »Ich lebe im Volk Juda. Ich bin Judäer!«

»Du sollst über die Grenze nach Israel gehen. Die Ungerechtigkeit dieses Volkes schreit zu mir. Es hat seinen Gott vergessen. Das Recht tritt es mit Füßen, denn es verstößt die Armen.«

Da machte sich Amos auf den Weg in das Land Israel. Er kam in die Stadt Bethel. Dort feierte man gerade ein ausgelassenes Fest: ein Opferfest für den Gott Baal. Um die mächtige Statue eines Stiers tanzten die Leute, ihm zu Ehren.

Mitten in dieses Fest hinein redete Amos. Er hatte sich Trauergewänder umgelegt, wie zu einer Totenklage: »Hört, was Gott euch zu sagen hat: Ich hasse eure Feste, ich verabscheue sie und kann eure Feiern nicht riechen. Ich habe kein Gefallen an euren Gaben, und eure fetten Opfer will ich nicht sehen. Weg mit dem Lärm eurer Lieder! Euer Harfenspiel will ich nicht hören!

Sondern so soll es sein: Das Recht ströme wie Wasser und die Gerechtigkeit wie ein nie versiegender Bach.

Ihr jedoch liegt auf Betten aus Elfenbein und faulenzt auf euren Polstern. Zum Essen holt ihr euch Lämmer aus der Herde und Mastkälber aus dem Stall.

160

Ihr grölt zum Klang der Harfe, ihr wollt Lieder erfinden wie David. Ihr trinkt den Wein aus großen Humpen, ihr salbt euch mit den feinsten Ölen.

Das Fest der Faulenzer ist nun vorbei!«

Die da feierten, waren sehr erschrocken. Der oberste Priester aber schickte Boten zum König und ließ ihm sagen: »Dieser Amos macht einen Aufruhr gegen dich, König. Das Land kann seine Worte nicht ertragen.«

Und der König befahl Amos: »Du, Prophet, verlass das Land Israel! Geh zurück nach Juda, wo du herkommst, und halte da deine Reden.«

Amos antwortete: »Ich bin ein Schafhirt, und Gott hat mich von meiner Herde weggeholt und zu mir gesagt: Geh und rede als Prophet zu meinem Volk Israel. Darum höre jetzt das Wort Gottes: Das Volk Israel wird aus seinem Land vertrieben werden und seine Städte werden zerstört. Deine Frau, deine Söhne und Töchter werden das Unheil nicht überleben, du selbst wirst in einem fremden Land sterben. Dein Land wird verteilt. An jenem Tag wird am Mittag die Sonne untergehen und am helllichten Tag über der Erde Finsternis sein. Aus euren Festen wird Trauer und all eure Lieder werden zur Totenklage. Ich lege allen ein Trauergewand um. Das Ende wird sein wie der bittere Tag des Todes. Seht, es kommen Tage, da kommt der Hunger ins Land, nicht der Hunger nach Brot, nicht Durst nach Wasser, sondern nach einem Wort Gottes. Dann wanken die Menschen von Meer zu Meer, sie ziehen von Norden nach Osten, um das Wort Gottes zu suchen, doch sie finden es nicht.

Keiner kann entfliehen, keiner entrinnt, keiner entkommt.«

Die Menschen waren erschrocken. Viele spürten, dass durch diesen Mann Gott zu ihnen sprach. Bevor aber Amos ging und das Land verließ, wie es der König befohlen hatte, hatte er auch noch tröstende Worte Gottes für sie:

»Doch es wird auch der Tag kommen, da richte ich die zerfallene Hütte Davids wieder auf und bessere ihre Risse aus, ich richte ihre Trümmer auf und stelle alles wieder her, wie in den Tagen der Vorzeit. Siehe, es kommen Tage, da triefen die Berge von Wein, und alle Hügel fließen über. Dann wende ich das Geschick meines Volkes Israel: Sie bauen die verwüsteten Städte wieder auf und wohnen darin, sie pflanzen Weinberge und trinken den Wein, sie legen Gärten an und essen die Früchte. Und ich pflanze sie ein in ihrem Land, und nie mehr werden sie ausgerissen aus ihrem Land, das ich ihnen gegeben habe, spricht Gott.«

Im anschließenden Gespräch stellten die Kinder neben Rückfragen auch Bezüge zu einzelnen Prophetensätzen her. So ergänzten sich Auseinandersetzungen mit den elementaren Worten und mit der Beispielgeschichte eines Propheten wechselseitig.

7. Eigene Prophetenbilder

Als Zusammenfassung von Erfahrungen und Lernzuwachs boten wir den Kindern wieder die Möglichkeit einer kreativen Arbeit zu den Propheten mit folgenden Wahlmöglichkeiten:

Zum einen konnte das *Thema* gewählt werden:
a. ein eigenes Prophetenbild, ggf. angeregt durch die Prophetenbilder der Künstler,
b. ein Bild zu einem der Prophetenworte (Karten).

Zum anderen konnten die Kinder die *Arbeitsmittel* wählen:
a. eine Kohlezeichnung auf einem DIN-A-4-Blatt,
b. ein geschwärztes Dia mit einem Nagel oder einer Nadel ritzen.[6]

Beide Methoden waren für die Kinder neu, so dass sie mit großer Motivation bei der Sache und bei sich waren. Die meisten Kinder wählten als Thema ein eigenes Prophetenbild. Viele hoben elementare Aspekte des Prophet-Seins hervor, so dass die Bilder insgesamt die ganze Unterrichtsreihe, z.T. auch unsere Zugänge zu Kain und Abel und Hiob widerspiegeln.

Bei den geritzten Dias wurde oft in einem Bild nur ein Ohr, nur ein Auge oder nur ein Mund gezeichnet, um so auszudrücken, dass das Hören, das Sehen und das Sprechen für Propheten wichtig ist. Gemalt werden auch Propheten, die die Hände empört in die Luft strecken und z.B. rufen: »Hört! Was soll das?«, aber auch einer, der sagt: »Friede sei mit dir!« Ein Dia stellt allein die Frage: »Wer ist Jahwe?« Ein anderes Kind stellt einen zeitgenössischen Gegenstand prophetischer Kritik ins Zentrum, indem es ein Auto vor verdunkelter Sonne malt und »Verschmutzung« darüber schreibt. Einige Bilder übernehmen die dialektische Struktur prophetischer Rede und zeigen z.B. neben der blühenden Blume und dem Mond auf der linken Seite Blitz und Regenwolken auf der rechten Seite oder Auge, Ohr und Mund im Mittelpunkt zwischen Blitz und strahlender Sonne.

 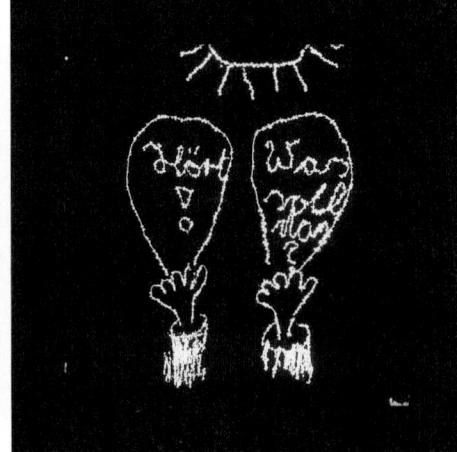

Die Kohlezeichnungen zeigen auch ungewöhnliche Bildlösungen:

☐ Den Satz »Siehe, in die Hände habe ich dich gezeichnet.« (Jes 49,16) greift ein Mädchen »wörtlich« auf, indem es in die Umrisse von zwei sich verschränkenden Händen die ganze Welt und in ihrer Mitte ein Auge zeichnet, also symbolische Motive für das Leben und die Menschheit wählt (☞ Abb.).

☐ In einem entgegengesetzten Kontext taucht die Hand auf einem Bild eines Jungen um Hilfe ringend oder drohend aus einem Loch unter einer dunkel gemalten Welt auf (☞ Abb.), ein Motiv, das an Picassos Kriegsbild erinnert (s. III.5.a).

☐ Ein vieldeutiges Bild zeigt am Horizont einer dunklen Erde einen stilisiert gemalten Menschen, die Arme hochgereckt mit einem Kopf, in dem nur ein Fingerabdruck (!) aus Kohle zu sehen ist. Dieser Mensch ist umgeben von einem Sonnenkranz und einem Auge (☞ Abb.).

☐ Das am wörtlichen Verstehen anknüpfende und darüber hinaus gehende Bild eines Jungen zu Jes 43,4 – »Du bist in meinen Augen wertvoll und herrlich.« – greift das Hiob-Motiv auf und zeigt den wiederhergestellten Menschen im »Spiegel« des Auges (☞ Abb.).

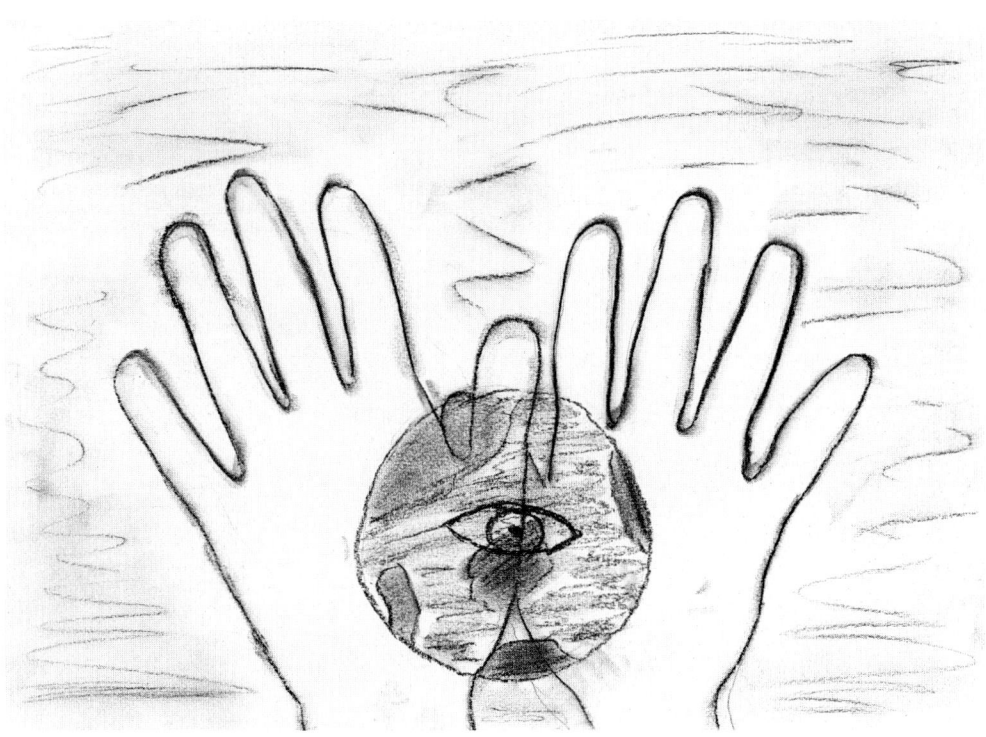

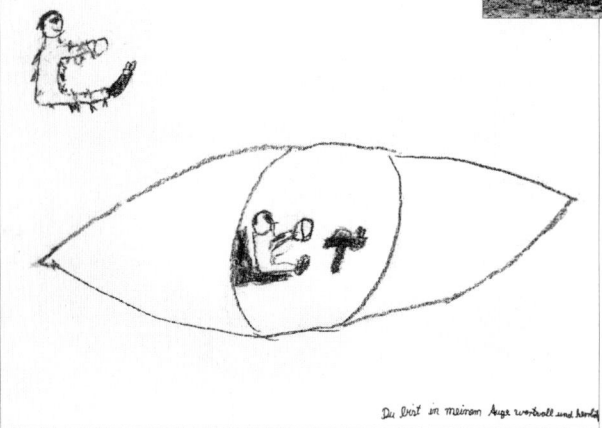

Du bist in meinem Auge wertvoll und herrlich

164

Die Vorstellung und Besprechung der Bilder in der abschließenden zehnten Stunde brachte diese Vielfalt vor Augen und zur Sprache; es zeigte sich jedoch, dass die Kinder z.T. ihnen Wichtiges beeindruckend aufs Bild bringen, aber nur in Ansätzen verbalisieren können. Das eröffnet Chancen im Gespräch, oft sogar so, dass durch Interpretationen anderer Kinder am Bild neue Einsichten gewonnen werden, die der »Maler« selbst nicht intendierte.

Einige der (schriftlichen) Antworten der Kinder auf unsere am Ende gestellte Frage »*Gibt es heute noch Propheten?*« mögen zeigen, dass ihnen die Propheten nicht Menschen einer fernen Zeit geblieben sind, nicht Wahrsager der Zukunft geworden sind, sondern Menschen, die genau hinsehen und hinhören, was ist, das benennen und ein anderes Handeln der Menschen fordern und dazu ermutigen. Ihre Kraft schlummert in jedem Menschen, auch heute.

Ja, ich glaube ja, nämlich in jedem Menschen steckt ein kleiner Prophet! Weil jeder mal klagt und auch andere richtige Sachen über die Menschen redet. Weil auch jeder Mensch seine eigenen Gedanken hat, und vielleicht ist ein kleiner Gedanke ein bisschen was von einem kleinen Propheten.

Viele Leute sprechen wie Propheten. Wenn es mehr Propheten gäbe, würde die Welt bestimmt wieder anders sein.

Ja, aber die meisten Menschen wissen es nicht. Denn sie trauen sich nicht, vor der Menschheit zu reden. Denn sie haben Angst.

Ja, ich glaube schon, vielleicht nicht so, wie vor 2500 Jahren, aber anders. Sie könnten den Menschen ja etwas über den Umweltschutz verkünden oder über Tierversuche.

Ja! Sie sagen ihren Mitmenschen ihre Meinung. Vielen Menschen sagt die innere Stimme, sie sollen von Gott erzählen.

Ja! Weil die Menschen (Propheten) so waren, wie heutzutage die Menschen sind.

8. Kurzskizzierung des Unterrichts

Auch bei dieser Zusammenfassung der Unterrichtsreihe in Stichworten ist die detaillierte Beschreibung unserer Arbeit in diesem Kapitel vorausgesetzt.

1. Stunde: Eine Rede an die Menschheit

❐ Aufgabenstellung entsprechend dem Arbeitsblatt, als Kind eine »Rede an die Menschheit« zu entwerfen (s. Kopiervorlage)
❐ Schreiben der Rede
❐ Kurzes Gespräch darüber, wie sich die Kinder beim Schreiben fühlten

2./3. Stunde: Von der Rede zu den Prophetenworten zu eigenen Bildern

❐ Vortrag einiger Kinderreden als Einstimmung
❐ Erneutes Lesen und Überarbeiten der Rede durch jedes Kind
❐ Klärung der Aufgabenstellung und Durchführung:
a. Auslegen und Lesen von 27 Karten mit Worten der Anklage und des Aufrufs zur Umkehr / Auswählen einer Karte, die gut zur eigenen Rede passt / Schreiben dieser Worte unter die Rede in den ersten Rahmen
b. Auslegen und Lesen von weiteren 27 Karten mit Worten des Trostes, der Ermutigung und der Zusage / Auswählen einer Karte, die gut zur eigenen Rede passt / Schreiben dieser Worte unter die Rede in den zweiten Rahmen
❐ Malen eines Bildes (DIN-A-3) mit Wasserfarben, zu den Worten im ersten Rahmen oder im zweiten Rahmen oder zu beiden gleichzeitig

4. Stunde: Fortsetzung

❐ Vorstellung der Bilder zu den Prophetensätzen aus der letzten Stunde und Austausch darüber

5. Stunde: Was Propheten tun

❐ Ankündigung von Bildern (DIN-A-3) mit Menschen, die Sätze gesagt haben, wie sie auf den Karten stehen:
- Zeigen der Bilder nacheinander
- Kinder schreiben, »was die Menschen tun« (Tafelanschrift)
- Beschränkung auf Verwendung von Verben
❐ Vorlesen der Assoziationen zu den Bildern
❐ Rückbesinnung bzw. Zwischenreflexion mit den Kindern zur ausdrücklichen Themenfindung: »Propheten« (Tafelanschrift)
❐ Erneutes Betrachten der Bilder:
- Was zeigen sie uns über Propheten?
- Achtet nur auf die Hände, die Ohren, die Augen ...!

6./7. Stunde: Collagen und Sachhintergründe zu den Propheten

❐ Erläuterung und organisatorische Vorbereitung der Arbeit in folgenden Gruppen:
1./2. Gruppe (je 4 Kinder): *Propheten-Collage* mit Elementen aus den Prophetenbildern (DIN-A-4-Format) und aus den Propheten-Verben der Kinder (auf Kartonstreifen gedruckt)
3. Gruppe (4 Kinder): Zuordnen von *Prophetensätzen* (Karten) zu den *Prophetenbildern*
4.-7. Gruppe (je 2 Kinder): »*Vorträge*« zu den *Propheten* allgemein und zu *Amos* mit Hilfe von Sachtexten (s.o.)
❐ Vorstellen der Ergebnisse im Sitzkreis

8./9. Stunde: Der Prophet Amos – unsere eigenen Prophetenbilder

❐ »Vortrag« über die Propheten allgemein von zwei Kindern
❐ Rückfrage: Warum war die eigene »Rede an die Menschheit« (1. Stunde) im Grunde auch eine prophetische Rede?
❐ Lehrervortrag
a. Zur geschichtlichen Einordnung erzählende Erinnerung an die Anfänge der Geschichte des Volkes Israels (Exodus-Erfahrung – Zeit der Richter – Zeit der Könige Saul, David und Salomo – Teilung ins Nordreich Israel und Südreich Juda)
b. Erzählung der Geschichte des Propheten Amos als ein Beispiel eines Prophetenschicksals
❐ Rückfragen und Gespräch zur Amos-Erzählung
❐ Kreative Arbeiten der Kinder mit Wahl des Themas:
a. ein eigenes Prophetenbild
b. ein Bild zu einem der Prophetenworte (Karten)
und Wahl des Arbeitsmittels:
a. eine Kohlezeichnung auf einem DIN-A-4-Blatt
b. ein geschwärztes Dia mit einem Nagel oder einer Nadel ritzen

10. Stunde: Abschluss und Rückblick

❐ Präsentation der Kohlezeichnungen und Dias: Rückfragen und Austausch
❐ Abschließende Frage: Gibt es heute noch Propheten?
❐ Schriftliche Beantwortung und Gespräch

VI. Erträge religiösen Lernens mit der Bibel

Hilfen für die Unterrichtsplanung

Ich muss singen

Ich muss singen, ich muss klagen,
dass des Menschen Forschergeist
oft zur Hure wird des Todes,
der die Fäden an sich reißt.
Sicherheit heißt ihre Schminke,
Gleichgewicht heißt ihr Korsett.
Ihre Zähne sind Raketen
und das Massengrab das Bett.

Ich muss singen, ich muss zweifeln,
ich muss fragen immerzu.
Ich muss stören, provozieren,
trommeln in die Mittagsruh,
dass der Schlaf des Selbstgerechten
uns nicht wie die Pest beschleicht,
dass wir die Signale hören,
dass uns jeder Ruf erreicht.

Ich muss singen, ich muss summen,
wie ein Kind im dunklen Haus,
um die Angst zu überwinden,
wenn die Lichter gehen aus.
Um mir selber Mut zu machen,
dass ich ruhig, unbeirrt
weiter gehe, weiter suche,
bis es wieder heller wird.

Ich muss singen, ich muss träumen:
Frieden, Anmut, Poesie,
Zartheit, Sanftmut und Vertrauen,
Lieben, Lachen, Harmonie.
Dass die Worte nicht verkommen
nur in lauem Schnulzensaft.
Dass sie unter uns bestehen,
lebenstüchtig, voller Kraft.

Ich muss singen, singen, singen!
Dazu ist mein Lied gemacht,
dass sich eure Herzen auftun,
dass ihr fröhlich seid und lacht,
dass wir uns ganz nahe kommen
einen kleinen Augenblick
und beim Auseinandergehen
etwas nachklingt die Musik.

Gerhard Schöne

170

Die Lieder von Gerhard Schöne haben uns durch die einzelnen Kapitel begleitet und – so hoffe ich – eine Fülle von Erfahrungen, Assoziationen und Bezügen zu dem Entfalteten geweckt. Was Gerhard Schöne in dem Lied »Ich muss singen« als Grund und Antrieb seines musikalischen Schaffens beschreibt, zeigt die Nähe seiner Lieder zur biblischen Sprache und zu den Kindern. Jubeln, preisen, staunen über die Schönheit der Welt, über das sinnenhaft erfahrene eigene Leben – klagen über die Gewalt, die Menschen einander zufügen – zweifeln, fragen, stören – die Angst überwinden und Mut machen – träumen von einer Welt voller Frieden, Vertrauen und Liebe – diese großen Worte nicht verkommen lassen – einander die Herzen öffnen und froh werden: das alles zusammen beschreibt eine Haltung der Aufmerksamkeit und Achtsamkeit im Leben, wie sie auch das hier vorgestellte religiöse Lernen mit der Bibel bewirken möchte.

Vor dem Hintergrund der in den ANNÄHERUNGEN entfalteten Blickrichtungen religiösen Lernens und der konkreten ERFAHRUNGEN im Unterricht mit den Kindern will ich nun im Nachdenken über FOLGERUNGEN der Frage nach einem heute wirksamen Lernen mit der Bibel weiter nachgehen. Dabei bieten neben den Bezügen zur Religionspädagogik und Theologie kurze »Ausflüge« in die Pädagogik, Literatur (für Kinder) und Kunst (von Kindern) jeweils eigene Kontexte an, den Anspruch dieses Lernens mit Kindern transparent zu machen. Im Rückblick auf den Unterricht dienen jeweils prägnante Beispiele der Veranschaulichung. Hilfen für die Unterrichtsplanung zu anderen Bibeltexten bzw. zu anderen Erfahrungen der Kinder werden – der offenen Konzeption entsprechend – in Form von Fragestellungen in den Blick genommen. So ergänzen sich Rückschau und Blick nach vorn wechselseitig.

1. »... in jedem Menschen steckt ein kleiner Prophet.«
Religiöses Lernen als Doppelbewegung zwischen den Kindern und den Inhalten

»... in jedem Menschen steckt ein kleiner Prophet«: Diese Erkenntnis eines Kindes am Ende unseres Unterrichts zu den Propheten spiegelt die Sichtweise des Elementarisierungsprozesses als »Doppelbewegung zwischen Schülern und Inhalten« (Friedrich Schweitzer, ☞ I.3.) wider. In Form einer rückblickenden Übersicht zum Unterrichtsprozess sei die Komplexität dieser Doppelbewegung vor Augen geführt (☞ Abb.).

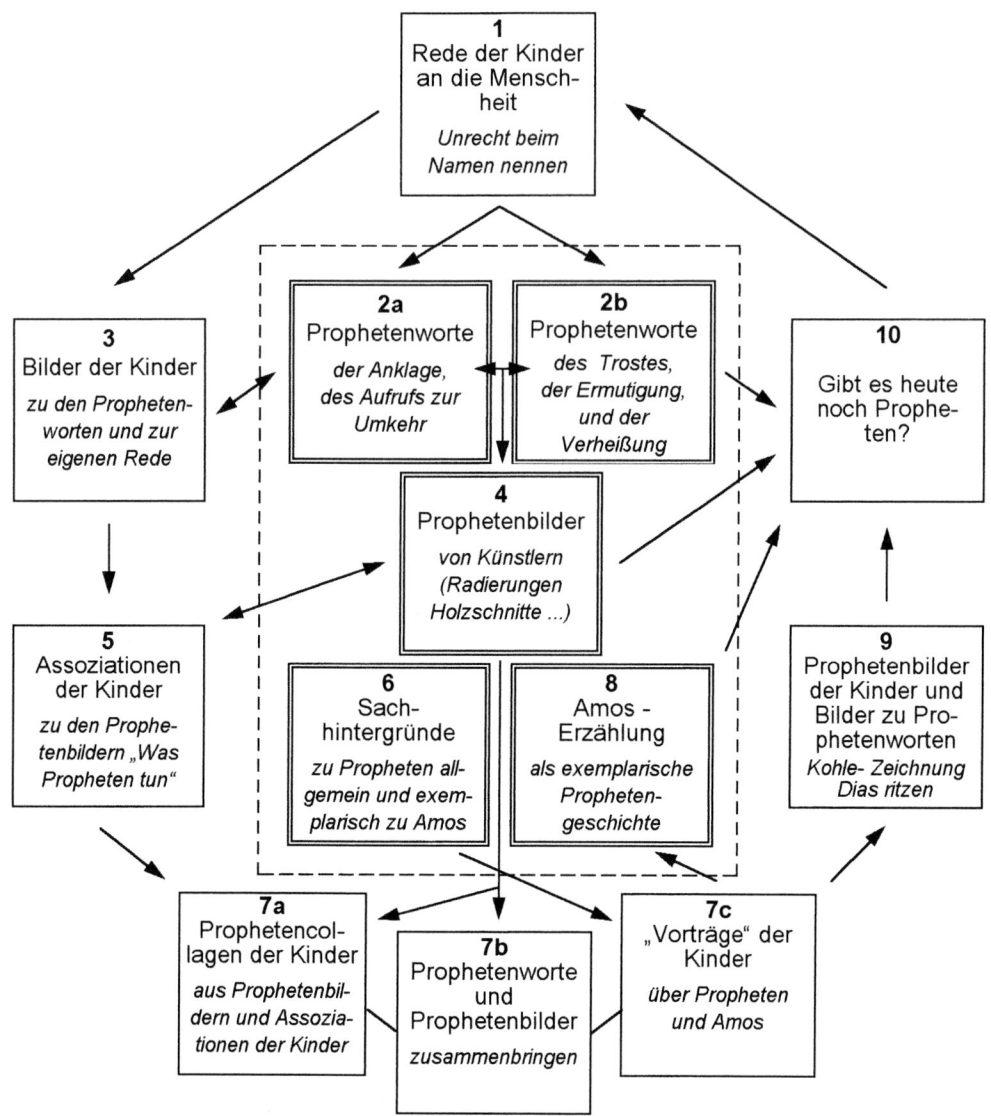

1
Rede der Kinder
an die Mensch-
heit
*Unrecht beim
Namen nennen*

3
Bilder der Kinder
*zu den Propheten-
worten und zur
eigenen Rede*

2a
Prophetenworte
*der Anklage,
des Aufrufs zur
Umkehr*

2b
Prophetenworte
*des Trostes,
der Ermutigung,
und der
Verheißung*

10
Gibt es heute
noch Prophe-
ten?

4
Prophetenbilder
*von Künstlern
(Radierungen
Holzschnitte ...)*

5
Assoziationen
der Kinder
*zu den Prophe-
tenbildern „Was
Propheten tun"*

6
Sach-
hintergründe
*zu Propheten all-
gemein und exem-
plarisch zu Amos*

8
Amos -
Erzählung
*als exemplarische
Propheten-
geschichte*

9
Prophetenbilder
der Kinder und
Bilder zu Pro-
phetenworten
*Kohle- Zeichnung
Dias ritzen*

7a
Prophetencol-
lagen der Kinder
*aus Prophetenbil-
dern und Assozia-
tionen der Kinder*

7b
Prophetenworte
und
Prophetenbilder
zusammenbringen

7c
„Vorträge" der
Kinder
*über Propheten
und Amos*

Im Außenkreis, also nach außen hin offen, wird an das jeweilige Handeln der Kinder, an ihr Assoziieren, Schreiben und Malen, ihr Denken und Fühlen erinnert. Der Innenbereich zeigt die von uns eingebrachten, zumeist biblischen Inhalte. Die chronologische Abfolge entspricht den oben angegebenen Zahlen auf den einzelnen Feldern. Die Pfeile können das komplexe Beziehungsgefüge nur andeuten. Ein inneres Nachvollziehen der einzelnen Unterrichtsschritte von 1 bis 10 lässt die Vielfalt der Bezüge zwischen den einzelnen Elementen nachempfinden: Nie wurden die von uns eingebrachten Inhalte an sich vermittelt, doch ohne sie wäre nach der Rede an die Menschheit der Prozess der Aneignung bei den Kindern nicht in Gang gesetzt worden. Der um die »inhaltliche Mitte« kreisende Weg der Kinder betont ihre Eigenständigkeit und Unabhängigkeit. Der letzte, zum Ausgangspunkt zurückkehrende Pfeil will zeigen, dass in der Eingangsrede der Kinder Wesentliches – das Erleben der Situation eines Propheten und das Praktizieren der prophetischen Rede – bereits enthalten war. Ohne die folgenden Unterrichtsprozesse wäre dieses Wesentliche jedoch im Sande verlaufen, hätten die Kinder es nicht gedanklich und emotional, von der Sache und von ihrer Person her einholen können.

Aus der Perspektive der Kinder gesehen, geht es bei der Doppelbewegung zwischen den Kindern und den Inhalten darum,

- ❐ dass die Kinder sich ihrer Erfahrungen und Fragen bewusst werden, sie wiederfinden und ihnen Gestalt geben im Reichtum der biblischen Worte,
- ❐ dass ihnen über die biblischen Worte Identifikations- und Entwicklungsmöglichkeiten eröffnet werden, die zu ihrer persönlichen wie religiösen Identitätsbildung beitragen.

Von den biblischen Inhalten her formuliert, geht es darum,

- ❐ den Prozess des Erfahrens und Fragens fortzusetzen, der in der Vergangenheit zu diesen biblischen Worten geführt hat,
- ❐ und damit auch jenen Prozess lebendig zu halten und weiterzuführen, der Gott im doppelten Wortsinn als »Grund« unseres Fragens und Erfahrens wahrzunehmen verhilft.

Wenn das alles tatsächlich geschieht, wird man der katholischen religionspädagogischen Tradition entsprechend zu Recht von einem gelungenen »Korrelieren« sprechen können.[1] Diesen hohen Anspruch jedoch bereits vorher als Ziel religiösen Lernens zum Kriterium der Planung oder gar zur Kontrolle des Erfolgs jeder einzelnen Stunde zu erklären, kann an der Würde der »Sache« und der Kinder vorbeigehen. Hier scheint mir die Intention eines Lernarrangements hin zu einer möglichen »Doppelbewegung« offener, bescheidener und den Inhalten wie den Lernenden gegenüber angemessener zu sein.

Fragen zur Unterrichtsplanung:

◆ Welche elementaren Strukturen der biblischen Sprache und elementaren Wahrheiten der biblischen Botschaft zeigen sich in den Bibeltexten?

◆ Welche elementaren Erfahrungen der Kinder berühren die Bibeltexte? Welche entwicklungs- und gesellschaftsbedingten Möglichkeiten und Grenzen elementarer Zugänge sind bei ihnen zu erwarten?

◆ Wie finden wir einen Einstieg in die Thematik, der unmittelbar bei den Erfahrungen der Kinder ansetzt und sie zu »Wort« kommen lässt, zugleich aber schon mit dem Wesentlichen der biblischen Texte in Beziehung steht?

◆ Wie kann eine produktive Wechselbeziehung zwischen den Erfahrungen und Fragen der Kinder und den Worten der Bibel erreicht werden, die niemanden vereinnahmt und den Dialog zwischen Kindern und Unterrichtenden, zwischen den Menschen und den in der Bibel überlieferten Erfahrungen und auf diesem Weg auch mit Gott fördert?

2. »... die Zeit, in der man nachdenkt, ist eine stille Zeit.«
Religiöses Lernen aus einer Haltung der Absichtslosigkeit, Gelassenheit und Stille

Als Schriftsteller hat Sten Nadolny aufmerksam gemacht auf die Gefahr der »guten Absichten« beim Erzählen: »wenn etwa bestimmte Figuren die Guten und Unschuldigen zu sein haben, andere die Bösen, Schlechten, Niedrigdenkenden, Verräter«, dann werden Geschichten »didaktisch, fade, vor allem vorhersehbar. Die Figuren, die Menschen, die da vorkommen, sind eher Exempel, sie leben nicht.«[2] Geschichten, die von ihrem gewünschten und konstruierten Ergebnis her erzählt sind, fehlt es an Authentizität, an Wahrhaftigkeit und Glaubwürdigkeit. Hier beschreibt Nadolny eine auch »religionspädagogische Krankheit«, die vor allem eine Vielzahl gut gemeinter Vorlesegeschichten, aber auch didaktische Illustrationen und religiöse Kinderlieder befallen hat. Solche Geschichten können weder Angst nehmen, noch Hoffnung stiften. »... wenn etwas Mut macht, einen

Mut, der anhält und der kämpfen kann, dann sind es gelungene Geschichten und nicht gut gemeinte, will sagen: Geschichten mit selbständiger Wahrnehmung, nicht solche, die alles schon von woanders her ›wissen‹.«[3]

Als gelungene Erzählungen nennt Nadolny die großen Geschichten der Menschheit, wie sie auch die Bibel erzählt: »Sie nehmen ihre große Glaubwürdigkeit für viele Menschen deshalb an, wirken deshalb so nachhaltig, weil sie nicht einfach als Imperativ daherkommen, sondern uns die Welt zu ›erzählen‹ scheinen und damit zweierlei liefern: Sie vermindern die Angst, und sie sagen uns, was es an Wichtigem zu tun gibt!«[4] Sie diktieren aber nicht ein bestimmtes Verhalten – das tut nur eine Verfälschung, wie bei Kinderbibeltexten von »Kain und Abel« gezeigt (☞ III.3.d) –, sondern erzählen von Erfahrungen, die ein jeder auch heute machen kann oder bereits gemacht hat.

Nadolnys Skepsis gegenüber den guten Absichten beim Erzählen möchte ich ausweiten auf das gesamte Unterrichten. Jeder Pädagoge ist in der Gefahr, »Opfer« seiner zweifellos guten Absichten zu werden. Ein Unterricht, dessen Ergebnis vorher bereits feststeht, in dem keine Entdeckungen der Kinder jenseits geplanter Vermittlungsabsichten möglich sind, ist auf Dauer ermüdend für alle und – was schlimmer ist – er verliert an Glaubwürdigkeit. Spannender, überraschender und authentischer ist ein Unterricht, der sich als Inszenierung eines offenen Lernarrangements versteht: »Es kommt darauf an, dass mehr Zufall im Unterricht Platz hat, dann fällt den Schülern mehr zu.«[5] Gelingenden Unterricht kann ich symbolisch als eine Art »offenes Kunstwerk« (Umberto Eco) ansehen. Was erfahren und gedacht, gesagt und geschrieben, gemalt oder anders zum Ausdruck gebracht wird, ist letztlich in vieler Hinsicht bedeutungsoffen. Das Kind, das etwas zur Sprache bringt, trägt mehr in sich; seine Zuhörer bzw. Zuschauer hören, sehen und verstehen mehr oder anders als es selbst.

Ein solcher Unterricht erfordert zuallererst von mir selbst, aber in der Konsequenz auch von den Kindern eine Haltung der Gelassenheit und Stille. Der Pädagoge Heinrich Jacoby sieht ein in dieser Weise »zweckmäßiges Verhalten« als »Schlüssel für die Entfaltung des Menschen«.[6] Mit immer neuen Worten umkreist er dieses Verhalten beim Wahrnehmen und Erfahren, beim Äußern und Gestalten: still sein, bei sich sein, offen sein, nach innen gerichtet sein, anwesend sein, ganz sein, im Gleichgewicht sein, aufgeschlossen sein, sich »antennig« verhalten, sich hingeben.

»Zweckmäßig« ist nach Jacoby

☐ nicht ein analysierendes An-sehen und Be-trachten,
   sondern ein empfangsbereites Schauen,
☐ nicht ein angestrengtes Zu-hören und Ohren-spitzen,
   sondern eine Empfangsbereitschaft für den Schall,
☐ nicht ein An-fassen und Be-greifen mit gewaltsamem Druck,
   sondern ein in Beziehung- und Kontakt-Kommen mit der Sache,
☐ nicht, angestrengt nachzudenken,
   sondern etwas erinnernd auftauchen zu lassen,
☐ nicht, Begriffe zu kombinieren und Angelerntes wiederzugeben,
   sondern Eindrücke zueinander in Beziehung kommen und Zusammenhänge bewusst
   werden zu lassen.

Besser als

☐ zu üben ist auszuprobieren,
☐ zu wieder*holen* ist es, etwas *wieder* zu holen,
☐ etwas *nach*zumachen ist es, etwas *auch* zu machen,
☐ besser als *aus*wendig zu lernen ist es, *in*wendig zu verstehen.

Somit wendet sich Jacoby gegen ein verbissenes Machen-Wollen zu Gunsten
einer Haltung absichtslosen Geschehen-Lassens. Damit andere sich etwas er-
arbeiten können, kommt es darauf an, »eine besondere Art von Erfahrungs-
gelegenheiten so zu arrangieren, dass ... Gesetzmäßigkeiten und Tatbestände
... bewusst empfindbar werden können«[7]. Wichtig ist also nicht die Absicht,
andere »zu irgendetwas zu erziehen«, sie »in irgendetwas zu unterrichten«,
sondern sie erfahren und bewusst erkennen zu lassen, was sie bereits in sich
tragen.[8]
Von besonderer Tragweite ist für Jacoby das Phänomen der Stille. Als eine
Erfahrung des Verbundenseins ist Stille für jeden, dem sie begegnet, etwas
Unverwechselbares und im tiefsten Sinne Religiöses.[9] »Empfangs-, kontakt- und
reagierbereites Verhalten verlangt und bedeutet größere Stille, Gelassenheit und
Selbstständigkeit des Erfahrenden und des sich Äußernden«[10]. Jacoby stellt heraus,
dass »Stille nicht notwendigerweise akustische Stille voraussetzt, aber Ausdruck
der Tatsache ist, dass man ohne Angst ist und ganz bei der Sache«[11]. Im
pädagogischen Geschehen ist Stille eine wichtige Haltung des Erwachsenen für
sich und dem Kinde gegenüber: »Wenn man wirklich bei sich ist, kann der andere
nicht auf die Dauer außer sich bleiben. Weniges ist so ›ansteckend‹ wie wirkliche
Stille«[12]. Sie ist somit entscheidende Voraussetzung für Entfaltung und Erkenntnis.
Jeder Mensch wird, wenn er still und bei sich ist, vom »Empfinden für das
Stimmende« geleitet, eine Instanz jenseits von Mysteriösem oder Moralischem,

die ihn probieren, erwägen und wieder verwerfen lässt.[13] Jede Angst vor Fehlern erschwert eine eigenständige Erarbeitung.

Beleuchten wir Jakobys Gedanken mit den Worten des ihm »verwandten« Martin Wagenschein: Die Frage, von der Sache auszugehen *oder* vom Kinde, stellt vor eine falsche Alternative. Statt dessen gilt – auch religionspädagogisch – das Prinzip: »*Mit* dem Kind von *der* Sache aus, die *für* das Kind die Sache *ist*.«[14] Das erfordert eine Haltung, eben ganz bei sich *und* bei der Sache zu sein.

Die Erhaltung und Entfaltung bzw. der Wiederaufbau eines Verhaltens, das von Vertrauen, Stille, Gelassenheit, Kontakt- und Empfangsbereitschaft statt von Angst und Machen-Wollen gekennzeichnet ist, ist mit Jacoby eine zentrale Aufgabe (religions-)pädagogischer Praxis. Das hier vorgestellte Lernen mit der Bibel versucht im Sinne eines eigenständigen Sich-Erarbeitens dieser Aufgabe gerecht zu werden, was ich an Beispielen aus der Unterrichtsreihe zum Buch Hiob in Erinnerung rufe:

❏ Die Kinder ließen ihre Fragen an Gott, die sie bereits in sich trugen, in dem Gedankenexperiment auftauchen.

❏ Immer wieder machten wir den Kindern Mut, um ihr Selbstvertrauen zu stärken (»Das ist schwer, aber wir glauben, Kinder können das besser als Erwachsene!«), z.B. bei den möglichen Antwortversuchen Gottes.

❏ Die Aufgabenstellungen waren so, dass die Kinder keine Angst vor »Fehlern« zu haben brauchten: Das einzelne Kind ist in hohem Maße gefordert, aber was zum Ausdruck gebracht wird, ist von anderen nicht als »falsch« abzuwerten. Wer sich Mühe gegeben hat, muss nicht jedes Mal zu vorzeigbaren Ergebnissen kommen.

❏ Die Kinder waren herausgefordert, sich einzulassen und abwartend geschehen zu lassen, was in der Begegnung mit der »Sache« sich ereignete: in besonderer Weise in der »Berührung« mit den Hiob-Sätzen und der Bildgestaltung dazu, im Formulieren eigener Sätze von Gott im doppelten Sinn und beim Malen der Bilder zu der Musik »Why«. Die Intensität und das hohe »Niveau« der Kinderäußerungen in Wort und Bild kann ich nur damit »erklären«, dass es ihnen gelungen ist, ganz anwesend zu sein und sich in menschheitsgeschichtliche und eigene Erfahrungen einzufühlen.

❏ Das eigene Nachdenken mit Hilfe der Gedankenimpulse Epikurs sowie die eigenen Stellungnahmen zu »Antworten« auf die Theodizeefrage war im Sinne Jacobys kein »Nach-Machen«, sondern ein selbstständiges »Auch-Machen«. Die Differenziertheit der Kindergedanken zeigt, dass sie mit dem Vorgedachten mehr als mithalten können.

❏ Die Arbeit mit den Kindern zum Buch Hiob insgesamt war, wie gezeigt, durchaus rückgebunden, getragen und begründet in Auslegungen der Exegese, bestand aber in keiner Weise in einem Mitteilen und Vermitteln dieser Deutungen, sondern in einer elementaren Auseinandersetzung mit dem Bibeltext, mit den Fragen, die er aufwirft, und letztlich – im Einklang mit der Bibelwissenschaft – im Aushalten der Theodizeefrage.

Fragen zur Unterrichtsplanung:

◆ Beachte ich in der Auswahl bzw. in der eigenen Erstellung von Texten, Bildern, Musik oder anderen Unterrichtselementen die Gefährdung durch die »guten« Absichten einer Vermittlung von starr festgelegten Ergebnissen?

◆ Gelingt es mir, in der Vorbereitung ganz bei mir selbst zu sein und mit der »Sache« in Kontakt zu kommen, mich z.B. einzufühlen in den Erfahrungshintergrund biblischer Worte und ihn mit meiner eigenen Wahrnehmung in Beziehung zu bringen?

◆ Kann ich mir mögliche Prozesse dieser Art einerseits vorwegnehmend bei den Kindern vorstellen und gelingt es andererseits, dieses Wahrnehmen und Erfahren, Äußern und Gestalten der Kinder nicht vorzugeben, sondern anzuregen, mich dann zurückzunehmen und es sich ereignen zu lassen?

◆ Kann ich den Kindern ohne Angst, aber mit »Ehrfurcht« begegnen und ihnen statt Angst vor Fehlern ein großes Selbstvertrauen »geben«, gerade weil ich ihnen »Großes« zutraue?

3. »... merkt man, dass das für viele gilt.«
Religiöses Lernen durch unmittelbaren Zugang zu elementaren Worten und Geschichten der Bibel

➤ a. Die Chancen der »fremden« Sprache

Du bist nicht allein.
Es gibt Menschen, die wissen,
was du siehst und hörst,
was du denkst und fühlst,
was dich froh macht oder traurig,
was du hoffst und fürchtest.
Sie finden Worte, es zu sagen.
Und du begegnest ihnen in einem Gedicht,
das dich versteht.

Was Ute Andresen am Anfang ihrer außergewöhnlichen Gedichtsammlung »Im Mondlicht wächst das Gras«[15] in Form einer Widmung Kindern mit Blick auf ihre Begegnung mit Gedichten zuspricht, das gilt analog für die Begegnung mit biblischen Worten und Geschichten.

Ute Andresen führte Gespräche mit Kindern über Gedichte, die gerade keine »Kindergedichte« sind. Kinder wollen keineswegs nur die von Erwachsenen ausgesuchten »kindertümlichen« Gedichte lesen und bedenken, sondern für sich selbst – wenn ihnen der Zugang eröffnet wird – gerade Gedichte aussuchen, die weit außerhalb des Horizonts zu finden sind, den wir für ihr Alter annehmen. Oft gefallen den Kindern sogar diejenigen Passagen eines Gedichtes am besten, mit denen Erwachsene begründen, warum es keine Kindergedichte sind. Wie kommt es zu solchen Fehleinschätzungen? Zum einen, so Ute Andresen, weil Eltern und Lehrer den Reichtum der Einsichten ihrer Kinder unterschätzen. Zum anderen, weil Kinder Experten im Aushalten einer für sie unverständlichen Sprache sind. So sind sie groß geworden, so haben sie Sprache gelernt: Kinder sind »daran gewöhnt, dass die Welt ringsum nicht kindertümlich ist, dass sie im Alltag nicht alles verstehen, was um sie herum geschieht und gesprochen wird, ohne darüber die Orientierung, die Neugier und den Mut zu verlieren«[16].

Auch Ute Andresens Vorstellungen vom Lernen in der Begegnung mit Gedichten lassen sich übertragen auf unsere Vergegenwärtigungen elementarer biblischer Worte:

»Was im angeleiteten Umgang mit Gedichten (und vergleichbar mit Worten der Bibel; R.O.) vor allem zu lernen wäre, das ist Achtung gegenüber dem Abstand zwischen dem eigenen Bewusstsein und dem des Menschen, der da zu uns spricht, zugleich aber eine schwebende Aufmerksamkeit für das Echo seiner Worte in uns, in Geist und Seele und natürlich auch Verstand und Gefühl. Solche Annäherung braucht Zeit und Gelassenheit, braucht mehr Zeit, als uns gemeinhin gelassen wurde. Sie braucht auch Vertrauen, das vor allem! Vertrauen in den Wert dessen, was sich in uns regt und was wir denken, Vertrauen darauf, dass die anderen aufmerksam und geduldig zuhören und uns gelten lassen, wenn wir etwas aus unserem Inneren mitzuteilen versuchen in Worten, die womöglich unbeholfen gewählt sind und armselig wirken, wenn man sie hört, ohne gleichzeitig den ganzen Menschen wahr- und anzunehmen, der sich in ihnen äußert.«[17]

So wie ein Gedicht sind die Sätze und Geschichten der Bibel Worte von innen.[18] Hervorgegangen aus authentischen Erfahrungen, können sie in unserem Inneren ein »Echo« eigener Erfahrungen bewirken, ein Echo, das mehr ist als bloßer Widerhall. Hierzu ist nach unserer Erfahrung die bildmächtige Sprache nah am Urtext oft besser geeignet als eine Kinderbibelübersetzung, die – in »guter Absicht« erstellt – immer zumindest in der Gefahr steht, den (vermeintlichen) heutigen Erfahrungsbezug selbst schon mitzuliefern, in der Sprache angepasst und verflachend zu wirken oder sogar moralisierende Botschaften vorzugeben bzw. sich kindertümelnd den jungen Menschen anzubiedern, sie nicht ernst zu nehmen. Deshalb haben wir bei unserem Umgang mit der Bibel bewusst die originale Übersetzung gegenüber Kinderbibeltexten bevorzugt.

Den hohen Anspruch in der Auswahl und im Schreiben von Texten »für« Kinder unterstreicht der Schriftsteller Jürg Schubiger und hat dabei auch die Erwachsenen im Blick:

»Ein Text für Kinder sollte eine Herausforderung sein. Er soll die Grenzen zwischen den Altersstufen und zur Welt der Erwachsenen eher abbauen als stabilisieren. Eine solche Öffnung kommt nicht zuletzt auch den Erwachsenen zugute. Ein Kinderparadies ist ein Gefängnis. ... Ich bin für eine Kinderliteratur, die Leichtes und Schwieriges umfasst.«[19]

In diesem Sinne leicht und schwer sind elementare biblische Texte: schwer, weil sie in einer anspruchsvollen, oft »fremd« erscheinenden Sprache geschrieben sind; leicht, weil sie Erfahrungen berühren, die ein jeder Mensch kennt und in denen sich schon ein Kind selbst wiederfindet.

➤ b. Mit biblischer Sprache lernen: Hoffnung mit offenen Augen

Bei aller realistischen Weltwahrnehmung spielte Hoffnung in unserem Unterricht eine zentrale Rolle:

❑ Die Kinder machten Kindern im Krieg Hoffnung, entwarfen Konfliktlösungen in ihren Phantasiegeschichten, erkannten die Geschichte vom Krieg und seinem Bruder als Friedensutopie, erfuhren Gottes Schutz gegenüber Kain als Hoffnungzeichen, entdeckten die Widerstandskraft der Hoffnung in Picassos Bild vom Krieg sowie die Hoffnungsvision einer paradiesischen Harmonie in seinem Friedensbild.

❑ Das Fragen Gottes und die eigenen möglichen Antwortversuche von Seiten Gottes ließen die Kinder gegenwärtige Hoffnungszeichen entdecken: »... in unserem Leben antwortet er uns.« Das Mitleiden mit Hiob brachte sie auf die hoffnungsvolle Spur des Mitleiden Gottes. Das Mitstreiten mit Hiob gegenüber Gott bahnte ihnen Wege des Erfahrens von Gottes Verborgenheit und so anderer »Größe«.

❑ Indem die Kinder der Menschheit sagten, was sich ändern muss, entwarfen sie hoffnungsreiche Möglichkeiten einer besseren Welt. Und in diesem Tun erlebten sie zugleich den z.T. sogar Angst verursachenden Anspruch an sie selbst und das Zutrauen zu sich selbst. Beides – Kritik und Ermutigung, Angst und Selbstvertrauen – entdeckten sie in den Prophetenworten und -bildern, die sie wiederum zu eigenen, von Hoffnung getragenen Gestaltungen in Bild und Wort herausforderten.

Für alle hier nochmals im »Rückspiegel« betrachteten Wege mit den Kindern galt: Was sie hier entdeckten und lernten, war keine billige Vertröstung, kein eingeforderter, beschönigender Zweckoptimismus, sondern eine Hoffnung mit offenen Augen, die ihre Kraft aus der Wahrnehmung und dem Aussprechen eben der fragwürdigen, bedrückenden, mitunter fast zur Verzweiflung treibenden Erfahrungen im Leben gewinnt. Das ist die Hoffnung der biblischen Sprache, die die Bibel zu einem so unerschöpflichen, einzigartigen Buch mit einer – so Ingo Baldermann – eigenständigen Didaktik macht:

In ihr gibt es »einfache Sätze und Bilder der Verheißung und des Vertrauens, in denen wir ganz unmittelbar die Sprache der Hoffnung wahrnehmen. Doch in der Bibel kennt die Sprache der Hoffnung nicht nur diese eine emotionale Tonart ... Das übergreifende Thema der Hoffnung auf Gottes Gerechtigkeit integriert auch die Klage Hiobs wie die prophetischen Worte des Gerichts; im Dienste der Hoffnung sprechen die Erzählungen die Sprache des Jubels und der Klage, des Kampfes und der Versöhnung, der Bedrängnis und der Befreiung ... Widerstandsfähig wird eine Hoffnung erst, wenn sie zugleich sensibel ist für die Bedrohung, wenn sie auch die Klage und Anklage und Verzweiflung in sich aufnimmt. So lässt sich Didaktik der Hoffnung nur dialektisch betreiben; das ist an der Bibel zu lernen: Nur weil das Alte Testament die Erfahrung des Todes nicht religiös überspielt, sondern ihrem Schmerz und ihrer Verzweiflung nicht ausweicht, wird hier auch das Leben begriffen in seiner Einmaligkeit und Kostbarkeit ... Was die Bibel für uns leistet, ist so etwas wie eine Alphabetisierung in der Sprache der Hoffnung.«[20]

➤ c. Die Begegnung mit Worten »vor« dem Zugang zur Geschichte

Während die Erzählung von Kain und Abel als Geschichte im Mittelpunkt unseres Lernens stand, wählten wir bei Hiob und den Propheten den Weg über prägnante Bibelworte, der erst später zu den Geschichten führte. Ohne beides gegeneinander auszuspielen: Dem Vergegenwärtigen der Worte der Bibel ist nach unserer Erfahrung ein »Vorrang« gegenüber dem Hören der Geschichte einzuräumen, sowohl auf die Bedeutung insgesamt als auch in der Regel auf die zeitliche Abfolge bezogen. Der Zugang zu elementaren Sätzen der Bibel ist unmittelbarer, offener und überzeitlicher. Er weckt die Vorstellungskraft der Kinder, die sich von dem Satz aus selbst in Geschichten einwickeln und einfühlen, in denen sie vorkommen und sich entdecken können. Wohl kein Religionspädagoge kann das so präzis auf den Punkt bringen wie das Kind, das feststellt:

»Wenn man ein Buch liest, in dem solche Sätze stehen, meint man, das ist eine Person. Wenn man die Karten allein sieht, merkt man, dass das für viele gilt.«

Blanko - Karten

Die Suche nach elementaren Sätzen der Bibel führt immer zu einer durch und durch subjektiven Auswahl, bei der zum einen die Entdeckung eigener Erfahrungen, die mitunter in die eigene Kindheit zurückreichen, zum anderen das Hineinversetzen in Erfahrungen von Kindern und die Wahrnehmung möglicher Berührungspunkte mit den Erfahrungen der Bibelworte die wesentlichen Hilfen sind. Die hier angebotenen Satzkarten aus dem Buch Hiob und den Prophetenbüchern sind in diesem Sinn mögliche Sätze, mit denen die Kinder und wir gut umgehen konnten, die auf eigene Erfahrungen und Erfahrungen der Kinder durchgesehen, ausgewählt und ergänzt werden sollten. Ältere Kinder und Jugendliche können auch selbst Sätze aus Bibeltexten suchen. Die »Blanko«-Kopiervorlage dient der Hinzunahme anderer elementarer Sätze.

Im Idealfall entdecken die Kinder wie in der Hiob-Erzählung die Sätze in der Geschichte wieder, was zum Hören der Erzählung zusätzlich motiviert und den Zugang zur Geschichte intensiviert, indem vom Bekannten aus Neues entdeckt werden kann.

Fragen zur Erstellung von biblischen Wortkarten und Erzählungen:

◆ Wo bleibe ich beim Lesen biblischer Texte an einzelnen Sätzen »hängen«, da hier meine eigenen Erfahrungen bzw. mögliche Erfahrungen von Kindern berührt sind?

◆ Wo spricht die Bibel in Bildern und Metaphern, in die Kinder sich hineinversetzen und die sie mit eigenen Bildern und Emotionen verbinden können?

◆ Können solche Sätze nochmals knapper gefasst und verdichtet werden, um elementare Erfahrungen von Menschen auszusprechen?

◆ Unterliegen die gefundenen Bibelworte einer Struktur, finden sich inhaltliche Gruppen, die zusammenzufassen sind?

◆ Ist bei einer Erzählung der Bibel die Begegnung mit einer textgetreuen Übersetzung möglich oder sogar aufgrund verzerrender Kinderbibelfassungen geboten?

◆ Ist (bei langen Geschichten der Bibel) die Erstellung einer eigenen Erzählfassung nah am Originaltext notwendig, die – verdichtet und doch im Wesentlichen nicht reduziert, also elementarisiert und nicht neutralisiert und banalisiert – ein intensives Miterleben ermöglicht?

◆ Ist es möglich, in eine solche Erzählung die zunächst isolierten Sätze wieder zu integrieren?

4. »Sonst hätten wir nicht mehr unsere eigenen Gedanken und Vorstellungen.«
Religiöses Lernen als offener Prozess im »Rahmen« inhaltlicher und methodischer Impulse

Alle bisherigen Aspekte sprechen für eine offene Unterrichtsplanung,

❐ die Bibeltexte elementarisiert, d.h. sie auswählt und gestaltet mit Blick auf
  a. die in ihnen enthaltenen Strukturen und
  b. die in ihnen zur Sprache kommenden elementaren Wahrheiten und
  c. die elementaren Erfahrungen und
  d. die entwicklungsbedingten Zugänge der Kinder,

❐ die Materialien entwirft, die überraschende religiöse Lernprozesse ermöglichen,

❐ die lediglich Grundlinien des Unterrichts vorbereitet, um sich auf die tatsächlichen Lernwege einlassen zu können.

Was heißt jedoch Offenheit und was ist nicht damit gemeint?

➤ a. Antizipierende und assoziierende Verfahren – Kontexte für die Bibeltexte

Blicken wir zurück auf die drei Unterrichtsprojekte, so wurde ein Einbringen kreativer Bearbeitungen und eigenständiger Deutungen der Kinder oftmals durch antizipierende und assoziierende Verfahren eröffnet:

❐ Bevor die Kinder der Erzählung von Kain und Abel begegneten, gab die Geschichte »Der Krieg und sein Bruder« ein Angebot eines Verstehenshorizontes.

❐ Bevor die Kinder diese Geschichte von I. Wendt hörten, (er)fanden sie durch Assoziationen zu den Boratynski-Bildern ihre eigene Geschichte.
  Bevor die Kinder Hiobs Fragen hörten, stellten sie wie Hiob ihre Fragen an Gott.

❐ Vor dem Hören der Hiob-Geschichte entwickelten sie über elementare Sätze und eigene Bilder dazu eigene Vorstellungen.

❐ Bevor sie von Epikurs Gedanken erfuhren, dachten sie selbst.

❐ Bevor die Kinder Worte von Propheten kennen lernten, schrieben sie ihre »prophetische« Rede an die Menschheit.

❐ Bevor ihnen das ausdrückliche Thema »Propheten« bekannt war, fassten sie in Assoziationen zu Prophetenbildern in Worte, was solche Menschen tun.

Das hier vorgestellte religiöse Lernen mit der Bibel stellt die Bibeltexte also nicht in jedem Fall an den Anfang des Lernprozesses mit den Kindern, sondern schafft zunächst Kontexte, Fragehorizonte, situative Einbindungen, Lernzusammenhänge, in die hinein die biblische Geschichte bzw. Worte der Bibel gestellt werden und von denen her die Kinder mögliche Bedeutungen, Verstehenszugänge und auch Botschaften entdecken, heraushören und verinnerlichen können. Von entscheidender Bedeutung ist hierbei ein »starker« Anfang, ein direkter und intensiver Einstieg, der nicht nur zum Thema, sondern zur Mitte des Themas führt, der bereits das Wesentliche der gesamten Unterrichtsreihe beinhaltet, im günstigsten Fall jedoch so, dass das Thema selbst ausdrücklich nicht »benannt« wird. Der Brief aus Sarajevo und die Briefe der Kinder, die Fragen der Kinder an Gott und die Reden der Kinder an die Menschheit zeigen es: Ein solcher Beginn kann tatsächlich zu einem »mitlaufenden Anfang« (☞ III.3.c) werden, der uns während des weiteren Unterrichts und darüber hinaus begleitet.

In der Begegnung mit dem biblischen Text rückt dann in den Mittelpunkt der »lebendige Kontext derer, die diesen Text lesen oder hören, ihre bestürzenden und bedrängenden Erfahrungen, ihre Verletzungen und Hoffnungen. Dahinter steht die Erfahrung, dass das Wort der Bibel in diesem Kontext befreiend wirkt, mich zu mir selbst finden lässt, mir neue Wege öffnet und Hoffnung weckt.«[21] Es ist beeindruckend zu sehen, wie ein Kind *sein* Thema, *seine* Frage, *seinen* biblischen Satz gefunden hat und sich immer wieder neu damit auseinandersetzt, z.B. ein Junge in Worten und Bildern mit dem Satz »Du bist in meinen Augen wertvoll und herrlich.« (Jes 43,4; ☞ V.3. und 7.) oder ein Mädchen mit der Frage »Warum lässt du Menschen behindert auf die Welt kommen?«: Sie beschreibt es als »Recht im Unrecht« und malt später zum Satz »Ich hab ebenso Verstand wie ihr und bin nicht geringer als ihr.« (Hiob 12,3) ein behindertes Kind (☞ IV.1. und 2.a).

Die Antizipationen und Assoziationen intensivieren die Begegnungen durch »Verlangsamung«, sie wecken die Vorstellungs- und Einbildungskraft, sie geben der Wahrnehmung der Bibeltexte eine eigene mögliche, doch nicht festlegende »Richtung«. Immer bringen die Kinder hierbei zugleich eigene Erfahrungen ein *und* nähern sich vorwegnehmend der Sache. Zudem ist das eine die Motivation für das andere. Eine kreative Doppelbewegung wird möglich!

➤ b. Konkrete Impulse als Anstoß zu offenen Lernprozessen

Neben dem Vertrauen und der Ermutigung der Kinder ist die vielleicht entscheidende Bedingung für offene religiöse Lernprozesse der durch inhaltliche wie methodische Impulse geschaffene Raum, der den freien Ausdruck der Kinder ermöglicht. Trotz aller Skepsis gegenüber den »guten Absichten« heißt Offenheit nicht Beliebigkeit, meint sie keine Loslösung von Inhalten und Sachhintergründen, will sie nicht die Kinder »irgendwas« machen lassen. Offenheit braucht eine Richtung, eine Perspektive, einen geebneten Weg zum Eigenen, ein »Geländer« für diesen Weg. Die Intentionen beziehen sich also auf den beabsichtigten Prozess, nicht auf beabsichtigte Ergebnisse. Was letztlich von den Kindern wahrgenommen und zum Ausdruck gebracht wird, ist vorher offen, aber unbedingt an die von uns eingebrachten Inhalte und arrangierten Kontexte rückgebunden und mit Hilfe der von uns eröffneten »Rahmen« hervorgebracht.

- ❏ Die Worte des Mädchens aus Sarajevo »schrien« geradezu nach Antworten der Kinder und verhalfen ihnen zu stillen, aber machtvoll tröstenden Worten.
- ❏ Die Boratynski-Bilder beflügelten die Phantasie für eigene Worte, wie auch die Picasso-Bilder die eigene Einbildungs- und Ausdruckskraft zu eigenen Bildern im angebotenen »Rahmen« weckten.
- ❏ Das »Geschichten-Haus« verhalf den Kindern zur Artikulation von Beziehungen der Geschichten zueinander und zu den Kindern selbst.
- ❏ Die Bilder von Hiob waren den Kindern »Vorbild« für eigene weiterführende Gestaltungen.
- ❏ Die vorgegebenen Eingangssätze von Gott mit doppeltem Sinn gaben den Kindern Vorstellungskraft für ein paradoxes Reden von Gott.
- ❏ Die »Reden an die Menschheit« wurden möglich durch die Motivation der großen Herausforderung, durch unser Zutrauen gegenüber den Kindern und – ganz wesentlich – durch den in dem Eingangssatz »Hört, ihr Menschen!« angeschlagenen »Ton«.
- ❏ Die angebotenen Bilder von Propheten waren »Hintergrund« der assoziierten Verben, der Gestaltungen der Collagen sowie der eigenen Prophetenbilder.

Auch alle auf Karten angebotenen Sätze der Bibel mit dem (z.T. unausgesprochenen, aber in ihnen enthaltenen) Impuls, sich in jemanden hineinzuversetzen, eröffnen einen »Raum« der Auseinandersetzung. Immer entsteht eine Dialektik, ein eigentümliches Wechselspiel zwischen Abstand und Nähe, zwischen Distanz und Identifikation. Hierbei empfiehlt es sich aus unserer Erfahrung, die Distanz so gering wie notwendig zu halten, um die größtmögliche Identifikation zu ermöglichen.

► c. Vorrang des eigenen Verstehens – Bedenken der Lernprozesse

Immer wieder waren die Kinder in unserem Unterricht herausgefordert, ihr Verstehen und ihre Meinung zum Ausdruck zu bringen. Ausdrücklich schriftlich z.B.

❐ zur Geschichte von Kain und Abel,
❐ zu den eigenen Fragen an Gott,
❐ zu Prophetenbildern und zu Propheten heute.

Das Finden einer eigenen Sprache und das eigene Verstehen der Kinder als Subjekte ihrer (religiösen) Lernprozesse ist im Religionsunterricht höher zu bewerten als die aus Erwachsenenperspektive theologische »Richtigkeit« der Sache. Vielleicht kann man auch das religionspädagogisch vom Buch Hiob lernen: Authentisch zum Ausdruck bringen, was einen bewegt, in der Weise, wie man es erfährt und versteht, ist besser, als eine nicht erfahrene und verstandene Lehre nachzubeten. So wenig sinnvoll es ist, den Kindern für uns theologisch Bedenkliches – etwa den durch Strafe lehrenden Gott – einfach verbal »auszureden«, so wichtig ist das Angebot und die Begleitung einer Entwicklung der religiösen Vorstellungen und Urteile, wobei hier das Lernen von den anderen (in der Entwicklung fortgeschritteneren) Kindern die wichtigste Rolle spielt.

Entwicklung im religiösen Lernen beinhaltet für uns auch das Bedenken des Lernens mit den Kindern selbst, z.B.:

❐ Im Eingangs- sowie im Abschlussgespräch der Hiob-Reihe zur Bedeutung von Fragen im Leben und im Religionsunterricht bzw. zu den Herausforderungen im Fach Religion in der Schule,
❐ im Überlegen nach der Begegnung mit den Hiob-Karten, welche Geschichte sich in ihnen verbergen kann, was wir als Lehrer den Kindern hier anbieten und warum wir das tun,
❐ in der Zwischenreflexion mit den Kindern, die zum expliziten Thema »Propheten« führte, und in der Rückfrage, warum die Rede an die Menschheit »prophetisch« war.

Gerade zum religiösen Lernen und Sich-Entwickeln gehört die Auseinandersetzung mit dem eigenen Tun und Denken selbst. Bildung in religiösen Fragen ereignet sich im bewussten Entfalten dessen, was bereits mitgebracht wird. Sie ist notwendig ein »Sich-Bilden«!

Die »Wirksamkeit« eines solchen Lernens wird unterstrichen durch Annahmen, die innerhalb der neueren Lehr- und Lernforschung bei Ansätzen situierten Lernens bzw. konstruktivistischen Unterrichts gelten, oder anders gesagt: Unsere Unterrichtserfahrungen bestätigen die Wirksamkeit folgender dort geltender Prinzipien[22]:

❐ den Kindern komplexe, lebensnahe und ganzheitlich zu betrachtende Problembereiche und Lernsituationen zumuten,

❐ statt vorher bestimmter und konstruierter objektiver Lerninhalte (»träges Wissen«) für die Kinder eine »starke«, authentische Lernumgebung mit vielfältigen Anwendungsmöglichkeiten schaffen,

❐ am Vorwissen der Kinder anknüpfen und sie Neues mit Bekanntem aktiv verknüpfen lassen, sie Bezüge zu Vorerfahrungen und Interessen, zu für sie bedeutsamen Kontexten herstellen lassen,

❐ den Kindern vielfältige Perspektiven eröffnen, unter denen sie Probleme, Inhalte und dahinter stehende Erfahrungen betrachten können,

❐ die Kinder miteinander und voneinander in eigener Steuerung lernen lassen,

❐ kognitive Verstehensprozesse mit emotionalen Anwendungssituationen verknüpfen, also die Möglichkeiten persönlicher Identifikation und den Umgang mit Gefühlen in das Lernen der Kinder einbeziehen, an Erfahrungen, Gefühlen und Erlebnissen orientiert lernen und dabei diese auch zur Sprache bringen und bedenken,[23]

❐ mit den Kindern das Lernen selbst bedenken, um Sinn und Fortschritt des Lernens zu erfassen.

Fragen zur Unterrichtsplanung:

◆ Wie können – besonders durch einen starken »mitlaufenden« Anfang einer Unterrichtsreihe – Erfahrungs- und Fragegelegenheiten arrangiert und Lernprozesse in Gang gesetzt werden, in denen die Kinder zu ihrer eigenen Sprache finden?

◆ Wie können vor der Begegnung mit den Bibeltexten Kontexte geschaffen werden, die mit dem Erfahrungsgehalt der biblischen Worte und den Erfahrungen der Kinder verknüpft sind?

◆ Welche inhaltlich wie methodisch geprägten »Vorlagen« (vorherige auslösende Impulse) und welche »Rahmen« (begleitende Strukturierungsangebote) können wir den Kindern für ihre eigenen Äußerungen anbieten?

◆ Wann bieten sich im Unterricht rückblickende Meta-Reflexionen z.B. zur Themenfindung oder zur Klärung der eigenen Intentionen gegenüber den Kindern an: Was haben wir bisher alles gemacht? Warum tun wir es? Was können wir dabei lernen? Wie ist deine Meinung zu ...? Hättest du früher anders geantwortet?

5. »... bis ich zeichnen konnte wie diese Kinder.«
Religiöses Lernen im Aneignen und Schaffen von Kunst in Bildern und Worten

»Als ich so alt war wie diese Kinder, da konnte ich zeichnen wie Raffael. Es hat viele Jahre gedauert, bis ich zeichnen konnte wie diese Kinder.«[24]

Alle anderen Überschriften im dritten Teil des Buches sind von Kindern in unserem Unterricht formuliert. Kein geringerer als Pablo Picasso unterbricht dieses Prinzip. Seine Worte sind Ausdruck seiner Hochachtung vor Kindern und ihrer Kreativität. Ihre ursprüngliche Wahrnehmung und sinnliche Unmittelbarkeit, ihre visuelle Erfindungsgabe faszinierten ihn. Ausgerechnet die Skizzen zu »Guernica« und auch die Vorarbeiten zu »Der Krieg« und »Der Frieden« zeigen Parallelen zu Kinderzeichnungen. Angesichts der schrecklichen Leiden des Krieges ist für Picasso die Perspektive, Weltsicht und Ausdruckskraft des Kindes am ehesten geeignet, das Unfassbare darzustellen.

Picassos Äußerung liegt jedoch auch darin begründet, dass er selbst seine kindliche Kreativität nicht entfalten durfte und zu früh auf einen »Erwachsenenstil« hin gedrängt wurde. Sein Interesse an der Kreativität von Kindern war damit verknüpft, seine eigene Kindheit und Kreativität zu ergründen. Dementsprechend waren Kinder in allen Phasen seines Schaffens eines der herausragenden Bildmotive.[25]

In den Werken zum Krieg erscheint das Kind als Opfer und Erlöser. Das Hauptmotiv von »Guernica« zeigt ein totes Kind in den Armen der Mutter. »Der Frieden« stellt – wie wir gesehen haben – Kinder in den Mittelpunkt des befreienden Geschehens.

Die Nähe Picassos zu Kindern und ihren Bildern ist kein Einzelfall. Während sich Vertreter moderner Kunst bis in die heutige Zeit immer wieder dem Vorwurf ausgesetzt sehen, ihre Bilder könnten doch bereits Kinder malen, wenden sie selbst diese Polemik zu einem (unbeabsichtigten) Kompliment. Wassily Kandinsky stellte ihre Fähigkeit heraus, die Dinge »mit ungewohnten Augen« anzuschauen und den »inneren Klang der Dinge« wahrzunehmen und zu entblößen. August Macke erkannte, dass Kinder »direkt aus dem Geheimnis ihres Empfindens schöpfen« und in Bildern zu »Äußerungen ihres inneren Lebens« gelangen. Die Künstler des Blauen Reiter schätzten den Reichtum an Phantasie und die Authentizität des Ausdrucks in Kinderbildern sowie ihren Zugang zu einem tieferen, »geistigen« Sinn der Dinge und des Lebens.[26]

So ist es nicht verwunderlich, wenn Garreth B. Matthews in Analogie zum von ihm praktizierten »Philosophieren mit Kindern« eine gleichberechtigte Wahrnehmung und Anerkennung der »Kunst von Kindern«[27] um der Kinder und der Erwachsenen willen fordert. Die Nähe zwischen Künstlern und Kindern ist die vielleicht tiefste Ursache für die religionspädagogische Bedeutung des Umgangs mit Kunst. Bilder wie auch Worte und Musik können hinführen zu Themen und Prozessen religiösen Lernens. »Wege mit der Kunst« sind Brücken des gegenseitigen Verstehens zwischen Kindern und Erwachsenen.[28] Sie verhelfen den Kindern zu ihrem Ausdruck und lassen mich die Kinder und mich selbst besser verstehen. Sie zeigen mir, wie viel ich als Erwachsener nicht nur mit, sondern auch von Kindern lernen kann:

»Wir können von ihnen lernen, da sie unser Leben bereichern. Eltern oder Lehrer, die sich den Perspektiven von Kindern öffnen und ihrer Art von Sensibilität, wird etwas geschenkt, was dem Erwachsenenleben sonst fehlt.«[29]

Die gemeinsame Wahrnehmung und Begegnung mit Kunst weckt die eigene Vorstellungskraft. Unser Umgang mit Kunst mündete zumeist in eigene kreative Gestaltungen:

❏ von den Bildern Picassos hin zu eigenen Themenbildern,
❏ von dem Bild Heidenheims zu einer Bildergeschichte,
❏ von dem Bild Kubins zur Kolorierung dieses Bildes,
❏ von den Prophetenbildern zu Collagen und Bildern von Propheten.

Eine Aktivierung der Phantasie kann ebenso durch Bilder hinführen zu eigenen Worten *(wie bei den Geschichten der Kinder zu den Boratynski-Bildern),* durch Musik *(bei dem Musikstück »Why«)* oder durch bildreiche biblische Sätze zu einem eigenen Bild *(bei den Hiob- und Propheten-Worten).* Immer erfahren die Kinder dabei Wichtiges über die konkrete Aufgabe hinaus.

»Kinder merken schon früh, dass sie mit ihren Phantasien nicht nur andere Kinder, sondern auch Erwachsene für sich gewinnen können. Dies zu bemerken und später auch zu wissen, gibt ihnen eine wichtige Erfahrung eigenen Könnens und eigener Kraft. ... Es gibt eine Weise kreativ zu sein, die darin besteht, ohne Bedenken, naiv oder mit großem Mut, seine Phantasien konkret zu machen in Bildern, Tönen, Bewegungen oder Schreiben. Bei jüngeren Kindern spielt diese Art des Schöpferischen eine wichtige Rolle. Phantasien werden wie innere Bilder nach außen gesetzt. In dieser Weise begünstigt ein lebhaftes Phantasieleben in der Regel lebenslang die Vielfalt, Farbigkeit und Tiefe von Einfällen und Gedanken.«[30]

6. »Wer fragt, weiß schon etwas!«
Lernen mit der Bibel im Fragen und Reden,
Streiten und Mut-Finden mit Gott

Angst und Zweifel

Zweifle nicht
an dem
der dir sagt
er hat Angst

aber hab Angst
vor dem
der dir sagt
er kennt keinen Zweifel

Erich Fried[31]

Die Angst nicht zu verdrängen, sich und anderen Zweifel zuzugestehen, Angst und Zweifel auszusprechen, liegt in der Konsequenz einer »Religionspädagogik der Frage«. Die hier vorgestellten Unterrichtsprojekte standen wesentlich unter dem Anspruch, den Kindern die Erfahrung radikalen Fragens zu ermöglichen und Fragen als Gegenstand und Haltung religiösen Lernens ernst zu nehmen und zu bedenken.

❏ Die gesamte Unterrichtsreihe zu Kain und Abel war provoziert und geleitet durch die die Kinder so bewegende Frage nach dem Warum des Krieges.
❏ Als »Einstieg« in die Hiob-Reihe reflektierten die Kinder die Bedeutung des Fragens auf der Meta-Ebene und stellten eindringlich ihre Fragen an Gott, die uns zur Theodizeefrage führten.
❏ Auch in der Reihe zu den Propheten stand die Frage nach Recht und Unrecht und nach menschlicher Verantwortung leitend im Mittelpunkt.

Die Fragen der Kinder haben eine unterrichtsvorbereitende und -gestaltende Rolle. Sie führen uns im Unterricht gemeinsam hin zu unserem Thema, sowohl im Sinne einer längerfristigen Planung (über Fragensammlungen der Kinder) als auch in der konkreten Durchführung des Unterrichts. Ich kenne keine eindrücklichere Möglichkeit der Themenfindung mit den Kindern als den Weg über ihre Fragen.

In wirksamen Prozessen des Fragens ergänzen sich immer Innen- und Außenseite wie die zwei Seiten derselben Medaille. Das Kind erfährt auf der einen Seite das bzw. die Fragen als etwas, was »von innen« aus dem Menschen herauskommt: *Ich frage* und entdecke mich selbst dabei als ein Wesen, das fragt. Das ist eine *beglückende*, bisweilen aber auch *beängstigende* Erfahrung, die Begleitung erfordert. Das Kind erfährt auf der anderen Seite das bzw. die Fragen als etwas, was »von außen« auf den Menschen zukommt: *Ich bin gefragt!* Auch hier verbinden sich im günstigsten Fall *Zuspruch* und *Anspruch*: Ich bin in meiner Person und Meinung angenommen und ernst genommen – ich bin herausgefordert, Stellung zu beziehen, besonders bei ethischen Fragen, wie sie uns bewegten.

Wiederum Heinrich Jacoby hat auf die Bedeutung der »zweckmäßigen Fragestellung« beim Lernen eines Menschen durch Wahrnehmen und Erfahren, durch Gestalten und Sich-Äußern hingewiesen. Der Lehrende sollte auf eine Weise Fragen stellen, die es dem Gefragten unmöglich macht, »unbegabt« zu bleiben.[32] »Kein Mensch kann zweckmäßig fragen, wenn er keine Beziehung zur Lösung hat. Auch Fragenkönnen ist etwas, das man sich nur erobern kann durch viel Probieren. An der unbefriedigenden Antwort kann man erkennen, dass die Frage noch nicht ganz zweckmäßig war.«[33] Es geht darum, Antworten als Antworten auf Fragen zu bekommen, die während des Ausprobierens bei einem aufgetaucht sind. Unterricht läuft – so kritisierte Jacoby bereits vor 50 Jahren – in der Regel entgegengesetzt. Man bekommt Antworten auf Fragen, die in einem noch gar nicht entstanden sind.[34]

Auch wenn es mit Blick auf Fragen in religiösen Lernprozessen, besonders bei Fragen nach Leid und Gott nur begrenzt um »Lösungen« geht, sondern primär um die Erfahrung des Fragens und Ringens um Antworten: Die richtige Fragestellung ist auch religionspädagogisch von höchster Bedeutung, wie folgende Beispiele zur Gottesfrage zeigen:

❐ Kalevi Tamminen weist darauf hin, dass bei einer empirischen Untersuchung in Schweden 4- bis 8jährige Kinder auf die Frage »Wie glaubst du sieht Gott aus?« Gott zu 95 % wie einen Menschen beschrieben, dass jedoch bei einigen finnischen Untersuchungen gleichaltrige Kinder bei der Frage »Wie ist Gott / der himmlische Vater beschaffen?« Gott mehrheitlich mit Eigenschaften und Wirkungen seines Handelns beschrieben.[35]

❐ Ebenfalls unangemessen ist die Aufforderung an Kinder, »Gott zu malen«. Solche Bilder geben dann – so stellt Jürgen Oelkers fest – »darüber Aufschluss, wie sich Kinder – auf Fragen von Erwachsenen hin – Gott vorstellen. Sie entwickeln dabei überraschend wenig Phantasie. Fast immer sind derartige Bilder nur Wiedergaben bekannter Personen oder Abbildungen von Abbildungen. Die mystische Dimension der Frage wird mit einem verständnisarmen Realismus beantwortet, der weder die Radikalität noch die dauerhafte Wirkung der Frage anzeigen kann. ... Man kann nicht Gott wie eine Frage behandeln und zugleich eine gültige Darstellung von ›ihm‹ geben.«[36]

❐ Wer Kindern eine Vielzahl von Bildern mit der Frage »Wie sieht Gott aus?« oder »Welches Bild zeigt Gott?« vorlegt, provoziert Äußerungen, die unweigerlich in eine theologisch und religionspädagogisch bedenkliche Richtung gehen. Anders, d.h. theologisch angemessen und mir selbst und der religiösen Entwicklung der Kinder gegenüber verantwortbar, sieht es aus, wenn ich Kinder frage: »Welches von diesen Bildern zeigt für dich etwas von Gott?« oder »Mit welchem Bild kannst du uns etwas von Gott erzählen?«

Eine Religionspädagogik der Frage erweist sich im Kern als eine »Religionspädagogik der Gottesfrage«. Radikale Fragen nach und an Gott, eindrückliches Reden von und zu Gott und respektvolles Streiten um Gott kennzeichneten unsere Versuche, mit den Kindern »Theologie« zu treiben. Immer war es auch ein Fragen, Reden und Streiten *mit* Gott. Mit Gott haben wir gefragt, was uns bewegt, mit Gott als Gegenüber haben wir gesprochen, mit Gott haben wir gerungen. Und so ermöglichte dieses Miteinander uns auch, mit Gott Mut zu finden, ohne die Fragen zu verdrängen.

Die tiefe Bedeutung der Frage nach und an Gott liegt darin begründet, dass »Gott als Frage« entsteht und sich entwickelt:

»Alle Versuche von Erwachsenen, *Gott* zu konkretisieren oder gar zu beweisen, scheitern an den Bedingungen des Glaubens. Die Sprache der Religion legt eine intensive, aber zugleich *vage* Vorstellung nahe, die sich selbst paradoxieren muss, um überhaupt zum *Unvorstellbaren* eine Beziehung herstellen zu können. Noch schwerer ist der Gott der Kinder zu beschreiben, denn Kinder akzeptieren keine vage Realität, während sie zugleich ständig Kräfte hinter dem Eindeutigen vermuten. Sie sind darum *selbst* paradox, verwiesen auf eine kausale Ordnung, die sie beständig in Frage stellen, ohne ihr ausweichen zu können. Was sie daher als Gottesidee herausbilden, ist nie die Übernahme des Kirchengottes von gläubigen Erwachsenen. Es ist Gott als Frage, nicht als Antwort.«[37]

Nur ein »Gott der Frage« ist gegenüber den Erfahrungen des Menschen heute auf Dauer glaubwürdig, tragfähig und entwicklungsfähig. Oelkers präzisiert die Bedeutung der Frage nach Gott für die religiöse Entwicklung:

»Kinder fragen weder dauernd noch in gleichbleibender Intensität nach ›Gott‹, aber sie bilden sich ihre Vorstellung in Abhängigkeit von der Qualität der eigenen Frage. Die Frage muss eine Paradoxie akzeptabel machen, die Kindern fremd ist, nämlich die Paradoxie des vorstellbar Unvorstellbaren. Eine solche Paradoxie liegt fern von jeder Erfahrungswirklichkeit, in der Kinder zunächst ganz konkret denken und ihre Welt definieren. Aber das *Konkrete* wird gerade durch Fragen verunsichert, die über die bekannten Kausalitäten hinausweisen.«[38]

Hier zeigt sich eine Sichtweise von Kindern als Realisten und Mystiker zugleich, als konkret Wahrnehmende und »Begreifende« und als beständig nach den Ursachen hinter den Ursachen Fragende. Entscheidend ist, ob diese mystische Dimension von uns wahrgenommen wird und zum Zuge kommen kann.

In den Fragen an Gott und im Reden von Gott stellen die Kinder das Wesen und Wirken Gottes oft ausgesprochen anthropomorph vor. Das entspricht ihrem konkreten Denken, wie es nach Piaget in dieser Altersstufe zu erwarten ist, und ihrem mythisch-wörtlichen Glauben, der nach James Fowler im Alter von 6/8 bis 11/12 Jahren festzustellen ist. Diese entwicklungspsychologischen »Erklärungen« berühren aber nur die Oberfläche:

❐ Sie nehmen nicht das Niveau der Kinderfragen in den Blick. So stellen z.B. die Fragen »Warum hast du böse Menschen erschaffen?« und »Warum liebst du auch Mörder?« die zutreffende, aber nicht hinreichende Antwort »Gott schenkt den Menschen die Freiheit« in Frage. Die Kinder sind – entgegen den Forschungsergebnissen zur Entwicklung des religiösen Urteils (Fritz Oser / Paul Gmünder u.a.) – weder dem ihrer Vorstellung und Entwicklung entsprechenden Gott gegenüber vollständig abhängig (deus ex machina) noch meinen sie, Gott nur durch gutes Handeln und Rituale beeinflussen zu können (do ut des). Sie sind auf der Suche nach tragfähigen Antworten in der Theodizeefrage, die die Freiheit der Menschen nicht beschneiden, traditionelle Vorstellungen der Allmacht Gottes zu Gunsten eines mitleidenden Gottes in Frage stellen und dennoch Gottes Güte und Gerechtigkeit, aber auch seine Verborgenheit nicht aufgeben (☞ IV.4.).[39]

❐ Oftmals hinterfragen entwicklungspsychologische Erklärungsversuche nicht, wie das Kind seine zweifellos anthropomorphe Äußerung oder Bildgestaltung selbst versteht. Ein sehr konkretes Bild erschließt sich wie ein abstraktes erst aus der Deutung des Kindes selbst. So wie sich hinter einem ungegenständlichen Bild eines Kindes oft eine sehr konkrete Geschichte – in Farben erzählt – verbirgt, tragen gegenständliche Bilder häufig Infragestellungen des Konkreten in sich. Gleichermaßen Nähe und Distanz zu einer anthropomorphen Vorstellung von Gott zeigen z.B. die Aussage »Gottes Hände sind der Weltraum und formen die Erde« zu einem Bild, das die Hände tatsächlich nicht zeigt (zum Satz »Weißt du, wer der Erde das Maß gesetzt hat ...«, Hiob 38,5, ☞ IV.2.a), oder die Erläuterung zur Prophetencollage »Das Bild in der Mitte *ist bei uns* Gott«, die auch den Abstand gegenüber der anthropomorphen Darstellung zum Ausdruck bringt und verknüpft wird mit der »abstrakten« Vorstellung eines Fragezeichens »ganz in Buchstaben, weil Fragen in Sprache gefasst sind«, das »Fragen an Gott und Fragen überhaupt« repräsentiert (☞ V.5.).

❐ So ist aus entwicklungspsychologischer Sicht ein Verständnis paradoxer Rede von Gott bei Grundschulkindern nicht zu erwarten. Wenn jedoch die vorgegebene bzw. gefundene Fragestellung der Aufgabe angemessen ist, wenn die Kinder ohne Angst und mit Selbstvertrauen einer anspruchsvollen Herausforderung begegnen, sich gelassen auf das einlassen, was ihnen zu- und einfällt, dann zeigt sich »jenseits« von Begriffen wie Können und Nicht-Können, Begabung und Nichtbegabung, wie aufgeschlossen Kinder bereits gegenüber einer paradoxen Rede von Gott sind und wie einfühlsam ihnen selbst so ein Sprechen von Gott gelingt (☞ vor allem IV.3.a).

Die Such- und Lernprozesse zur Gottesfrage mit den Kindern stellen also Rückfragen an Erkenntnisse der entwicklungspsychologischen Forschung. Unser Fragen, Suchen, Streiten und Antworten mit Gott zeigt zudem die Eigenständigkeit und Dynamik religiöser Lernprozesse oder anders gesagt, die theologische Dimension von Didaktik und Mathetik, die spannende Dialoge mit den Disziplinen der Theologie eröffnet.

Die Form der Darstellung und die dargestellten Lernwege selbst wollen deutlich machen: Nicht das Schema »Ergebnisse der Exegese« als Basis und die »Umsetzung im Unterricht« als Konsequenz entspricht der Eigenart der biblischen Texte und der Würde ihrer Adressaten. Vielmehr gibt es zwischen den Einsichten und dem Verständnis der Bibeltexte von Seiten der Kinder im Kontext des

Unterrichts einerseits und den Hintergründen und Deutungen aus exegetischer Sicht andererseits ein Verhältnis von Entsprechungen und auch gegenseitigem Befragen, eine Verwobenheit und eine Differenz, bei der beide »Seiten« voneinander lernen können.

Fragen zur Unterrichtsplanung:

◆ Welche Fragen haben mich als Kind beschäftigt? Sind diese Fragen auch Fragen der Kinder im Unterricht?

◆ Bin ich selbst jemand, der leidenschaftlich mit Gott fragen und streiten und darin auch Hoffnung entdecken kann, oder verunsichern mich Zweifel? Halte ich als Pädagoge und Religionspädagoge den »Leerraum« aus, den nicht beantwortete Fragen erzeugen, im Vertrauen darauf, dass die Erfahrung der Kraft der Frage und des Fragens zu lernen gibt?

◆ Wie kann ich den Kindern durch einfache Impulse Frageräume eröffnen, verborgene oder verschüttete Fragen wecken? Welche Fragestellung hilft den Kindern, sich der »Sache« angemessen zu nähern?

◆ Welche Verwurzelungen mit der Gottesfrage haben die von den Kindern geäußerten Fragen? Mit welchen Bibeltexten korrespondieren die Fragen der Kinder? Mit welchen Kinderfragen steht umgekehrt der biblische Text in Beziehung?

◆ Welches Verständnis verbirgt sich hinter einer Äußerung oder hinter einem gegenständlichen oder auch abstrakten Bild eines Kindes? Welche Gedanken und Deutungen stecken hinter den Gottesvorstellungen der Kinder?

---

7. »Gott ist weit, aber mir nah.«
Schule braucht Religionsunterricht – Kinder »brauchen« Religion

»Gott hebt alles auf«,
sagte ein Kind im 4. Schuljahr zur Frage nach der Güte Gottes.
Das kann heißen:
Bei Gott wird alles anders und verwandelt.
Gott verdrängt und beseitigt nichts, sondern bewahrt es.
Gott lässt nichts außer Acht, hebt es empor und macht es »größer«.

Diese Aussage ergänzt die Erkenntnis des Kindes, das meinte: »*Gott macht alles mit.*« (☞ I.9.). Auf derart verdichteten Kernsätzen der Kinder kann ein weiterer Unterricht aufbauen, der die Frage nach Gott stellen lässt *und* bei dem die Kinder sich als bei Gott vorgesehen und aufgehoben erfahren können. Solche Sätze verlangen nach Wieder-holung und können zum Begleiter durch die Grundschulzeit, vielleicht sogar darüber hinaus werden.

Immer wieder bringen Kinder im Religionsunterricht in Worten oder Bildern Erfahrungen und Erkenntnisse zum Ausdruck, deren Tiefe und Tragweite sie wohl selbst höchstens intuitiv erfassen, die wir als Erwachsene staunend meditieren können und die zur religionspädagogischen Reflexion anregen können. So kann ich das *Aufheben* auf unser religiöses Lernen insgesamt beziehen. Was die Kinder im Unterricht in Wort und Bild zu Gott und an Gott gerichtet zur Sprache bringen, gilt es im mehrfachen Sinne »aufzuheben«: Es wird festgehalten und auf-bewahrt, es wird gemeinsam befragt und bedacht, es findet Achtung und Würdigung. Die von den Kindern geschaffenen Bilder haben denselben Rang wie die von uns eingebrachten Kunstwerke, ihre schriftlich festgehaltenen oder im Gespräch mitgeteilten Gedanken sind genauso wertvoll wie unsere ausgewählten Texte.

Deshalb gebe ich den Äußerungen der Kinder – in den Überschriften dieses Kapitels wie in diesem Buch überhaupt – einen so großen Raum. Sie zeigen, dass religiöses Lernen aus etwas entsteht und sich auf etwas bezieht, was alle Beteiligten zutiefst und »unbedingt angeht« (Paul Tillich). Die hier entfalteten grundsätzlichen Überlegungen und konkreten Erfahrungen des Lernens mit der Bibel sind mein Plädoyer für religiöses Lernen im schulischen Raum: Die Schule braucht zur Erfüllung ihres Erziehungs- und Bildungsauftrags einen menschlich bereichernden Religionsunterricht. Um der Kinder willen kann die Schule nicht auf ein Lernen verzichten, das offen ist für die religiöse Dimension, das sich zugleich rückbindet an Gott und sich löst von Gott, das von der Spannung lebt, als geschaffener Mensch vor einem Gegenüber zu stehen, Fragen nach dem Sinn von Leben und Sterben auf dieser Welt zu stellen, anzuklagen und sich anzuvertrauen, sich mit den Antworten der jüdisch-christlichen Glaubenstradition auseinanderzusetzen. Dieses religiöse Lernen hat durch die Dialektik der Rückbindung an Gott und der Loslösung von Gott, des Erlebens Gottes als außerhalb und innerhalb des Selbst, der Zugehörigkeit zu Gott und der Unterbrechung durch Gott eine Eigenart und Qualität, die anders nicht erfahrbar sind. Im und in den Fragen nach sich und dem anderen, nach dem Woher und Wohin, nach Sinn und Gerechtigkeit, nach Gott und der Welt, im Dialog darüber, im ganzheitlichen Wahrnehmen und Vergegenwärtigen, im elementaren Zugang zu den Worten und Geschichten, Metaphern und Symbolen der Bibel, eröffnet es Erfahrungen von Tiefe und Ernsthaftigkeit, von Gelassenheit und Vertrauen, von Sinn und Glück. Sie sind nur möglich, wenn der Unterricht nicht im Sinne einer bloß informierenden

»Religionskunde« von außen beobachtend und analysierend bleibt, sondern von innen aus einer Haltung heraus entsteht, die durch die Lebenserfahrungen und -geschichten aller geprägt ist.

Konsequenz dieser Position ist für mich bei gleichzeitigem Engagement für die möglichen Formen der ökumenischen Kooperation[40] im schulischen Religionsunterricht auch ein Eintreten für die Vielfalt, die sich aus einer positiv verstandenen – nicht abgrenzenden, trennenden und voneinander scheidenden, sondern unterscheidenden – Wahrnehmung der Verschiedenheit christlicher Konfessionen ergibt. Ich wünsche mir und freue mich darüber, dass von uns angeregte Impulse im Religionsunterricht verschiedener Konfessionen angenommen werden. Selbstverständlich hat der hier vorgestellte Religionsunterricht seine konfessionelle Gestalt erhalten, besonders durch uns Religionslehrer als katholische Christen, aber auch durch die in unterschiedlicher Intensität in ihrer Glaubenstradition aufwachsenden Kinder. Unser Umgang mit Bildern, Symbolen und biblischen Texten ist z.B. immer auch konfessionell geprägt, und so hat unsere gesamte Religiosität ihre eigene konfessionelle »Färbung«, sicher immer mehr, als uns selbst bewusst ist. Denn es gibt keine authentischen Erfahrungen und Überzeugungen des Glaubens außerhalb der eigenen, immer auch konfessionell geprägten Lebens- und Glaubensgeschichte.

Schule braucht den Religionsunterricht, weil die Kinder Religion bzw. Prozesse religiöser Bildung, Erfahrung und Entwicklung »brauchen«.[41] Sie brauchen jedoch Religion gerade als etwas »Unbrauchbares«. Ein kalkulierter »Gebrauch« von Religion und Gott ist ein Missbrauch. Gott ist nach christlicher Vorstellung eben nicht zu »gebrauchen«, nicht zu eigenem Vorteil zu benutzen, nicht im Sinne eines Handels zu erkaufen oder gar zu erpressen. Von solcher Berechnung und solchen Zwecken losgelöst aber kann Gott als in mir und als Gegenüber erfahren werden, zuhörend und mitfühlend. Was Kindern gut tut, zu leben und zu glauben hilft, ist Gott, der »weit« ist, aber ihnen »nah« werden kann, den wir fragen sollen, »wenn wir eine Antwort haben wollen, auch wenn wir die Antwort nicht gleich bekommen, in unserem Leben antwortet er uns« (☞ IV.3.a und IV.4.). Solche Sätze müssen Kindern jedoch selbst einfallen. Zu diesen Einsichten können sie nur persönlich kommen. Solche Erfahrungen können sie ausschließlich selber machen.

Fragen zur Unterrichtsplanung und -durchführung:

◆ Bin ich aufmerksam für Äußerungen der Kinder, in denen sich elementare Vorstellungen, Erfahrungen und Einsichten von Menschsein, Religion und Glaube »verdichten«?

◆ Gibt es aus dem Unterricht Äußerungen der Kinder (dieser Klasse oder anderer Klassen) in Wort oder Bild, die ich »wieder-holen« und »auf-heben« kann?

◆ Bin ich mir der Prägungen meiner religiösen Lerngeschichte und meiner Glaubensvorstellungen bewusst? Kann ich meine Religiosität, meine Haltungen und Überzeugungen im Glauben den Kindern gegenüber authentisch zum Ausdruck bringen? Kann ich bei den Kindern Lernprozesse im Glauben bzw. auf Glauben hin anstoßen?

Die Frage nach dem Erlernen des Schöpfer-Seins Gottes in der chassidischen Geschichte eröffnete unser Nachdenken über ein wirksames religiöses Lernen. Eine Fragen-Geschichte aus der Tradition des Zen[42] – sie erinnert mich an die Kinderfrage »Warum stelle ich diese Fragen?« – zeigt das »Wissen«, das im Weiter- und Hinterfragen liegt, und signalisiert zugleich zum Ausklang die Offenheit dieses Lernens.

Der Schüler fragt den Meister: »Woher kommen die Berge? Das Meer? Die Sonne?«
Darauf der Meister: »Woher kommt deine Frage?«

Den Anfang bildeten jedoch die Begegnungen von Bildern, Liedern und Worten mit Auge, Ohr und Herz in Gerhard Schönes Dialogen. Wiederum mit Hilfe der von Gerhard Schöne authentisch zum Ausdruck gebrachten Alltagserfahrungen sei auch dieser Bogen im Staunen und Dank über »Augen, Ohren und Herz« an ein »Ende« geführt.

Augen, Ohren und Herz

Ir -gend- wo klingelt es leis, dann geht die Kaffee - ma - schine.

Hat da ein Au - to ge - hupt? Laut quietscht die Bahn in der Schiene.

Va - ter ruft dich aus dem Bett, hell sprudelt Was - ser ins Becken. Im

Ra - dio spielt Flö - ten - mu - sik. Al - les das hörst du beim Wecken.

Gut, dass du Oh - ren hast, gut, dass du hörst. Gut, dass du Oh - ren hast, gut, dass du hörst.

Sieh dir die Wolken mal an,
sehn sie nicht aus wie Gesichter?
Schau, wenn die Sonne aufgeht,
und es wird lichter und lichter.
Leute rennen zur Bahn,
manche beim Bäcker anstehen.
Da verliert einer den Hut.
Überall gibt's was zu sehen.

Gut, dass du Augen hast,
gut, dass du siehst.
Gut, dass du Augen hast,
gut, dass du siehst.

Wenn es blitzt, donnert und pfeift,
matt sind die Fenster beschlagen.
Mutter kocht heißen Kakao,
dann fühlst du warmes Behagen.
Läuft dir ein Kätzchen mal zu,
gib ihm zu trinken, zu fressen.
Streichle es, dann wird's dein Freund.
Freunde darf man nie vergessen.

Gut, dass ein Herz du hast,
gut, dass du fühlst.
Gut, dass ein Herz du hast,
gut, dass du fühlst.

Gerhard Schöne

Anmerkungen

Beim ersten Zitieren einer Veröffentlichung sind die vollständigen Angaben aufgeführt, danach nur Verfasser, Kurztitel und Seitenangabe. War die Erstangabe in einem vorherigen Kapitel, erfolgt der Hinweis auf dieses Kapitel in Klammern.

Einstimmung: Der Weg zu diesem Buch – ein Weg durch das Buch

1 Vgl. Oberthür, Rainer: Kinder und die großen Fragen. Ein Praxisbuch für den Religionsunterricht, unter Mitarbeit von Alois Mayer, München 1995, 81-94 und 121-136; dies.: Die Psalmwort-Kartei. Freiarbeitsmaterialien mit Begleitheft und Kopiervorlagen, Heinsberg 1995 (Informationen bei Agentur Dieck, Richard-Wagner-Str. 1, 52525 Heinsberg).
2 Schweitzer, Friedrich/Nipkow, Karl Ernst/Faust-Siehl, Gabriele/Krupka, Bernd: Religionsunterricht und Entwicklungspsychologie. Elementarisierung in der Praxis, Gütersloh 1995, 166.
3 Gerhard Schöne: Kinder-Lieder-Galerie, Berlin 1990, 7.

I. Blickrichtungen religiösen Lernens mit der Bibel
Auf dem Weg zu einer »Kunst, die wirksames Lernen ermöglicht«

1 In: Buber, Martin: Die Erzählungen der Chassidim, Manesse, Zürich 1949, 331f.; auch reflektiert in Schreier, Helmut: Über das Philosophieren mit Geschichten für Kinder und Jugendliche, Heinsberg 1993, 22ff.
2 Rumpf, Horst: Abschied vom Bescheidwissen. Über Bildung und Sterblichkeit, in: Katechetische Blätter 119 (1994), 232-238.
3 Baldermann, Ingo: Die Bibel – Buch des Lernens. Grundzüge biblischer Didaktik, Göttingen 1980, 14.
4 Mette, Norbert: Religionspädagogik, Düsseldorf 1994, 248f.
5 Goßmann, Klaus: Die gegenwärtige Krise des Religionsunterrichts in Westdeutschland, in: Evangelischer Erzieher 45 (1993), H. 5, 526. Dieser Ergänzung der Denkrichtung widmet sich insgesamt: Becker, Ulrich/Scheilke, Christoph Th. (Hg.): Aneignung und Vermittlung. Beiträge zu Theorie und Praxis einer religionspädagogischen Hermeneutik, Gütersloh 1995.
6 Vgl. (mit Bezug auf G.D.J. Dingemans) Mette, Religionspädagogik, 237-239.

7 Hentig, Hartmut von: Glaube. Fluchten aus der Aufklärung, Düsseldorf 1992, 106f.

8 Ebd., 108f. Die Unterscheidung von Didaktik und Mathetik soll nicht den Begriff »Didaktik« abwerten, sondern helfen, durch den Perspektivenwechsel zu einer Didaktik zu kommen, die sich ihrer Intentionen und Wirkungen bewusst wird und somit mehr als eine »Kunst der Vermitttlung« werden kann.

9 Hildesheimer, Wolfgang: Tynset, Frankfurt a.M. 1967, 70f., auch in: Biehl, Peter: Vermittlung als theologisches und didaktisches Problem, in: Becker/Scheilke, Aneignung, 17.

10 Bastian, Hans-Dieter: Theologie der Frage. Ideen zur Grundlegung einer theologischen Didaktik und zur Kommunikation der Kirche in der Gegenwart, München 1969, 292.

11 Oelkers, Jürgen: Die Frage nach Gott. Über die natürliche Religion von Kindern, in: Merz, Vreni (Hg.): Alter Gott für neue Kinder? Das traditionelle Gottesbild und die nachwachsende Generation, Freiburg (Schweiz) 1994, 13.

12 Vgl. Oberthür, Rainer: »Wer fragt, weiß schon etwas!« Fragenorientiertes Lernen im Religionsunterricht mit Kindern, in: Die Grundschulzeitschrift 9 (1995), Heft 90, 50-54.

13 Halbfas, Hubertus: Der Sprung in den Brunnen, Eine Gebetsschule, Düsseldorf 1981, 74.

14 Rumpf, Horst: Belebungsversuche. Ausgrabungen gegen die Verödung der Lernkultur, Weinheim/München 1987, 12f, s. auch insgesamt zu den folgenden zusammenfassenden Ausführungen.

15 Diese drei Potentiale der Weltverarbeitung unterscheidet M. Palagyi, vgl. ebd., 137-147.

16 Vgl. die Unterscheidung begrifflich-diskursiver und präsentativer Symbolisierung bei Susanne Langer, vgl. ebd., 45ff.

17 Rumpf im Anschluss an D. Sperber, R. Kokemohr und R. Heipcke, vgl. ebd., 52ff.

18 Schweitzer, Friedrich: Zwischen Theologie und Praxis – Unterrichtsvorbereitung und das Problem der Lehrbarkeit von Religion, in: Jahrbuch der Religionspädagogik Band 7, Neukirchen-Vluyn 1991, 25.

19 Schweitzer u.a., Religionsunterricht und Entwicklungspsychologie, 24.

20 Vgl. ebd., 27-29.

21 Baldermann, Bibel, 23f.

22 Ders.: Gottes Reich – Hoffnung für Kinder. Entdeckungen mit Kindern in den Evangelien, Neukirchen-Vluyn 1991, 30.

23 Vgl. zum Folgenden: Niehl, Franz W.: Dialogische Exegese – oder: eine Methode, mit der Bibel ins Gespräch zu kommen, in: Miller, Gabriele/Niehl, Franz W. (Hg.): Von Batseba – und andere Geschichten. Biblische Texte spannend ausgelegt, München 1996, 227-236.

24 Ebd., 231.

25 Ebd., 235f.

26 Baldermann, Ingo: Einführung in die biblische Didaktik, Darmstadt 1996, 9.

27 Lange, Günter: Religionsunterricht als Sehschule durch Metaphern, in: Katechetische Blätter 102 (1977), 719.

28 Halbfas, Hubertus: Religionsunterricht an Sekundarschulen. Lehrerhandbuch 5, Düsseldorf 1992, 99.

29 Die Unterschiede und Gemeinsamkeiten von »Metapher« und »Symbol« oder gar von »metaphorisch« und »symbolisch« können hier nicht diskutiert werden. P. Biehl

hebt den mehr entdeckend-präzisierenden Charakter der Metaphern und den eher erschließend-vermittelnden Charakter von Symbolen hervor; s. Biehl, Peter: Symbole geben zu lernen. Einführung in die Symboldidaktik, Neukirchen-Vluyn 1989, 66-72.

30 Vgl. die Arbeiten von Paul Ricoeur, bes.: Die lebendige Metapher, München 1986.

31 Ricoeur, Paul: Stellung und Funktion der Metapher in der biblischen Sprache, in: ders./Jüngel, Eberhard: Metapher. Zur Hermeneutik religiöser Sprache, München 1974, 47.

32 Biehl, Symbole, 66.

33 Vgl. Hilger, Georg: Prinzipielle religionsdidaktische Grundregeln I, in: Groß, Engelbert/König, Klaus (Hg.): Religionsdidaktik in Grundregeln. Leitfaden für den Religionsunterricht, Regensburg 1996, 9-29, hier 19ff.; vgl. zudem Reilly, George: Religionsdidaktik und ästhetische Erziehung, in: Religionspädagogische Beiträge 22 (1988), 55-66; Grözinger, Albert: Praktische Theologie und Ästhetik. Ein Beitrag zur Grundlegung der Praktischen Theologie, München 1987.

34 Hilger, Grundregeln, 22.

35 Ebd., 26.

36 Lenzen, Verena: Jüdisches Leben und Sterben im Namen Gottes. Studien über die Heiligung des göttlichen Namens (Kiddusch HaSchem), München 1995, 112.

37 Adorno, Theodor W.: Erziehung nach Auschwitz, in: ders.: Stichworte. Kritische Modelle 2, Frankfurt a.M. [5]1980, 85.

38 Lenzen, Jüdisches Leben, 128.

39 Vgl. hierzu Fölling-Albers, Maria: Der Individualisierungsanspruch der Kinder – Neue Anforderungen an die Grundschule, in: Landesinstitut für Schule und Weiterbildung (Hg.): Bilanz und Perspektive, Drittes Grundschul-Symposion NW, Soest 1993, 15-36; s. auch Hilger, Grundregeln, 9ff.

40 Vgl. Werbick, Jürgen: Vom Wagnis des Christseins. Wie glaubwürdig ist der Glaube? München 1995, 88f.

41 Vgl. z.B. Bucher, Anton A.: Kinder als Subjekte, in: Concilium 32 (Heft 2/ 1996), 141-147; Kuld, Lothar: Die »Theologie« des Kindes und der Religionsunterricht in der Grundschule, in: Dimensionen religiösen Lernens, Bensberger Protokolle (erscheint in Kürze).

42 Vgl. Mette, Norbert: »Und er stellte ein Kind in ihre Mitte« (Mk 9,36) – Kinder als Vorbilder der Jüngerschaft, in: Zeitschrift für Religionsunterricht und Lebenskunde 21 (1992), 35-38.

43 Kuld, Theologie des Kindes, s. Anm. 41.

44 Vgl. Bucher, Anton A.: Kinder als Theologen? in: Zeitschrift für Religionsunterricht und Lebenskunde 21 (1992), 19-22.

45 Fikenscher, Konrad: Die Herausforderungen der Kinder ernstnehmen. Elementare Theologie im Religionsunterricht, in: Becker/Scheilke, Aneignung, 106. Fikenscher wendet sich gegen die Sicht von Elementarisierung als Reduzierung theologischer Inhalte »herunter« auf das Kind: »... religionspädagogische Bemühung hat es nicht in erster Linie mit Elementarisierung zu tun, sondern mit dem Gespräch zwischen Partnern, die – auf verschiedene Weise – Theologie treiben. Dabei soll (oder sogar: muss) wissenschaftliche Theologie ebenso offen für das sein, was in elementarem Theologisieren zum Vorschein kommt, wie das umgekehrt gilt.«

46 Oelkers, Frage nach Gott, 16f.

47 Ebd., 19.

48 Ebd., 21.

49 Vgl. Bastian, Theologie der Frage, 275.

50 Metz, Johann B.: Die Rede von Gott angesichts der Leidensgeschichte der Welt, in: Lutz-Bachmann, Matthias/Hölscher, Andreas (Hg.): Gottesnamen. Gott im Bekenntnis der Christen, Berlin/Hildesheim 1992, 182.

51 Ebd., 190.

52 Vgl. Baldermann, Ingo: Grundzüge biblischer Sprachlehre, in: Langer, Wolfgang (Hg.): Handbuch der Bibelarbeit, München 1987, 40.

53 Lenzen, Jüdisches Leben, 24f.

II. Das Leid in der Welt und die Frage nach Gott
Kinder fragen und klagen an

1 Büchner, Georg: Dantons Tod, in: ders.: Werke und Briefe, München 1980, 44.

2 Camus, Albert: Die Pest (frz. Paris 1947), hier Reinbek 1985, 40.

3 Borchert, Wolfgang: Draußen vor der Tür, Reinbek 1987, 41f.

4 Deutsches Komitee für UNICEF (Hg.): Zur Situation der Kinder in der Welt 1996, Frankfurt 1995, 14.

5 Ebd., 26f.

6 Ebd., 11.

7 Vgl. ebd.; s. auch Mette, Norbert: »(K)ein Jahrhundert des Kindes? Zur Situation der Kinder in der Welt in den 90er Jahren – aus UNICEF-Berichten zusammengestellt, in: Concilium 32 (1996), 114-117.

8 Vgl. zum Folgenden: Synode der Evangelischen Kirche (Hg.): Aufwachsen in schwieriger Zeit – Kinder in Gemeinde und Gesellschaft, Gütersloh 1995, bes. 13-49; Deutsches Jugendinstitut (Hg.): Was für Kinder. Aufwachsen in Deutschland, München 1993.

9 Vgl. Walper, Sabine: Können wir uns das leisten? Kinder und Armut, in: Jugendinstitut, Kinder, 267-276.

10 Vgl. Hoehne, Rainer: Wie geht's den Kindern, in: ebd., 229-233.

11 Vgl. Büttner, Christian/Ende, Aurel (Hg.): Trennungen. Kindliche Rettungsversuche bei Vernachlässigungen, Scheidungen und Tod, Weinheim/Basel 1990, bes. 11ff.

12 Vgl. Petri, Horst: Umweltzerstörung und die seelische Entwicklung unserer Kinder, Zürich 1992, bes. 113-128.

13 Vgl. Richter, Horst-Eberhard: Umgang mit Angst, Hamburg 1992, bes. 232-249 und 277-291.

14 Coles, Robert: Wird Gott nass, wenn es regnet? Die religiöse Bilderwelt der Kinder, Hamburg 1992, 301.

15 Ebd., 300.

16 Vgl. hierzu Sauer, Ralph: Kinder fragen nach dem Leid. Hilfen für das Gespräch, Freiburg 1986; Boßmann, Dieter/Sauer, Gert/Deßecker, Klaus: Wann wird der Teufel in Ketten gelegt? Kinder und Jugendliche stellen Fragen an Gott, Lahr/München 1984; Bucher, Anton A.: Kinder und die Rechtfertigung Gottes? – Ein Stück Kindertheologie, in: schweizer schule 10/1992, 7-12; Mokrosch, Reinhold: Kinder erfahren Leid und fragen nach Gott – Wie sollen wir reagieren? in: Religionspädagogische Beiträge 35/1995, 87-95.

17 Vgl. Gerichhausen, Sonja: Kinder fragen nach dem Leid. Theodizeeproblem im Grundschulalter? Unveröffentlichte Examensarbeit, vorgelegt an der Universität Köln

bei Josef Senft, Seminar für Theologie und ihre Didaktik, 1993. Sonja Gerichhausen danke ich herzlich für die Zusammenarbeit!

18 Vgl. Boßmann/Sauer/Deßecker, Wann wird.

19 Vgl. Nipkow, Karl Ernst, Erwachsenwerden ohne Gott. Gotteserfahrung im Lebenslauf, München [2]1988, 43-92, auf Basis von Texten Jugendlicher, s. Schuster, R.: Was sie glauben, Stuttgart 1984.

20 Erzählt von Koliz, Zvi, in: Sölle, Dorothee u.a. (Hg.): Almanach für Theologie und Literatur, Band 2, Wuppertal 1968, 28, auch in: Halbfas, Hubertus (Hg.): Religionsbuch für das 4. Schuljahr, Düsseldorf/Zürich 1986, 29; ausführliche Dokumentation der Geschichte dieses Textes in: Koliz, Zvi: Jossel Rakovers Wendung zu Gott, Berlin [3]1997.

III. »Warum gibt es Krieg?«
Eigene und unterrichtliche Begegnungen zur Geschichte von Kain und Abel

1 Entnommen dem von UNICEF herausgegebenen Buch: Ich träume vom Frieden. Bilder vom Krieg von Kindern aus dem ehemaligen Jugoslawien, München 1994, 74.

2 Ebd., Bilder auf 17, 19, 22, 38, 46, 50 und 73.

3 Ebd., Texte auf 23, 25, 39, 56 und 72.

4 Vgl. Wendt, Irmela/Boratynski, Antoni: Der Krieg und sein Bruder, Düsseldorf 1991; zuerst veröffentlicht mit etwas anderem Text ohne Bilder als »Legende gegen den Krieg«, in: Der bunte Hund. Magazin für Kinder in den besten Jahren, Heft 26, Weinheim/Basel 1990, 10f.

5 So auf originelle Weise bei Grenz, Reinhard: Der Krieg und sein Bruder. Begegnung mit einem Bilderbuch im Religionsunterricht der Grundschule, in: forum religion, Heft 4, 1992, 5-14.

6 Zwölf Dias werden vom Medienservice forum religion angeboten (Nr. 4/92, Bezug beim Pädagogisch-Theologischen Institut, Heinrich-Wimmer-Str. 4, 34131 Kassel).

7 Übersetzung von Heinz-Günther Schöttler und Franz W. Niehl, aus: Jaquemoth, Franz Josef/Kiefer, Peter Thomas: Kain und Abel. Arbeitshilfen für den Religionsunterricht, hg. vom Katechetischen Institut des Bistums Trier, Trier 1994, 5.

8 Die folgende Interpretation stützt sich weitgehend auf: Zenger, Erich: »Das Blut deines Bruders schreit zu mir« (Gen 4,10). Gestalt und Aussageabsicht der Erzählung von Kain und Abel, in: Dietmar Bader (Hg.): Kain und Abel. Rivalität und Brudermord in der Geschichte des Menschen, München/Zürich 1983, 9-28; Jaquemoth, Franz-Josef: Kain und Abel. Die Geschichte vom Menschen (Gen 4,1-16), in: Miller, Gabriele/Niehl, Franz W. (Hg.): Von Babel bis Emmaus. Biblische Texte spannend ausgelegt, München 1993, 196-219; Berg, Horst-Klaus: Ein Wort wie Feuer. Wege lebendiger Bibelauslegung, München 1991.

9 Zenger, Kain und Abel, 10f.

10 Vgl. zu den folgenden Ausführungen: Halbfas, Hubertus: Religionsunterricht in der Grundschule. Lehrerhandbuch 3, Düsseldorf 1985, 132ff.

11 Zenger, Erich: Der Gott der Bibel – ein gewalttätiger Gott? In: Katechetische Blätter 119 (1995) 694.

12 Jaquemoth, Kain und Abel, 211; vgl. hierzu auch: Tschirch, Reinmar: Bibel für Kinder. Die Kinderbibel in Kirche, Gemeinde, Schule und Familie, Stuttgart u.a. 1995, 152f. und 172-175.

13 Gruber, Elmar (Hg.): Die Bibel in 365 Geschichten erzählt, Freiburg 1986; kritisiert von Fiedler, Peter: Die Bibel als Kinderbuch – So nicht!, in: Katechetische Blätter 117 (1992) 218.

14 Gruber, Bibel, 15.

15 Weth, Irmgard (Hg.): Neukirchener Kinder-Bibel, Neukirchen-Vluyn 1988, 18f.

16 Wir verwendeten die Wände eines »Duplo«-Hauses.

17 Baldermann, Gottes Reich, 29 (s. I.).

18 Roy, Claude: La Guerre et la Paix, Paris 1954, 37, zitiert in: Forestier, Sylvie: Pablo Picasso. Krieg und Frieden, Stuttgart/Zürich 1991, 9;. s. zudem Ullmann, Ludwig: Picasso und der Krieg, Bielefeld 1993, bes. 403-426. Diesen Interpretations- und Bildbänden verdanke ich die im Folgenden dargelegten Hintergründe; s. auch: Halbfas, Hubertus: Religionsunterricht in Sekundarschulen. Lehrerhandbuch 6, Düsseldorf 1993, 293-295. Die Bilder sind als Dias gut zugänglich in: Halbfas, Hubertus: Religionsunterricht in Sekundarschulen. 32 Dias zu den Religionsbüchern 5 und 6, Düsseldorf o.J., und in: Grom, Bernhard/Schillinger, Hans-Wolfgang: Kunst-Dias zu Lebensfragen, Düsseldorf/Göttingen 1982.

19 Die Deutung dieses Zauberpferdes in der griechischen Mythologie schwankt zwischen dem von Poseidon gezeugten Wasser- und Unterweltsross, dem himmlischen Blitzross und dem Musen- und Dichterross, vgl. Halbfas, Lehrerhandbuch 6, 294f.

20 Ullmann, Picasso, 417.

21 Raoul-Jean Moulin, zitiert in: Ullmann, Picasso, 425.

22 Forestier, Krieg und Frieden, 22.

23 Auf eine den Bildern angemessenere, vorherige Betrachtung von Details verzichteten wir aus Zeitgründen.

24 Picasso in einem Interview mit Simone Téry, Les Lettres Françaises, 24. März 1945, zitiert in: Forestier, Krieg und Frieden, 26.

IV. »Gott, wie kannst du das zulassen?«
Mit Kindern die Theodizeefrage und das Buch Hiob vergegenwärtigen und bedenken

1 Vgl. zu IV.2.b und IV.2.d insgesamt Ebach, Jürgen: Streiten mit Gott: Hiob, Teil 1, Hiob 1-20, Neukirchen-Vluyn 1995, Teil 2 Hiob 21-42, Neukirchen-Vluyn 1996, unter Hinzunahme eines unveröffentlichten Vortragsmanuskripts von Jürgen Ebach.

2 Vgl. Ebach, Hiob 1, XIII und 1.

3 Vgl. ebd., 3.

4 Vgl. ebd., XI.

5 Auf die Hiob-Geschichte verzichten z.B. folgende anerkannte Bibeln: Deutsche Bischofskonferenz (Hg.): Bibel für die Grundschule, Kevelaer u.a. 1979; Weth, Neukirchener (s. III.); Quadflieg, Josef: Die Bibel für den Unterricht in der Grundschule und in der Orientierungsstufe, Düsseldorf 1995.

6 Vgl. Strube, Hans Heinrich: Geschichten aus dem Alten Testament, für Kinder erzählt, Düsseldorf 1986, 353-359. Die Einleitung ist erzählt nach Pokrandt, Anneliese: Elementarbibel. Teil 6. Erfahrungen mit Gott, Lahr/München 1993, 16. Einfühlsam, aber sehr knapp wird Hiobs Geschichte erzählt von Beck, Eleonore: Meine Bilderbibel. Das große Buch von Gott und den Menschen, Konstanz/Kevelaer [2]1986, 121-123. Lesenswert ist Hiobs Geschichte in Schindler, Regine: Mit Gott unterwegs. Die Bibel für Kinder und Erwachsene neu erzählt, Zürich 1996, 140-143.

7 Vgl. Ebach, Hiob 1, XIIIf. und 44.

8 Vgl. ebd., 4f.

9 Vgl. ebd., 6; s. auch Oberthür, Rainer: Angst vor Gott? Über die Vorstellung eines strafenden Gottes in der religiösen Entwicklung und Erziehung, Essen 1986, 42f.

10 Vgl. Ebach, Hiob 1, 10f.

11 »Der ›liebe Gott‹ thront über der (optimistisch geschätzt) halben Wirklichkeit, während die andere Hälfte dem Teufel zufällt. Wird dann (im ›aufgeklärten‹ Bürgertum) der Teufel ›entmythologisiert‹ (d.h. zum Verschwinden gebracht), bleibt neben dem minimierten Bereich Gottes ein immer größerer Raum ohne Gott, in dem das ›wirkliche‹ Leben stattfindet.« Ebd., 12.

12 Ebd. .

13 Vgl. ebd., 20ff.

14 Ebd., 30.

15 Vgl. ebd., 32-40.

16 Ebd., 46.

17 Vgl. ebd., 64ff.

18 Vgl. Ebach, Hiob 2, 160-165.

19 Vgl. ebd., 118-139.

20 Vgl. ebd., 140-154.

21 Vgl. ebd., 159.

22 Vgl. ebd., 160-165.

23 Vgl. ebd., 168.

24 Das Bild ist farbig abgebildet in Halbfas, Hubertus (Hg.): Religionsbuch für das 4. Schuljahr, Düsseldorf/Zürich 1986, 25, interpretiert in ders.: Religionsunterricht in der Grundschule. Lehrerhandbuch 4, Düsseldorf 1986, 178f.

25 Ebd., 178.

26 Vgl. hierzu Birkholz, Siegfried: Die Heidenheim-Graphik »Ijob« im Religionsunterricht von Sonderschulen und Sekundarstufe I, in: Evangelischer Erzieher 38 (1986) 272-274; den Hinweis auf dieses Bild verdanke ich Thomas Menges.

27 Eine ausführliche Interpretation und Impulse zur Arbeit mit diesem Bild in: Goeke-Seischab, Margarete Luise: Von Klee bis Chagall. Kreativ arbeiten mit zeitgenössischen Graphiken zur Bibel, München 1995, 86-94.

28 Formuliert nach Huub Oosterhuis, Fragment über Gott, aus: ders.: Vorübergehen, Wien/Freiburg/Basel 1969, 32-34, und nach Psalm 9,11.

29 Kol Simcha: Why (N. Reiser/Suisa), Länge: 9:07 Min.; Bezugsquelle: Kol Simcha: Contemporary Klezmer, Edition LAIKA Musikverlag, Arroder Weg 96, 33619 Bielefeld.

30 Jonas, Hans: Der Gottesbegriff nach Auschwitz, Frankfurt 1987, 49.

31 Werbick, Jürgen: Braucht die Theologie einen strafenden Gott? Neun Thesen zur Problematik einer fragwürdigen theologischen Kategorie, in: Katechetische Blätter 106 (1981) 441.

32 Das denkende Herz. Die Tagebücher der Etty Hillesum 1941-1943, hg. und eingeleitet von J.G. Gaarlandt, Reinbek 1985, 149.

V. »Hört mir zu, ihr Menschen!«
Zugänge zu den Propheten über Worte und Bilder

1 Vgl. zum Folgenden Baldermann, Bibel (s. I.), 153-163.
2 Zu Hintergründen der einzelnen Propheten vgl. Stendebach, Franz-Josef: Rufer wider den Strom. Sachbuch zu den Propheten Israels, Stuttgart 1985; Kopp, Johanna: Israels Propheten – Gottes Zeugen heute. Zugänge zu den Prophetenbüchern des Alten Testamentes, Paderborn 1991; Ohler, Annemarie: Grundwissen Altes Testament. Ein Werkbuch. Band 3: Propheten – Psalmen – Weisheit, Stuttgart 1988.
3 Baldermann, Bibel, 161.
4 Zu den fünf aufgeführten Bildern kamen noch zwei weitere, hier nicht abgebildete hinzu:»Schrei« von Jakob Steinhardt, aus: ders.: Propheten, Essen 1963, 18; »Gebet des Jesaja« von Marc Chagall, aus: Religionsbuch für das 2. Schuljahr, hg. von H. Halbfas, Düsseldorf 1984, 31.
5 Diese Erzählung formulierte Alois Mayer in Anlehnung an Strube, Geschichten AT (s. IV.), 274-277. Die Bibelübersetzung folgt im Wesentlichen der Luther-Übersetzung und der Einheitsübersetzung. Auch hier sind die elementaren Strukturen der Prophetenworte – Worte der Anklage des Unrechts und Worte des Trostes – für den Aufbau der Geschichte leitend.
6 Hierzu das hintere Glas aufgeklappter Diarähmchen (Innenseite) mit der Nachfülltinte für wasserfeste Filzstifte (Permanent-Marker) schwärzen!

VI. Erträge religiösen Lernens mit der Bibel
Hilfen für die Unterrichtsplanung

1 Vgl. die Diskussion um die Korrelationsdidaktik besonders in: Hilger, Georg/Reilly, George (Hg.): Religionsunterricht im Abseits. Das Spannungsfeld Jugend – Schule – Religion, München 1993.
2 Nadolny, Sten: Das Erzählen und die guten Absichten. Münchener Poetikvorlesungen, München 1990, 59; vgl. hierzu auch Baldermann, Ingo: Hoffnungsgeschichten für Kinder. Ein Gespräch mit Sten Nadolny, in: Biehl, Peter u.a. (Hg.): Jahrbuch der Religionspädagogik. Band 10, Neukirchen-Vluyn 1995, 159-169.
3 Nadolny, Erzählen, 59.
4 Ebd., 78.
5 Zilleßen, Dietrich u.a.: Die Situation des Religionsunterrichts, in: Religion heute, Heft 21/1995, 8.
6 Vgl. Jacoby, Heinrich: Jenseits von »Begabt« und »Unbegabt«. Zweckmäßige Fragestellung und zweckmäßiges Verhalten – Schlüssel für die Entfaltung des Menschen, hg. von Sophie Ludwig, Hamburg [5]1994; das Buch stellt Gedanken Jacobys aus dem Jahr 1945 vor (s. auch Rumpf, Belebungsversuche, 16, s. I.).
7 Jacoby, Jenseits, 257.
8 Vgl. ebd., 410.
9 Vgl. ebd., 287.
10 Ebd., 15.
11 Ebd., 134.
12 Ebd. .

13 Vgl. ebd., 387.

14 Wagenschein, Martin: Kinder auf dem Weg zur Physik, Weinheim/Basel 1990, 11.

15 Andresen, Ute (Hg.)/Wiesmüller, Dieter (Ill.): Im Mondlicht wächst das Gras. Gedichte für Kinder und alle im Haus, Ravensburg 1991, 5.

16 Andresen, Ute: Versteh mich nicht so schnell. Gedichte lesen mit Kindern, Weinheim/Berlin 1992, 11.

17 Ebd., 13.

18 Interessant ist in diesem Zusammenhang, dass Hans-Joachim Gelberg im Rückblick auf 25 Jahre als Verleger um eine »Kinderliteratur von innen« bittet, in: Gelberg, H.-J. (Hg.): Aller Dings. Werkstattbuch, Weinheim/Basel 1996, 266.

19 Schubiger, Jürg: Aus dem Leben meiner Geschichten, in: Gelberg, ebd., 194; solche Geschichten sind zu entdecken in: Schubiger, J./ Berner, R.S. (Ill.): Als die Welt noch jung war, Weinheim/Basel 1995.

20 Baldermann, Einführung (s. I.), 15f.

21 Ebd., 33.

22 Vgl. hierzu: Gerstenmaier, Jochen/Mandl, Heinz: Wissenserwerb unter konstruktivistischer Perspektive, in: Zeitschrift für Pädagogik 41 (1995), 867-888, besonders 874f. und 879; Dubs, Rolf: Konstruktivismus: Einige Überlegungen aus der Sicht der Unterrichtsgestaltung, in: ebd. 889-903, besonders 890f. und 893f.

23 Die Verknüpfung zwischen Emotionalität und Rationalität unterstreichen mit Bezug auf neue Erkenntnisse der Neurowissenschaften die Ansätze emotionaler Bildung und Erziehung:»Gefühle sind wichtig für das Denken, Gedanken wichtig für das Fühlen.« Vgl. Goleman, Daniel: Emotionale Intelligenz, München/Wien 1996, hier 26.

24 Pablo Picasso, zitiert nach Herbert Read, in: Fineberg, Jonathan: Mit dem Auge des Kindes. Kinderzeichnung und moderne Kunst, Stuttgart 1995, 143; vgl. zum Folgenden insgesamt Finebergs Ausführungen.

25 Vgl. hierzu Spies, Werner (Hg.): Picassos Welt der Kinder, München/New York 1995.

26 Vgl. Fineberg, Auge, 56-91.

27 Vgl. das gleichnamige Kapitel in: G.B. Matthews, Die Philosophie der Kindheit. Wenn Kinder weiter denken als Erwachsene, Weinheim/Berlin 1995, 172-190.

28 Vgl. Oberthür, Rainer: Bilder als Wegweiser für religiöses Lernen. Wie mein Umgang mit Kunst mein religionspädagogisches Denken und Handeln beeinflusst, in: Mette, Norbert u.a. (Hg.): Kunst und Religion. Jahrbuch der Religionspädagogik. Band 13, Neukirchen–Vluyn 1997, 17-23.

29 Matthews, Philosophie, 188.

30 Schmid, Volker: Kreativität und die Phantasie des Kindes. Pädagogisches im Blick der Psychoanalyse, in: Pädagogik 47 (1995), Heft 4, 29 und 32.

31 Erich Fried: Gesammelte Werke. Gedichte 2, Berlin 1993, 202.

32 Vgl. Jacoby, Jenseits, 152.

33 Ebd., 258.

34 Vgl. ebd. 258 und 415.

35 Vgl. Tamminen, Kalevi: Religiöse Entwicklung in Kindheit und Jugend, Frankfurt u.a. 1993, 172f.

36 Oelkers, Frage nach Gott (s. I.), 20.

37 Ebd., 19f.

38 Ebd., 15.

39   Damit sind Kinder m.E. in der Entwicklung »weiter«, als A. Bucher aufgrund einer empirischen Studie (Interviews zu einer Dilemmageschichte) annimmt, wonach er drei Theodizeekonzeptionen unterscheidet (vgl. Bucher, Kinder, s. II.):
1. Der allmächtige Gott schickt Liebes und Leidvolles, der Mensch ist dem ausgeliefert (100% bei 5- bis 7-jährigen, 12% bei 11- bis 13-jährigen, 10% bei 15- bis 16-jährigen).
2. Wie der Mensch zu Gott, so verhält sich Gott zum Mensch (76% bei 11- bis 13-jährigen, 67% bei 15- bis 16-jährigen).
3. Es geht nicht um Rechtfertigung Gottes, sondern des Menschen, dem Gott Freiheit zum Guten und Bösen gibt (12% bei 11- bis 13-jährigen, 23% bei 15- bis 16-jährigen).

40   Vgl. hierzu Kuhl, Lena/Lögering, Aloys u.a.: Ökumenische Kooperation. Vorschläge für den konfessionellen Religionsunterricht des 1. Schuljahres, in: Katechetische Blätter 122 (1997) 54-62.

41   Zur Frage des »Brauchens« vgl. Schweitzer, Friedrich: Brauchen Kinder Religion? in: Die Grundschulzeitschrift 9 (1995), Heft 90, 46-49; Winkel, Rainer: Brauchen Kinder Religion, in: Erziehen heute 47 (1997), Heft 1, 2-12.

42   Zitiert in Berendt, Joachim-Ernst (Hg.): Geschichten wie Edelsteine. Parabeln, Legenden, Erfahrungen aus alter und neuer Zeit, München 1996, 11.

Quellenverzeichnis

An erster Stelle danken wir allen Kindern herzlich für ihre Texte und Bilder, die dieses Buch beleben und bereichern!

Texte/Lieder

9 Frage, Antwort, Frage. © Hans Manz – **17** Aus: Gerhard Schöne, Ich muss singen. Liederbuch. Ost-West-Musik-Verlag, Baiersdorf 1995. © Buschfunk Musikverlag GmbH, Berlin – **40** Aus: Gerhard Schöne, Ich muss singen. Liederbuch. Ost-West-Musik-Verlag, Baiersdorf 1995. © Buschfunk Musikverlag GmbH, Berlin – **51** Aus: Gerhard Schöne, Ich muss singen. Liederbuch. Ost-West-Musik-Verlag, Baiersdorf 1995. © Pila Music GmbH, 72133 Dettenhausen – **55-58** Aus: Irmela Wendt/Antoni Boratynski, Der Krieg und sein Bruder. Patmos Verlag, Düsseldorf ³1994 – **83** Aus: Gerhard Schöne, Ich bin ein Gast auf Erden. Choräle in freier Bearbeitung. Düsseldorf o.J. © Buschfunk Musikverlag GmbH, Berlin – **132** © 1988 by Lied der Zeit GmbH/ROBA Musikverlage, Hamburg – **169** © Gerhard Schöne – **191** Erich Fried, Angst und Zweifel. Aus: Gegengift. Verlag Klaus Wagenbach, Berlin 1974; s.a. Gesammelte Werke, 1993 – **200** Aus: Gerhard Schöne, Wohin soll die Nachtigall. Liedtexte, hg. v. Annelie Wegener. Berlin 1990. © 1983 by Lied der Zeit GmbH/ROBA Musikverlage, Hamburg – **Umschlagrückseite**: Erich Fried, Angst und Zweifel. Quelle wie S. 191

Bilder

59, 60 Aus: Irmela Wendt/Antoni Boratynski, Der Krieg und sein Bruder. Patmos Verlag, Düsseldorf ³1994 – **75** Pablo Picasso, Krieg und Frieden, 1952. Musee National, Vallauris/Frankreich. © VG Bild-Kunst, Bonn 1998 – **110** Max Dentler, Licht und Dunkel. Aus: Hubertus Halbfas, Religionsbuch für das 4. Schuljahr. Patmos Verlag, Düsseldorf/Zürich 1986 – **111 oben** Rechte beim Künstler – **113** Alfred Kubin, Hiob, um 1905. Feder, Tusche, laviert auf Katasterpapier, 21,2 x 14,5 cm, signiert. © VG Bild-Kunst, Bonn 1998 – **149** Rafael Canogar, El Desolado, 1970. © VG Bild-Kunst, Bonn 1998 – **150** Wilhelm Groß, Hörer göttlicher Rede. Aus: F. J. Stendebach, Rufer wider den Strom.

Sachbuch zu den Propheten Israels. Katholisches Bibelwerk, Stuttgart 1988. Rechte Wilhelm Groß Nachlass, Berlin – **151** Willi Dirx, Der Rufer. © VG Bild-Kunst, Bonn 1998 – **152** Jakob Steinhardt, Trauernder Prophet. Aus: Religion betrifft uns. Bergmoser + Höller Verlag, Aachen, Heft 2/1990 – **153** Marcel Häflinger, Amos. Aus: W. Bühlmann/A. Schwegler, Der Prophet Amos. Impulse für Bibel- und Religionsunterricht, Heft 8. Rex Verlag, Luzern/Stuttgart 1990 – **156, 157, 158** Foto: Alois Mayer

Das Buch fürs Leben

**Spannend nacherzählt –
lebendig interpretiert –
kostbar ausgestattet**

Kinder und ihre Fragen ernst nehmen,
das ist das Motto dieser einzigartigen
Kinderbibel. Mit ihr begeben sich
Kinder – und Erwachsene – auf eine
faszinierende Entdeckungsreise durch
die biblischen Geschichten.

❏ Eine Bibel für Kinder ab 8, die
über viele Jahre begleitet und
auch Erwachsene noch anspricht.

❏ Bebildert mit großen Werken der
abendländischen Kunst, für Kinder
erschlossen.

❏ Ein wertvolles Geschenk zur
Erstkommunion, zu Weihnachten
und vielen anderen Anlässen.

DIE BIBEL FÜR KINDER UND ALLE IM HAUS
Erzählt und erschlossen von
Rainer Oberthür
Mit Bildern der Kunst. Ausgewählt und
gedeutet von Rita Burrichter
336 S. Durchg. vierf. Mit zahlr.
Abb. Gb. Halbleinen. Mit Leseband
ISBN 3-466-36668-2

Kompetent & lebendig.
RELIGION & SPIRITUALITÄT

Kösel-Verlag, München, e-mail: info@koesel.de
Besuchen Sie uns im Internet: www.koesel.de

Die Kinder ernst nehmen